汽车电工电子技术基础

主　编　吕　娜　张秀红　徐　磊
副主编　王红艳　林　琦　李明月　李　平

北京理工大学出版社
BEIJING INSTITUTE OF TECHNOLOGY PRESS

图书在版编目（CIP）数据

汽车电工电子技术基础/吕娜，张秀红，徐磊主编．—北京：北京理工大学出版社，（2019.7 重印）

ISBN 978－7－5640－9628－1

Ⅰ.①汽… Ⅱ.①吕…②张…③徐… Ⅲ.①汽车-电工-高等学校-教材②汽车-电子技术-高等学校-教材 Ⅳ.①U463.6

中国版本图书馆 CIP 数据核字（2014）第 197698 号

出版发行／北京理工大学出版社有限责任公司
社 址／北京市海淀区中关村南大街 5 号
邮 编／100081
电 话／（010）68914775（总编室）
82562903（教材售后服务热线）
68948351（其他图书服务热线）
网 址／http：//www. bitpress. com. cn
经 销／全国各地新华书店
印 刷／北京虎彩文化传播有限公司
开 本／787 毫米×1092 毫米 1/16
印 张／11.5
字 数／260 千字
版 次／2019 年 7 月第 1 版第 6 次印刷
定 价／33.00 元

责任编辑／陈莉华
文案编辑／陈莉华
责任校对／周瑞红
责任印制／李志强

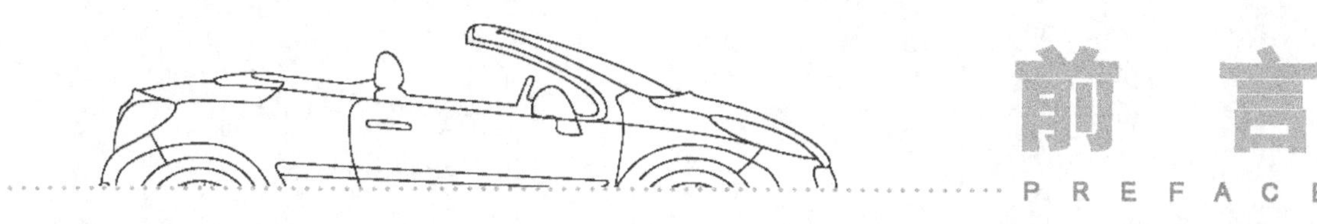

前言

PREFACE

为满足汽车维修专业和各类汽车高等专科学校教育需要，我们编写了《汽车电工电子技术基础》一书。

本书的特色是紧密结合现代汽车，同时比较系统完整地讲述了汽车电工电子技术的基本知识，体现了理论结合实际的教学模式。本书注重电工电子技术的理论在汽车上的实际应用，坚持以能力为本位，重视实践能力的培养，突出职业教育特色。由浅入深，通俗易懂。

本书主要内容包括绪论、直流电路、正弦交流电路、磁路及变压器、直流电动机、三相异步电动机及控制电路、常用半导体器件、放大电路、数字电路基础等几个方面。

本书由吕娜、张秀红、徐磊担任主编，吕娜负责全书统稿；王红艳、林琦、李明月、李平担任副主编。其中绪论，项目二、三由吕娜编写，项目一由林琦编写，项目四由徐磊编写，项目五由张秀红编写，项目六由王红艳编写，项目七由李平编写，项目八由李明月编写。

“汽车电工电子技术基础”是高职高专院校汽车类专业基础课程。本书紧紧围绕高素质技能型人才的培养目标，以能力培养为本位，以汽车技术应用为主线，以典型汽车电工与电子设备为载体，确定编写思路和特色。

本书编写内容以“必需、实用、够用”为度，由于本书涉及知识点丰富，基础理论多，实践应用性强，为便于理解和学习，建议在组织课程教学时，采用多种教学手段和教学方法。依托实训室开展实践教学；根据教学内容，合理选择现场教学、案例教学、任务导向式教学等教学方法；应用现代多种教学技术手段，丰富教学形式。

在本书编写的过程中，我们参考了大量资料和文献，在此，对原作者一并表示深切的感谢。在编写过程中，得到了专家和同行的支持和帮助，在此特致以诚挚的谢意。由于时间仓促，加之编者水平有限，书中可能存在不妥或错漏之处，恳请读者批评指正。

编　者

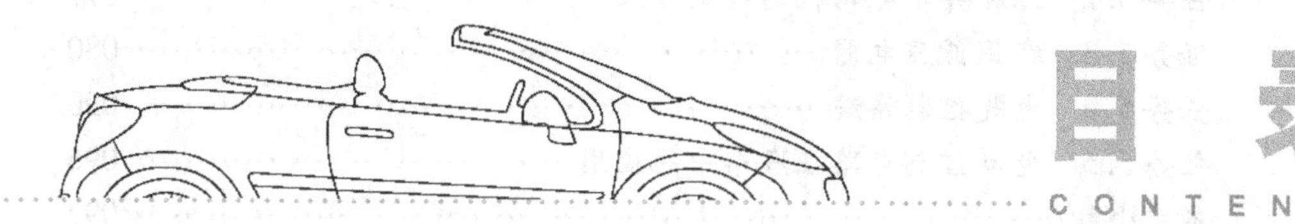

目录

CONTENTS

绪论

汽车电路的基本知识

一、汽车电路的特点

现代汽车电器与电子设备虽然种类繁多,功能各异,但其线路都应遵循一定的原则,了解这些原则对汽车电路进行分析是很有帮助的。

汽车电路的特点可归纳如下:

1. 低压

汽车电系的额定电压有 6 V、12 V、24 V 三种。汽油机普遍采用 12 V 电源,柴油车多采用 24 V 电源(由两个 12 V 蓄电池串联而成)。汽车运行中的电压,一般情况下,12 V 系统的为 14 V,24 V 系统的为 28 V。

2. 直流

现代汽车发动机是靠电力起动机起动的,起动机由蓄电池供电,而向蓄电池充电又必须用直流电源,所以汽车电系为直流系统。

3. 单线制

单线连接是汽车线路的特殊性,它是指汽车上所有电气设备的正极均采用导线相互连接,而所有的负极则直接或间接通过导线与车架或车身金属部分相连,即搭铁。任何一个电路中的电流都是从电源的正极出发经导线流入用电设备后,再由电气设备自身或负极导线搭铁,通过车架或车身流回电源负极而形成回路的。

由于单线制导线用量少,线路清晰,接线方便,因此广为现代汽车所采用。

4. 并联连接

各用电设备均采用并联,汽车上的两个电源(蓄电池与发动机)之间以及所有用电设备之间都是正极接正极,负极接负极,并联连接。

由于采用并联连接,所以汽车在使用中,当某一支路用电设备损坏时,并不影响其他支路用电设备的正常工作。

5. 负极搭铁

采用单线制时蓄电池的一个电极须接至车架或车身上,俗称"搭铁"。蓄电池的负极接车架或车身称为负极搭铁,蓄电池的正极接车架或车身称为正极搭铁。负极搭铁对车架或车身金属的化学腐蚀较轻,对无线电干扰小。我国标准规定汽车线路统一采用负极搭铁。

6. 设有保险装置

为了防止因短路或搭铁而烧坏线束,电路中一般设有保护装置,如熔断器、易熔线等。

7. 汽车线路有颜色和编号特征

为了便于区别各线路的连接,所有低压导线必须选用不同颜色的单色或双色线,并在每根导线上编号,编号由生产厂家统一编定。

8. 由相对独立的分系统组成

汽车电路由相对独立的系统组成,全车电路一般包括以下几部分:

(1) 电源电路

电源电路由蓄电池、发电机、调节器及工作状况指示装置(电流表、充电指示灯)等组成。

(2) 起动电路

起动电路由起动机、起动继电器、起动开关及起动保护装置组成。

(3) 点火电路

点火电路由点火线圈、分电器、点火控制器、火花塞、点火开关等组成。此外,采用由发动机控制单元进行点火控制时,可以不使用分电器。

(4) 照明与信号电路

照明与信号电路由前照灯、雾灯、示廓灯、转向灯、制动灯、倒车灯、电喇叭、控制继电器和开关等组成。

(5) 仪表与警报电路

仪表与警报电路由仪表、传感器、各种警报指示灯及控制器组成。

(6) 电子控制装置电路

电子控制装置电路由电控燃油喷射系统、自动变速器、制动防抱死系统、恒速控制及悬架平衡控制等组成。

(7) 辅助装置电路

辅助装置电路由风窗清洁装置、起动预热装置等组成。

二、汽车电器系统的工作条件

汽车电器系统的工作条件可概括为大范围的温度和湿度变化,波动的电压及较强的脉冲干扰,电器间的相互干扰,剧烈的振动以及尘土的侵蚀等。

1. 温度与湿度

温度的变化包括两方面:一是外界环境温度;二是使用温度,它与电器设备工作时间的长短、布置位置以及电器元件自身的发热、散热条件密切相关。对于电子元件来讲,较高的使用温度是造成过热损坏的主要原因。

在湿度较大的环境下,会增加水分子对电子元件的侵润作用,使其绝缘性能下降,影响电器设备的工作性能。

2. 电压的波动

汽车电气系统的电压波动可分为两种:一种是正常范围内的波动,即从蓄电池的端电压到电压调节器起作用的电压之间;另一种为过电压,过电压将对汽车上的电子设备带来极大危害。过电压从其性质来分,可分为非瞬变性过电压和瞬变性过电压。

非瞬变性过电压主要是由于发电机调节器失灵,或其他原因引起发电机激磁电流未经调节器,使发电机电压升高到不正常值。这种故障如不及时排除,会使整个充电系统的电压一直处于不正常的高压,过电压有时可高达100多伏,它会使蓄电池的电解液沸腾,电器设备烧毁。

瞬变性过电压对汽车电子元件危害最大,其产生主要有以下几种情况:

当停车关闭点火开关时,由于发电机的磁场绕组与蓄电池之间通路瞬间切断,从而在磁场绕组中感应出按指数规律变化的负电压,其反向峰值可达 -50 ~ -100 V。该脉冲由于没有蓄电池吸收,极易引起电子元件的损坏。

汽车运行中,发电机与蓄电池之间的导线意外松脱,或者在没有蓄电池的情况下,突然断开其他负载。发电机端电压瞬间可升高很多,极限情况可达100 V以上,且可维持0.1 s左右的时间。对一些过电压敏感的电子元件,这样的过电压足以造成损坏或误动作。

电感性负载,如喇叭、各种电机、电磁离合器等,在切换时,将在电路中产生高频振荡,振荡的峰值电压可达200多伏,但其持续时间较短(300 μs左右),一般不能引起电子元件损坏,但对于具有高频响应的控制系统,如电控汽油喷射系统,往往会引起误动作。

3. 电器间的相互干扰

由于各个电器设备工作方式不同,它们之间会以不同的方式侵扰。通常将汽车上所有电器能在车上正常工作而不干扰其他电器正常工作的能力称为汽车电器的相容性。在实际中,电器间的相互干扰是不可避免的,因此,对汽车电器系统来说,重要的是相容性。任何因素激发出的振荡都会通过导线等以电磁波的方式发射出去,势必对其他电子系统产生电磁干扰。因此,车上应用的计算机等都应具有良好的屏蔽措施,一旦屏蔽被破坏,也会导致其工作异常。

4. 其他

汽车行驶中不可避免地产生振动和冲击,它将造成电子设备的机械性损坏,如脱险、脱焊、触点抖动、搭铁不良等故障。尘土及有害气体的侵蚀会导致接触不良及绝缘性能下降等故障。

三、常用定义、定律和定则

1. 安培定则

安培定则又叫右手螺旋定则,是描述在通电导体周围产生的磁力线的环绕方向与电流方向关系的定则。用右手握住导线,让伸直的大拇指的方向与电流方向一致,则弯曲的四指所指的方向就是磁力线的环绕方向。

通电螺线管产生的磁场很像一根条形磁铁的磁场。

2. 安培力

磁场对通电导体的作用叫安培力,它与通电电流和磁感应强度成正比。

3. 左手定则

左手定则是描述安培力与磁场方向及通电电流方向之间关系的定则。伸开左手,使大拇指跟四指垂直,并且都跟手掌在同一平面内,让磁力线垂直穿过手心,使四指指向电流方向,则大拇指的指向就是磁场对通电导体作用力的方向。

4. 电磁感应现象

电磁感应现象由英国物理学家法拉第发现。变化的磁场能使闭合导线中产生电流,这样产生的电流叫作感生电流,产生的电动势叫作感生电动势。

5. 楞次定律

楞次定律是描述感生电流产生方向的规律的,即感生电流的磁场总是要阻碍引起感生电流的磁通量的变化。

6. 法拉第电磁感应定律

电路中感生电动势的大小,与穿过这一电路的磁通量的变化率成正比。

7. 自感现象

由于导体本身电流的变化而产生的电磁感应现象叫作自感现象。比如两只灯,在开关闭合时不会同步亮;在开关断开时,两只灯还能亮一段时间。

8. 互感现象

在同一导磁材料中,一个导体电流发生变化而引起其他导体发生电磁感应的现象叫作互感现象。如缠在同一铁芯上的两个线圈,一个线圈电流发生变化会引起另一个线圈中产生感生电动势。

项目一

直流电路

1. 了解电路的组成及基本元件
2. 掌握电流、电压、电位等基本概念
3. 掌握电路基本定律及电路的分析与计算
4. 掌握惠斯通电桥在汽车上的应用

电流按其性质的不同可分为直流电和交流电。汽车电路中,蓄电池提供的是直流电,而经发电机产生的电流整流后得到的也是直流电。本章主要介绍电路的基本知识和直流电路的基本规律。

任务1.1　电路的组成及基本概念

电路是由一些电气设备、电子元器件按一定方式连接起来,构成的电流通路。电路广泛应用在日常生活、生产和科学研究工作中。可以说,用电的设备内部都含有电路,小到手电筒,大到计算机、通信系统和电力网络,都可以看到或简单或复杂的电路。了解电路的组成,掌握电路的有关知识是对电路进行分析、设计、计算的基础。

活动1.1.1　电路的组成及电路图

1. 电路的基本组成

电路是电流流通的路径,一个完整的电路一般应包括电源、负载、开关和连接导线4部分。图1-1所示为汽车的制动灯电路,电路由蓄电池、制动灯、连接导线和制动开关构成,是一个最基本的电路。汽车制动时,合上制动开关,蓄电池向外输出电流,电流流过制动灯,制动灯就会亮。

(1) 电源

电源是电路中提供电能的装置。电源可以把其他形式的能量转换成电能,为整个电路提供能量。常用的电源有干电池、蓄电池、太阳能电池、发电机等。图1-1所示的电路中,蓄电池就是电源。

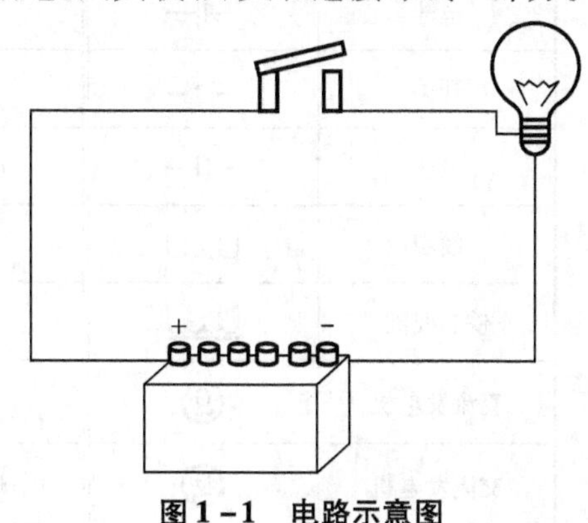

图1-1　电路示意图

(2) 负载

负载是电路中取用电能的装置,即电路中利用电能来工作的元器件,也称为用电器,是各种用电设备的总称。负载,如电灯、电炉、电动机等可以把电能转换为其他形式的能量。图 1－1 所示的电路中,制动灯就是负载。

(3) 导线

导线用来连接电路中的各元器件,起到传输电流的作用。

(4) 开关

开关是电路中控制电路接通与断开的器件。导线和开关将电源和负载连接起来,也称为电路的中间环节。中间环节的作用是传送和分配电能,控制电路的通断,保护电路安全,使其正常地运行。

2. 电路的功能

电路按功能可分为两类,一类是实现能量的传输、分配与转换的电路,如白炽灯将电能转换为光能,电炉将电能转换为热能;另一类是实现信号的传输和处理的电路,如扩音器电路可将声音信号进行放大处理,汽车发电机内部电路可将其产生的交流电变换为直流电供给汽车电器使用,汽车电控发动机中的电子点火系统电路可将低压脉冲信号进行放大,控制点火线圈产生高压电,实现点火。

3. 电路图

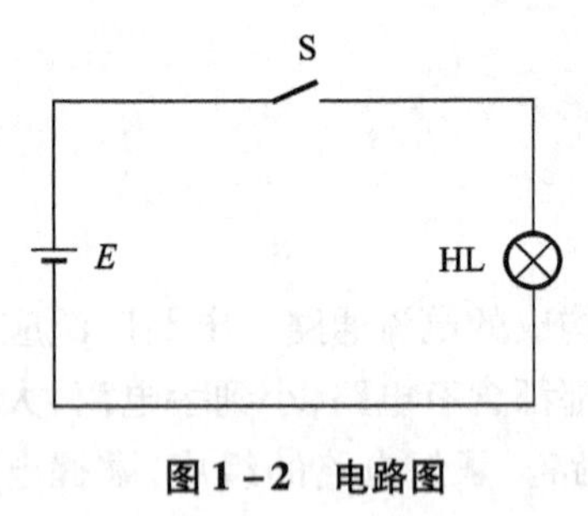

图 1－2　电路图

图 1－1 采用的是用画实物外形的方法来表示电路,称为电路示意图。为使绘制电路方便快捷,规定用一些简单的图形符号来表示电路中的各种元器件,这样画出的电路图形称为电路原理图,也称为电路图。图 1－2 为图 1－1 所示电路的电路图,用电路图表示实际电路简单明了,绘制方便。在生产生活实际中,一般都根据电路图对电路进行分析和计算。因此,必须熟悉电路元件的图形符号及电路图的画法。表 1-1 列出了常见电路元件的图形符号。

表 1－1　常见电路元件的图形符号

名　称	符　号	名　称	符　号	名　称	符　号
电池		电阻		连接导线	
开关		电位器		非连接导线	
电容		电流表	A	电灯	
线圈		电压表	V	接地	
铁芯线圈		二极管		接机壳	
直流发电机	G	三极管		直流电动机	M
交流发电机	G	熔断器		交流电动机	M

活动 1.1.2 电路中的基本物理量

1. 电流

电流是一种物理现象,是带电粒子有规则的定向运动形成的,通常将正电荷移动的方向规定为电流正方向。电流的大小用电流强度来衡量,其数值等于单位时间内通过导体某一横截面的电荷量。根据定义有

$$i = \frac{\mathrm{d}q}{\mathrm{d}t} \tag{1-1}$$

式中 i——电流,其单位为安培(A);

$\mathrm{d}q$——通过导体截面的电荷量,电荷量的单位为库仑(C);

$\mathrm{d}t$——时间(s)。

式(1-1)表明,在一般情况下,电流是随时间变化的。如果电流不随时间而变化,即 $\mathrm{d}q/\mathrm{d}t=$常数,则这种电流就称为恒定电流(简称直流)。直流时,不随时间变化的物理量用大写字母表示,式(1-1)可写成

$$I = \frac{Q}{t} \tag{1-2}$$

电流的方向一定是客观存在的,但在电路分析中,一些较为复杂的电路,有可能出现某段电流的实际方向难以判断的情况,甚至有时电流的实际方向还在随时间不断改变,于是要在电路中标出电流的实际方向较为困难。为了解决这一问题,在电路分析时,常采用电流的“参考方向”这一概念。电流的参考方向可以任意选定,在电路图中用箭头表示(当然,所选的参考方向不一定就是电流的实际方向)。当参考方向与电流的实际方向一致时,电流为正值($i>0$);当参考方向与电流的实际方向相反时,电流为负值($i<0$)。这样,在选定的参考方向下,根据电流的正负,就可以确定电流的实际方向。在分析电路时,先假定电流的参考方向,并以此去分析计算,最后用求得答案的正负值来确定电流的实际方向。

2. 电压

单位正电荷在电场力作用下,由 a 点运动到 b 点电场力所做的功,称为电路中 a 到 b 间的电压,即

$$u_{\mathrm{ab}} = \frac{\mathrm{d}W_{\mathrm{ab}}}{\mathrm{d}q} \tag{1-3}$$

式中 u_{ab}——a 点到 b 点间的电压,电压的单位为伏(V);

$\mathrm{d}W_{\mathrm{ab}}$——$\mathrm{d}q$ 的电荷从 a 点到 b 点所做的功,功的单位为焦(J)。

在直流时,式(1-3)可写成

$$U_{\mathrm{ab}} = \frac{W_{\mathrm{ab}}}{Q} \tag{1-4}$$

电压的单位是伏特,简称伏,用符号 V 表示,常用的还有千伏(kV)、毫伏(mV)等。在分析电路时,电压的方向不能确定时,也可以先假定一个方向作为电压的参考方向,用带箭头的实线表示。当电压的参考方向与实际方向一致时,电压为正($u>0$);相反时,电压为负($u<0$)。

3. 电位

在电路中任选一点为参考点,电路中某点到参考点的电压值就称为该点的电位。电位的

单位为伏(V)。电路参考点本身的电位 $V_0=0$,参考点又称为零电位点。根据定义,电位实际上就是电压,即

$$V_a = U_{a0} \tag{1-5}$$

可见,电位也可为正值或负值,某点的电位高于参考点,则为正值,反之为负值。任选参考点,则 a、b 两点的电位分别为 $V_a=U_{a0}$、$V_b=U_{b0}$。按照做功的定义,电场力把单位正电荷从 a 点移到 b 点所做的功,等于把单位正电荷从 a 点移到 b 点,再移到 b 点所做的功的和,即

$$U_{ab} = U_{a0} + U_{0b} = U_{a0} - U_{b0} = V_a - V_b$$

或

$$U_{ab} = V_a - V_b \tag{1-6}$$

式(1-6)表明,电路中 a、b 两点间的电压等于 a、b 两点的电位差,因而电压又称电位差。

注意:同一点的电位值是随着参考点的不同而变化的,而任意两点之间的电压却与参考点的选取无关。

例 1-1 电路如图 1-3 所示:当 $V_a=3$ V,$V_b=2$ V 时,求 u_1、u_2。

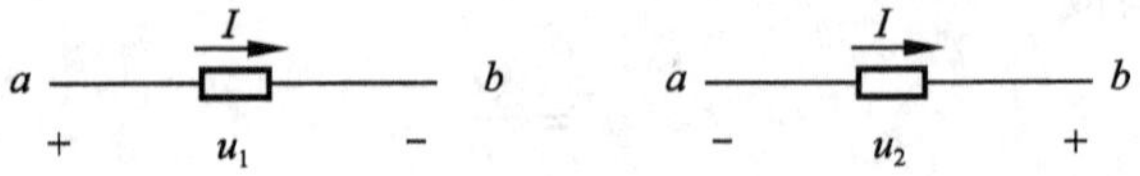

a I b a I b
\+ u_1 − − u_2 +

图 1-3 例 1-1 的图

解:

$$u_1 = u_a - u_b = 1\ (\text{V})$$
$$u_2 = u_b - u_a = -1\ (\text{V})$$

4. 电动势

电动势是衡量电源将非电能转化为电能本领的物理量。电动势的定义为:在电源内部,电源力把单位正电荷从电源负极移到电源正极所做的功,用字母 E 表示。

如果电源力把电荷量为 q 的电荷从电源负极经电源内部移到电源正极所做的功为 W,则电动势可表示为

$$E = \frac{W}{q} \tag{1-7}$$

电源内部电源力的方向由负极指向正极,因此电源电动势的方向规定为由电源负极经电源内部指向电源正极。电动势的单位是伏特,简称伏(V)。

5. 电能和电功率

电流在电路中流通时,将电源的电能传给了负载(用电设备),负载将吸收的电能转换成其他形式的能量,即电流做了功,消耗了电能。负载在工作时间消耗的电能(也称为电功)用 W 表示。电能的国际单位是焦耳,简称焦,符号是 J。

$$W = UIt$$

电功率是指单位时间内,某段电路传送或转换的电能,用 P 表示。电功率的国际单位是瓦特,简称瓦,符号是 W。

$$P = \frac{W}{t} = UI$$

在实际应用中,常用的功率单位有千瓦(kW),电能单位有千瓦时(kW·h),1 千瓦时即为

平常所说的“1 度电”。

6. 电气设备的额定值

电气设备在给定的工作条件下，正常运行时所规定的最大允许值称为额定值。实际工作时，如果超过额定值，会使电气设备使用寿命缩短或造成损坏；如果小于额定值，则会使电气设备的利用率降低，甚至不能正常工作。电气设备的额定值包括额定电压、额定电流、额定功率，分别用 U_N、I_N、P_N 表示。

活动 1.1.3 电源及等效电路

电源是电路能量的来源，也是电路的主要元件之一。电池、发电机等都是实际的电源。在电路分析时，常用等效电路来代替实际的部件。一个实际电源的外特性，即电源端电压与输出电流之间的关系可以用两种不同的电路模型来表示，一种是电压源，一种是电流源。

1. 电压源

一个电源没有内阻，其端电压与负载电流的变化无关为常数，则这个电源称为理想的电压源，用 U_s 表示。通常稳压电源、发电机可视为理想电压源。但实际的电源都不会是理想的，总是有一定的内阻，因此，在电路分析时，对电源可以用一个理想的电压源与内阻相串联的电路模型——电压源来表示，如图 1-4 所示。

2. 电流源

当一个电源的内阻为无穷大，其输出电流与负载的变化无关为常数，则这个电源称为理想电流源，用 I_s 表示。常用的光电池与一些电子器件构成的稳流器，可以认为是理想的电流源。理想电流源实际上是不存在的，对于一个实际的电源，也可以用一个理想的电流源与内阻并联的电路模型——电流源来替代，如图 1-5 所示。

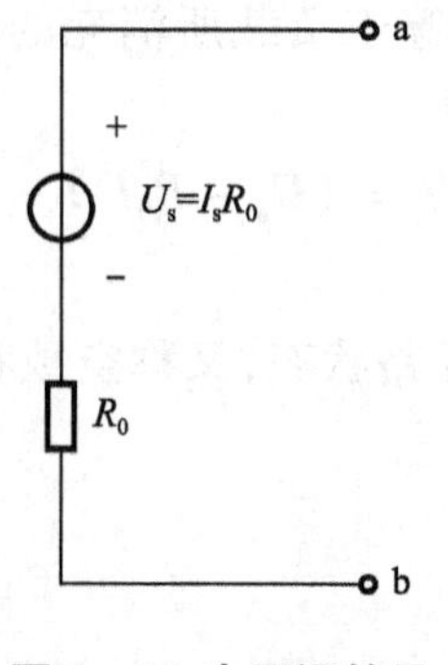

图 1-4 电压源符号

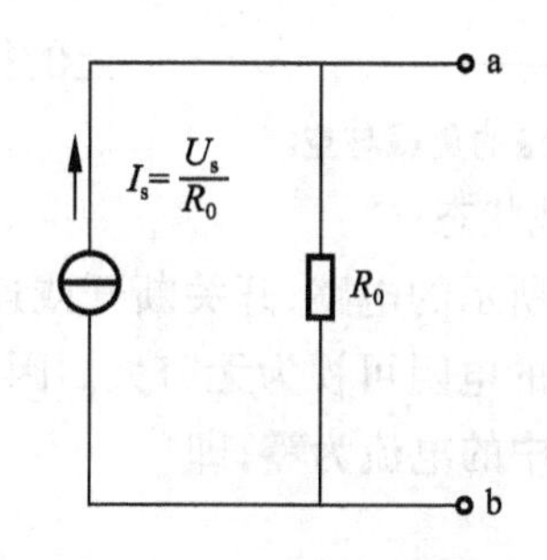

图 1-5 电流源符号

3. 电压源与电流源的等效变换

如果电压源和电流源的外特性相同，即在相同电阻 R 上产生相等的电压 U 与电流 I，电压源和电流源可以等效变换。如图 1-6 所示，两种电源的等效变换关系为

$$I_s = \frac{U_s}{R_0}, \quad U_s = R_0 I_s \tag{1-8}$$

在等效变换时还需注意以下内容：

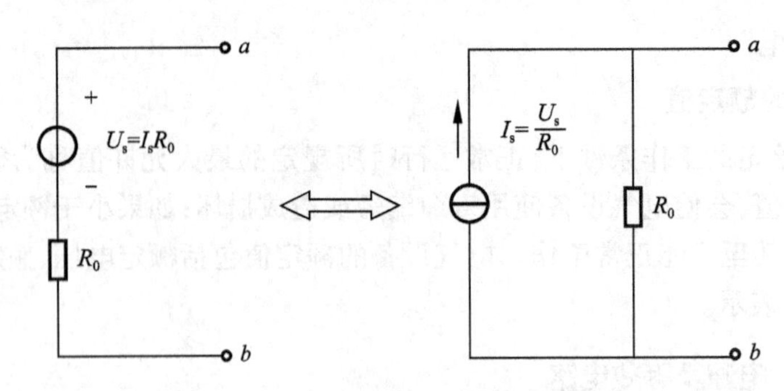

图 1-6　电压源与电流源的等效变换

（1）电压源与电流源的等效变换指对外电路等效，对内电路不等效。

（2）理想电压源与理想电流源之间不能进行等效变换。

（3）等效变换时，U_s 与 I_s 的方向是一致的，即电压源的正极与电流源的输出电流的一端相对应。

4. 电路的工作状态

（1）负载状态

在图 1-7 所示的电路中，如果开关闭合，电源则向负载提供能量，负载处于正常工作状态，这时电路有如下特征。

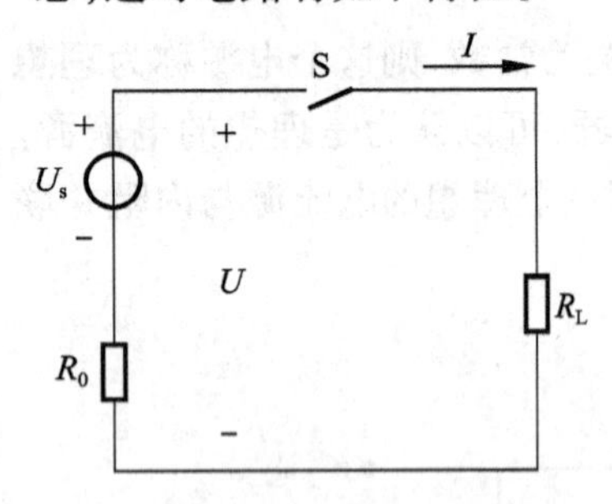

图 1-7　电路的负载与空载

1）电路中的电流为

$$I = \frac{U_s}{R_0 + R_L} \tag{1-9}$$

2）电源的端电压等于负载两端的电压，为

$$U = U_s - R_0 I \tag{1-10}$$

3）电源输出的功率等于负载所消耗的功率（不计线路上的损失），为

$$P = UI = (U_s - R_0 I)I \tag{1-11}$$

（2）空载状态

图 1-7 所示的电路，开关断开或连接导线折断时的开路状态，又称空载状态。电路在空载时，外电路的电阻可视为无穷大。因此电路具有下列特征：

1）电路中的电流为零，即

$$I = 0 \tag{1-12}$$

2）电源的端电压为开路电压 U_0，并且有

$$U_0 = U_s \tag{1-13}$$

3）电源对外电路不输出电流，因此有

$$P = UI = 0 \tag{1-14}$$

（3）短路状态

图 1-7 所示的电路中，电源的两输出端线，因绝缘损坏或操作不当，导致两端线相接触，电源被直接短路，这种状态称为短路状态。

当电源被短路时，外电路的电阻可视为零，这时电路具有以下特征：

1）电源中的电流最大，但对外电路的输出电流为零，即

$$I_s = \frac{U_s}{R_0}, \quad I = 0 \qquad (1-15)$$

式中　I_s——短路电流。

因为一般电源的内阻很小，所以 I_s 很大。

2）电源和负载的端电压均为零，即

$$U = 0 \qquad (1-16)$$

上式表明，电源的恒定电压，全部降在内阻上，两者的大小相等，方向相反，因此无输出电压。

3）电源输出的功率全部消耗在内阻上，因此，电源的输出功率和负载所消耗的功率均为零，即

$$P = UI = 0 \qquad (1-17)$$

活动 1.1.4　电路的基本元件

电路的负载中一般都包括电阻、电容、电感 3 个基本参数。电阻参数起主要作用的元件称为电阻元件，如白炽灯、电炉等。电容参数起主要作用的元件称为电容元件，如电容器等。电感参数起主要作用的元件称为电感元件，如互感器等。电阻元件、电容元件及电感元件是电路中的基本元件。

1. 电阻元件

导体容易导电，但对电流也有阻碍作用。在相同的电压作用下，通过不同导体的电流大小不同，说明不同导体对电流的阻碍作用也不同。电阻就是描述导体对电流阻碍作用的物理量，符号用 R 表示。电阻的国际单位是欧姆，简称欧，用 Ω 表示。此外，常用的电阻单位还有千欧（kΩ）、兆欧（MΩ），换算关系为

$$1\ \text{k}\Omega = 1\,000\ \Omega = 10^3\ \Omega$$
$$1\ \text{M}\Omega = 1\,000\ \text{k}\Omega = 10^6\ \Omega$$

电阻实际上是导体的一种基本性质，与导体的尺寸、材料和温度有关。通常在电子产品中所说的电阻是指电阻器这种电阻元件。电阻器是电子电路中使用最多的元件之一，在电路中常用来控制电流和调节电压。电阻元件中有电流流过时要消耗电能，因此，电阻元件是耗能元件。

（1）电阻器的分类

常用电阻器一般分为固定电阻器和可变电阻器两大类。固定电阻器是指电阻器的阻值固定不变，可变电阻器的阻值可根据需要在一定范围内进行调节。

① 固定电阻器。固定电阻器简称电阻，根据材料和工艺不同，可分为碳膜电阻器（RT）、金属膜电阻器（RJ）、线绕电阻器（RX）、热敏电阻器（RR）、光敏电阻器（RG）等不同类型。各类电阻器的外形如图 1－8 所示。

② 可变电阻器。可变电阻器简称可变电阻，其阻值可在规定的范围内任意调节。可变电阻器可分为半可调电阻器和电位器两类。常用的可变电阻器外形如图 1－9 所示。

电阻器的图形符号如图 1－10 所示。

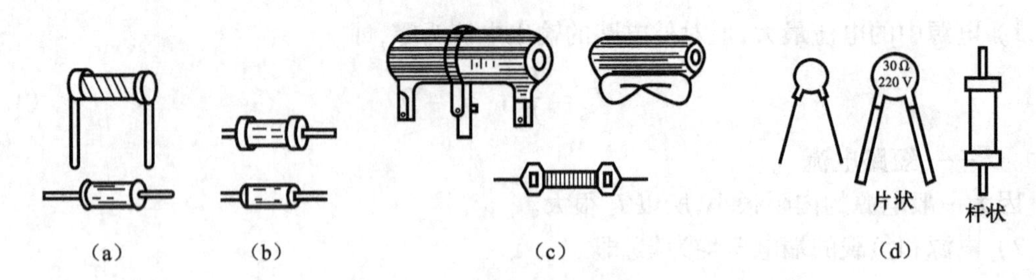

(a) (b) (c) (d)

图 1-8 常用固定电阻器外形

(a) 碳膜电阻;(b) 金属膜电阻;(c) 线绕电阻;(d) 热敏电阻

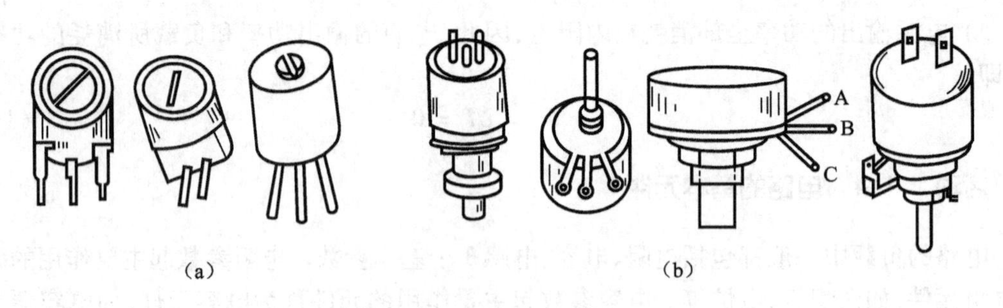

(a) (b)

图 1-9 常用可变电阻器外形

(a) 微调可变电阻;(b) 各种电位器

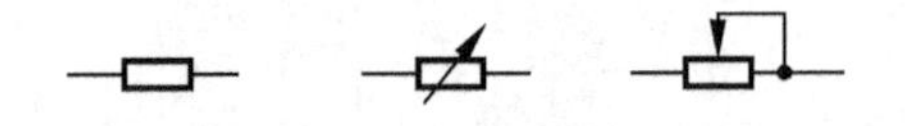

图 1-10 电阻器的图形符号

(2) 电阻元件的电流与电压的关系

将电阻两端的电压与流过电阻的电流的关系用图形表示,称为该电阻的电流、电压关系特性曲线,也称为伏安特性曲线。当电阻为恒定值时,如图 1-11(a)所示,其电流与电压关系特性曲线为一条通过原点的直线,即电流与电压呈线性关系,这种电阻称为线性电阻;当电阻的电流与电压关系不具备线性关系时,如图 1-11(b)所示,这种电阻称为非线性电阻。

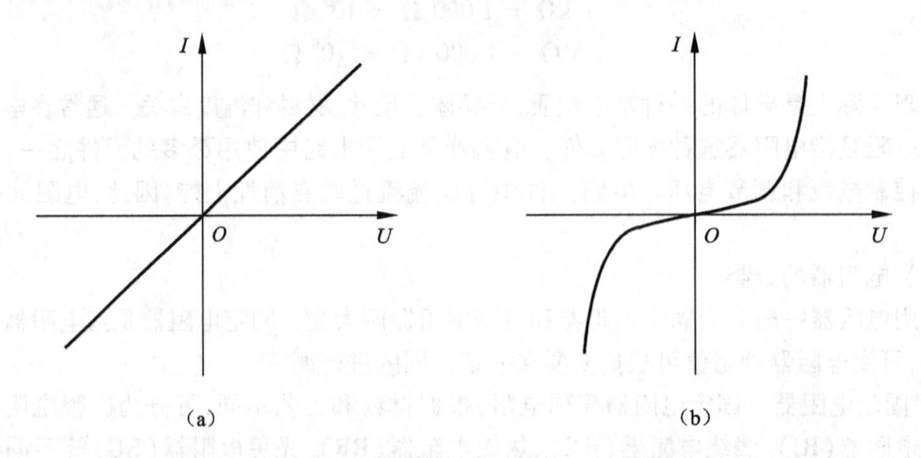

(a) (b)

图 1-11 线性电阻和非线性电阻的电流与电压关系特性

(a) 线性电阻;(b) 非线性电阻

① 线性电阻。

常见的线性电阻有碳膜电阻、金属膜电阻、线绕电阻等。电阻元件的参数如阻值等可用阿拉伯数字和符号直接标注在电阻上,或使用色环标注法。色环标注就是在电阻器上用不同颜色的环来表示电阻的规格。用色环标注法时,紧靠电阻元件一端的色环为第一环,另一端则为最后一环。色环电阻的色彩标识有两种:4 环标注方式和 5 环标注方式。4 环电阻一般是碳膜电阻,用 3 个色环来表示阻值,用 1 个色环表示误差。5 环电阻一般是金属膜电阻,用 4 个色环表示阻值,另一个色环表示误差,具体读数方法如图 1 – 12 所示。表 1 – 2 所示为各种色环代表的意义。

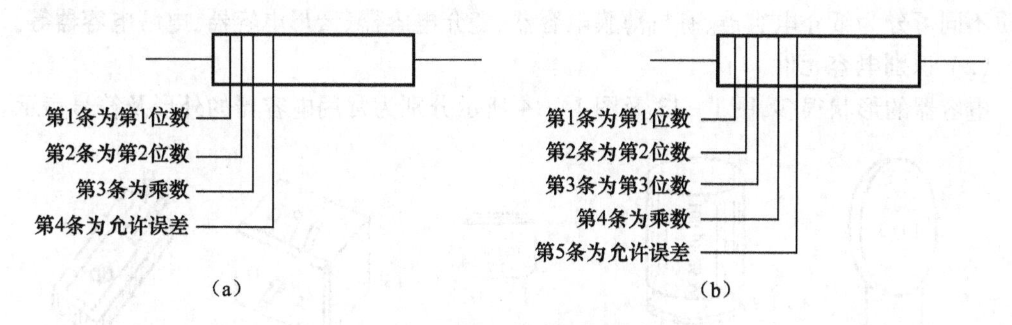

图 1 – 12　色环电阻表示

(a) 4 环电阻色环示例;(b) 5 环电阻色环示例

表 1 – 2　色标符号规定

颜　色	有效数字	乘　数	允许偏差/%	工作电压/V
银色	—	10^{-2}	±10	
金色	—	10^{-1}	±5	
黑色	0	10^{0}		
棕色	1	10^{1}	±1	4
红色	2	10^{2}	±2	6.3
橙色	3	10^{3}	—	10
黄色	4	10^{4}	—	16
绿色	5	10^{5}	±0.5	25
蓝色	6	10^{6}	±0.2	32
紫色	7	10^{7}	±0.1	40
灰色	8	10^{8}	—	50
白色	9	10^{9}	±50 ~ ±20	63
无色	—	—	±20	

② 非线性电阻。

热敏电阻和压敏电阻都属于非线性电阻。热敏电阻分为两类,一类称为负温度系数热敏电阻,简称 NTC 电阻,其电阻值随温度升高而急剧下降,多用于温度测量和温度调节,也用作补偿电阻;另一类称为正温度系数热敏电阻,简称 PTC 电阻,其电阻值随温度升高而急剧增大,用作过热保护和延时开关。压敏电阻在低电压时具有较大的电阻,当电压较大时,电阻变小。当电压过高时,压敏电阻可起分流作用,因而常被用来进行过压保护。

2. 电容元件

电容器简称电容,用字母 C 表示。电容器也是电子电路中常用的电子元件之一,具有隔直流、通交流和储存电荷等特性。

(1) 结构与分类

电容器由两块金属板中间隔一层绝缘物质构成,两片金属板称为极板,中间的绝缘物质叫作介质。电容器按结构可以分为固定电容器、可变电容器和半可变电容器。固定电容器的电容量是固定的,可变电容器是电容量在一定范围内可以调节的电容器。半可变电容器也称为微调电容器,在电路中用作补偿电容。在实际应用中,最常见的是固定电容器。电容器按绝缘介质不同可分为纸介电容器、有机薄膜电容器、瓷介电容器、云母电容器、电解电容器等。

(2) 识别电容元件

电容器的形状很多,图 1－13 及图 1－14 所示分别为常用电容器的外形及符号表示。

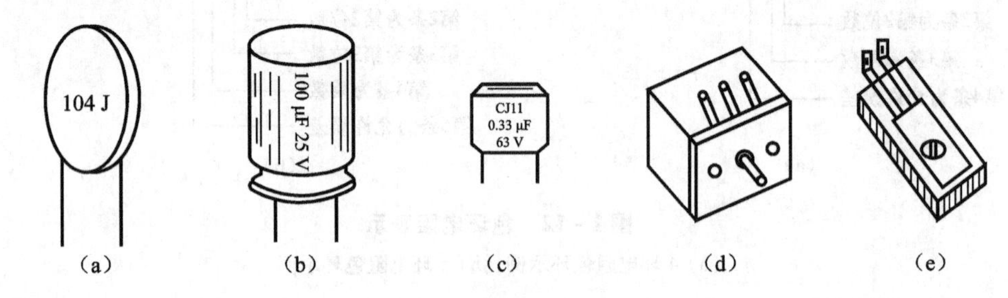

图 1－13　常用电容器的外形

(a) 瓷介固定电容;(b) 电解电容;(c) 聚酯薄膜电容;(d) 可变电容;(e) 半可变电容

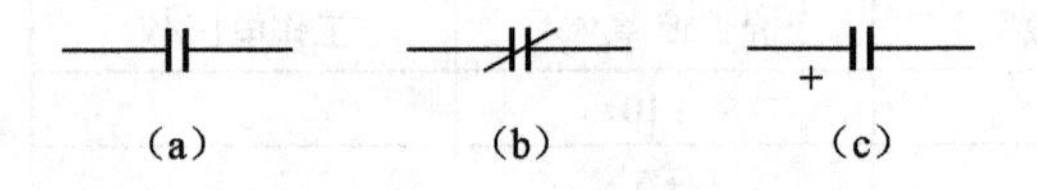

图 1－14　电容器的图形符号

(a) 固定电容器;(b) 可变电容器;

(c) 电解电容器

(3) 电容器的参数

电容器的主要参数有电容器的标称容量、允许误差、耐压等。

电容器具有储存电荷的能力。规定把电容器外加 1 V 直流电压时所储存的电荷量称为电容器的电容量。电容的国际单位为法拉,符号是 F。由于电容器的容量往往比 1 法拉小得多,因此,电容的常用单位是微法(μF)、纳法(nF)、皮法(pF)等,其换算关系为

$$1\ 法拉(F) = 10^{6}微法(\mu F) = 10^{9}纳法(nF) = 10^{12}皮法(pF)$$

标注在电容器外壳上的电容量的大小称为标称容量。标称容量是相应标准系列规定的。电容器长期连续可靠工作时,两极间能够承受的最高电压称为电容器的额定工作电压,简称电容器的耐压,固定电容器的直流工作电压等级为 6.3 V、10 V、16 V、25 V、32 V、50 V 等。

电容器的电容量常按一定规则标注在电容器外壳上。电解电容器常以 μF 为单位直接标印在电容器外壳上,如 100 μF/16 V 表示标称容量为 100 μF,耐压为 16 V 的电容器。

3. 电感元件

电感器是电子线路中的重要元件之一,在电路中具有阻交流、通直流的作用。电感器能把电能转变为磁场能,并在磁场中储存能量,因此,电感器和电容器一样,也是一种储能元件。电感器用字母 L 表示,电感的国际单位是亨利,符号是 H。常用的电感单位还有毫亨(mH)、微亨(μH),其换算关系为

$$1\ 亨利(H) = 10^{3}毫亨(mH) = 10^{6}微亨(\mu H)$$

电感器常与电容器一起应用,构成 LC 滤波器,另外电感器也常用来制造变压器、继电

器等。

常见的电感器按作用可分为两类，一类是具有自感作用的线圈，另一类是具有互感作用的变压器。按工作特征分类，电感器可分为固定电感器和可变电感器。

(1) 结构

电感器都是用漆包线、纱包线或镀银裸铜线等各种规格的导线绕在绝缘骨架上或铁芯上构成的，且每一圈之间相互绝缘。

(2) 识别电感元件

常见电感器外形如图 1-15 所示，在电路中的图形符号如图 1-16 所示。

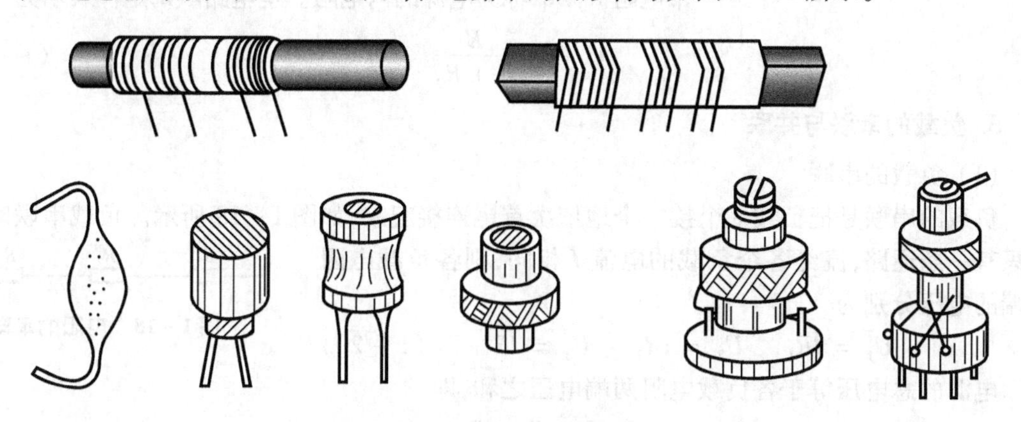

图 1-15 常见电感器外形

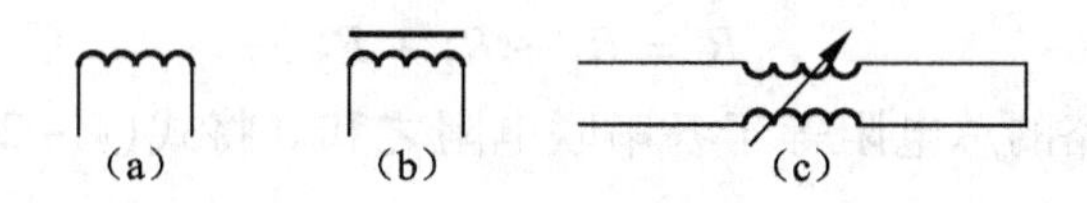

图 1-16 电感器的图形符号

(a) 电感器线圈；(b) 带磁芯的电感器；(c) 可变电感器

任务 1.2 电路的基本定律

电流、电压和电阻是电路中的 3 个主要物理量，3 个物理量之间存在一定的关系。电路的中间环节有不同的连接方式，不同的连接方式对电流、电压及电阻有影响。电路的基本定律可以解答这些问题。

活动 1.2.1 欧姆定律

1826 年，德国科学家欧姆在实验中得到了导体电流、电压与电阻的关系，即欧姆定律。欧姆定律在解决各种电路及相关实际问题中有着广泛的应用，是进一步学习电学知识和分析电路的基础。

1. 部分电路欧姆定律

一定温度下，线性电阻元件两端的电压与流过其中的电流成正比。图 1-17 中所示的 bc 段是只有线性电阻元件的一段电路，bc 段两端的电压为 U，流过该段电路的电流为 I。图示的

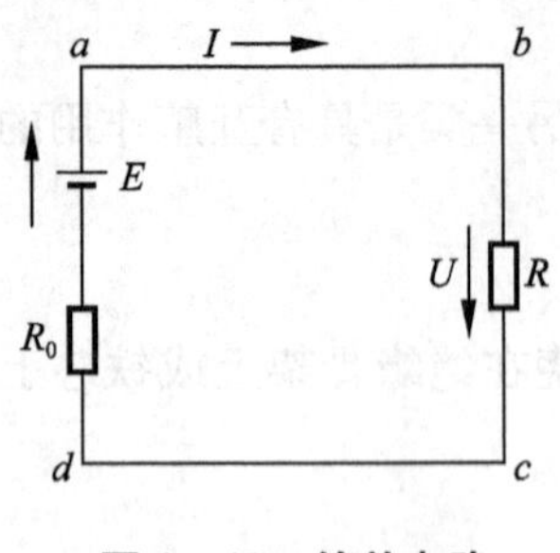

图 1－17　简单电路

电压 U 和电流 I 的方向均为实际方向，此时欧姆定律表示为

$$I = \frac{U}{R} \tag{1-18}$$

2. 全电路欧姆定律

图 1－17 所示的 $abcda$ 段电路构成了一个闭合电路，该闭合电路包括有电源 E、导线、负载 R 等，称为全电路。电源中有电流流过时，会产生热量而消耗电能，可以将电源中消耗电能的部分等效成一个电阻 R_0，R_0 称为电源的内电阻。全电路欧姆定律表示为

$$I = \frac{E}{R + R_0} \tag{1-19}$$

3. 负载的串联与并联

（1）负载的串联

负载的串联是把负载一个接一个地依次首尾连接起来，如图 1－18 所示。负载串联时，电流只有一条通路，流经各个负载的电流 I 相同，则各负载电阻两端的电压分别为

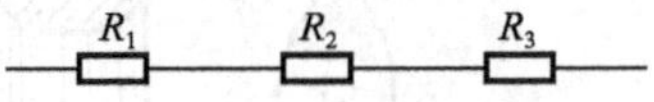

$$U_1 = IR_1,\quad U_2 = IR_2,\quad U_3 = IR_3 \tag{1-20}$$

图 1－18　电阻的串联

电源的总电压等于各负载电阻两端电压之和，即

$$U = U_1 + U_2 + U_3 \tag{1-21}$$

串联电路的总电阻为

$$R = R_1 + R_2 + R_3 \tag{1-22}$$

上式说明：串联电路的总电阻等于各串联电阻之和。将式（1－21）两边同时乘以电流 I，则得

$$P = UI = U_1I + U_2I + U_3I = P_1 + P_2 + P_3 \tag{1-23}$$

上式说明串联电路的总电功率等于各串联电阻的电功率之和。

（2）负载的并联

负载的并联是把几个负载并列地连接起来，如图 1－19 所示。

负载并联时，电路中每个负载电阻都直接承受电源电压，即每个负载电阻两端的电压是相等的，都等于电源电压。此时，各负载电阻中的电流分别为

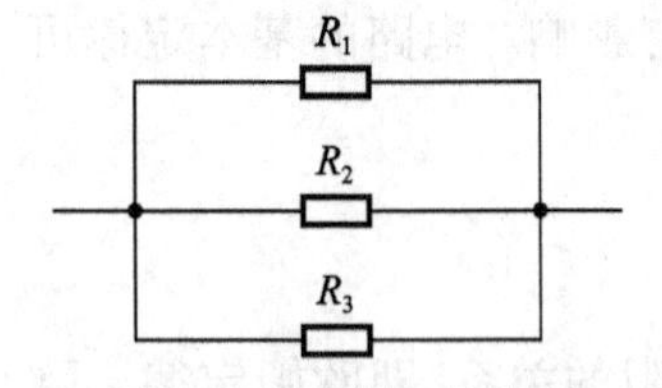

图 1－19　电阻的并联

$$I_1 = \frac{U}{R_1} \tag{1-24}$$

$$I_2 = \frac{U}{R_2} \tag{1-25}$$

$$I_3 = \frac{U}{R_3} \tag{1-26}$$

电源输出的总电流等于流过各负载的电流之和，即

$$I = I_1 + I_2 + I_3 \tag{1-27}$$

并联电路的总电阻为

$$R = \frac{U}{I} = \frac{U}{I_1 + I_2 + I_3} \tag{1-28}$$

整理可得

$$\frac{1}{R}=\frac{1}{R_1}+\frac{1}{R_2}+\frac{1}{R_3} \tag{1-29}$$

式(1－29)说明:并联电路的总电阻的倒数等于各并联电阻的倒数之和。根据上述公式可得

$$P=UI=UI_1+UI_2+UI_3=P_1+P_2+P_3 \tag{1-30}$$

式(1－30)说明:并联电路的总电功率等于各并联电阻的电功率之和。

有一些电路既包括串联又包括并联,称为混联电路。对于混联电路的分析,只要按串联和并联的分析方法,一步一步地把电路化简,最后就可以求出总的等效电阻了。

活动 1.2.2 基尔霍夫定律

如果用串并联的方法能够把电路最终化为单一回路的简单电路,可以用欧姆定律来求解。如果用串并联的方法,不能将电路最终化为单一回路的复杂电路,其求解就考虑用基尔霍夫定律。基尔霍夫定律是电路的基本定律之一,它包含有两条定律,分别称为基尔霍夫电流定律(KCL)和基尔霍夫电压定律(KVL)。

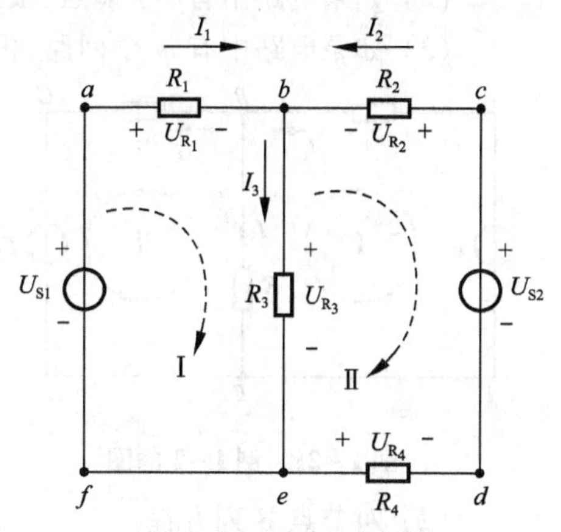

图 1－20 电路名词示意图

1. 基本名词

(1) 支路:在电路中通过同一电流的分支电路称为支路。图 1－20 所示的电路中,有三条支路,分别是 I_1、I_2 和 I_3 流过的支路。

(2) 节点:有三条或三条以上支路的连接点称为节点。图 1－20 所示的电路中,有 *b*、*e* 两个节点。

(3) 回路:闭合的电路称为回路。回路可由一条或多条支路组成,但是只含一个闭合回路的电路称为网孔。图 1－20 所示的电路中,有 *abcdef*、*abef* 和 *bcde* 三个回路,两个网孔,即 *abef* 和 *bcde*。

2. 基尔霍夫电流定律(KCL)

根据电流连续性原理,在电路中任一时刻,流入节点的电流之和等于流出该节点的电流之和,节点上电流的代数和恒等于零,即

$$\sum I_{\mathrm{i}}=\sum I_{\mathrm{o}} \text{或} \sum I=0 \tag{1-31}$$

这一关系称为节点电流方程,是基尔霍夫电流定律,又称基尔霍夫第一定律,简称 KCL。该定律的应用可以由节点扩展到任一假设的闭合面。在应用 KCL 时,必须先假定各支路电流的参考方向,再列电流方程求解,根据计算结果,确定电流的实际方向。如果指定流入节点的电流为正(或负),则流出节点的电流为负(或正)。

3. 基尔霍夫电压定律(KVL)

根据电位的单值性原理,在电路中任一瞬时,沿回路方向绕行一周,闭合回路内各段电压的代数和恒等于零,即回路中电动势的代数和恒等于电阻上电压降的代数和,其数学式为

$$\sum U=0 \text{或} \sum U_{\mathrm{S}}=\sum RI \tag{1-32}$$

这一关系称为回路电压方程，是基尔霍夫电压定律，又称基尔霍夫第二定律，简称 KVL。该定律的应用可以由闭合回路扩展到任一不闭合的电路上，但必须将开口处的电压列入方程中。在应用 KVL 时，必须先假定闭合回路中各电路元件的电压参考方向和回路的绕行方向。当两者的假定方向一致时，电压取“+”号；反之则电压取“-”号。

任务 1.3 电路的分析与计算

活动 1.3.1 支路电流法

支路电流法是利用基尔霍夫两个定律列出电路的电流和电压方程，求解复杂电路中各支路电流的基本方法。支路法的解题步骤如下：

(1) 标出电路中各支路电流、电压的参考方向和回路的绕行方向。

(2) 如果电路中有 i 个节点，根据 KCL 列出 $i-1$ 个独立的节点电流方程。

(3) 如果电路中有 m 个回路，根据 KVL 列出 $m-(n-1)$ 个独立回路电压方程。通常选电路中的网孔来列回路电压方程。

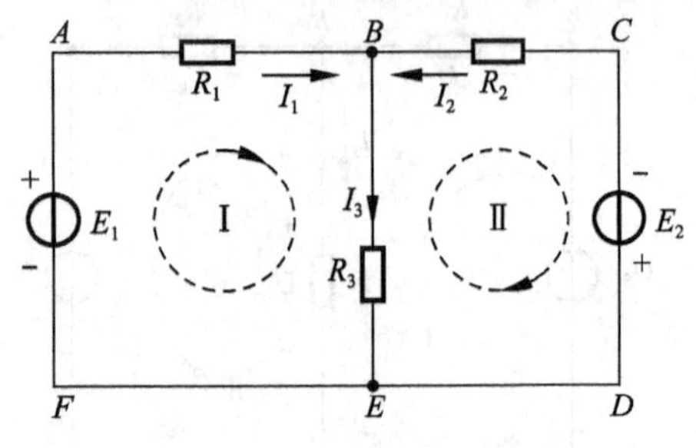

图 1-21 例 1-2 的图

(4) 代入已知数，解联立方程组，求出各支路电流。根据需要还可以求出电路中各元件的电压及功率。

例 1-2 如图 1-21 所示，已知 $R_1=2\ \Omega$，$R_2=4\ \Omega$，$R_3=6\ \Omega$，$E_1=12\ \text{V}$，$E_2=2\ \text{V}$，求各支路电流。

解：(1) 选取支路电流参考方向和回路的绕行方向如图 1-21 所示。

(2) 对节点 B 列方程 $I_3-I_1-I_2=0$

(3) 对回路Ⅰ列电压方程 $E_1=I_1R_1+I_3R_3$

对回路Ⅱ列电压方程 $E_2=-I_2R_2-I_3R_3$

(4) 联立方程组，求出各支路电流

$$\begin{cases} I_3-I_1-I_2=0 \\ E_1=I_1R_1+I_3R_3 \\ E_2=-I_2R_2-I_3R_3 \end{cases}$$

代入参数值，得

$$\begin{cases} I_3-I_1-I_2=0 \\ 12=2I_1+6I_3 \\ 2=-4I_2-6I_3 \end{cases}$$

解联立方程，得

$$\begin{cases} I_1=3\ \text{A} \\ I_2=-2\ \text{A} \\ I_3=1\ \text{A} \end{cases}$$

所得结果中 I_1、I_3 为正值，说明电流的实际方向与所设参考方向一致；I_2 为负值，说明电流的实际方向与所设参考方向相反。

活动 1.3.2 电路中各点电位的计算

在进行汽车电路分析和检测时，常需要测量电路中某点的电位，再根据测量值与理论值相比较来判断电路故障，因此必须很好地理解电位的概念，熟悉电位的计算。

1. 选择参考点

要计算电路中某点的电位，首先应确定一个参考点，作为零电位点。参考点的选择原则上来说可以是任意的，并且一经选定，在分析和计算过程中就不能再改动。在实际应用中，对于强电的电力电气线路，以大地为参考点，接地时用“⏚”表示；在弱电的电子电路中，以装置外壳或底板为参考点，接外壳或底板时用符号“⊥”表示。

2. 电位的计算

电路的参考点确定后，某一点的电位即是该点到参考点的电压。进行某点的电位计算可从电路中这一点到参考点任取一条路径，计算沿途电压升高与降低的代数和。计算过程中，电动势 E 由低电位指向高电位；对于电阻，电流从高电位流入，从低电位流出。

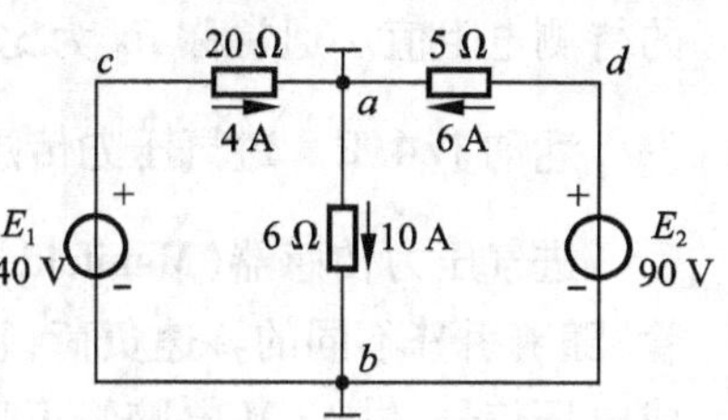

图 1-22 例 1-3 的图

例 1-3 求图 1-22 所示电路中各点的电位：V_a、V_b、V_c、V_d。

解：

设 a 为参考点，即 $V_a = 0$ V，有

$$V_b = U_{ba} = -10 \times 6 = -60\ (\text{V})$$
$$V_c = U_{ca} = 4 \times 20 = 80\ (\text{V})$$
$$V_d = U_{da} = 6 \times 5 = 30\ (\text{V})$$
$$U_{ab} = 10 \times 6 = 60\ (\text{V})$$
$$U_{cb} = E_1 = 140\ (\text{V})$$
$$U_{db} = E_2 = 90\ (\text{V})$$

设 b 为参考点，即 $V_b = 0$ (V)，有

$$V_a = U_{ab} = 10 \times 6 = 60\ (\text{V})$$
$$V_c = U_{cb} = E_1 = 140\ (\text{V})$$
$$V_d = U_{db} = E_2 = 90\ (\text{V})$$
$$U_{ab} = 10 \times 6 = 60\ (\text{V})$$
$$U_{cb} = E_1 = 140\ (\text{V})$$
$$U_{db} = E_2 = 90\ (\text{V})$$

任务 1.4 惠斯通电桥在汽车传感器中的应用

活动 1.4.1 惠斯通电桥

图 1-23 为惠斯通电桥的原理图，待测电阻 R_x 和 R_1、R_2、R_0 四个电阻构成电桥的四个

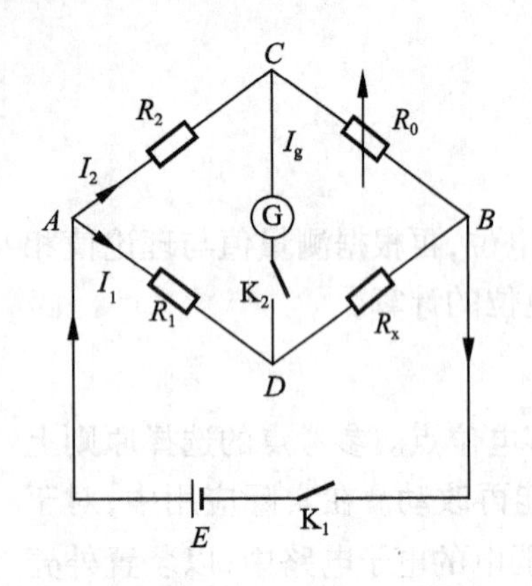

图 1-23 惠斯通电桥原理图

"臂",检流计 G 连通的 CD 称为"桥"。当 AB 端加上直流电源时,桥上的检流计用来检测其间有无电流及比较"桥"两端(即 CD 端)的电位大小。

调节 R_1、R_2 和 R_0,可使 CD 两点的电位相等,检流计 G 指针指零(即 $I_g=0$),此时,电桥达到平衡。电桥平衡时,$U_{AC}=U_{AD}$,$U_{BC}=U_{BD}$,即 $I_1R_1=I_2R_2$,$I_xR_x=I_0R_0$。因为 G 中无电流,所以,$I_1=I_x$,$I_2=I_0$。上列两式相除,得:

$$\frac{R_1}{R_x}=\frac{R_2}{R_0}$$

则

$$R_x=\frac{R_1}{R_2}R_0=CR_0$$

即为电桥平衡条件。

显然,惠斯通电桥测电阻的原理,就是采用电压比较法。由于电桥平衡须由检流计示零表示,故电桥测量方法又称为零示法。当电桥平衡时,已知三个桥臂电阻,就可以求得另一桥臂的待测电阻值。通常称 R_0 为比较臂,R_1/R_2(即 C)为比率(或倍率),R_x 为电桥未知臂。

活动 1.4.2 进气压力传感器

进气压力传感器(Manifold Absolute Pressure Sensor),简称 MAP。它以真空管连接进气歧管,随着引擎不同的转速负荷,感应进气歧管内的真空变化,再从感知器内部电阻的改变,转换成电压信号,供 ECM 电脑修正喷油量和点火正时角度,进气压力传感器种类较多,有压敏电阻式、电容式等。

图 1-24(a)中的 R 是图 1-24(b)中的应变电阻 R_1、R_2、R_3、R_4,它们构成惠斯通电桥并与硅膜片黏结在一起。硅膜片在歧管内的绝对压力作用下可以变形,从而引起应变电阻阻值的变化,歧管内的绝对压力越高,硅膜片的变形越大,从而电阻 R 的阻值变化也越大,即把硅膜片机械式的变化转变成了电信号,再由集成电路放大后输出至 ECU。

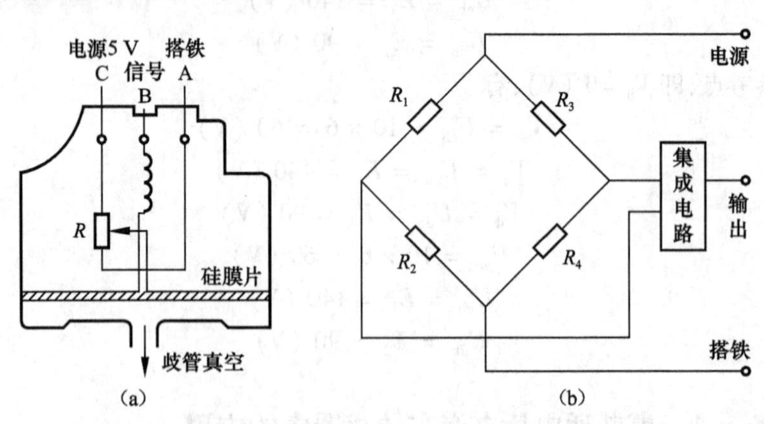

图 1-24 压敏电阻式进气压力传感器的工作原理图

活动 1.4.3 空气流量计

现代汽车电子控制燃油喷射系统中,空气流量传感器用于测量发动机吸入的空气量,它是决定电控系统控制精度的主要部件之一。空气流量传感器又叫空气流量计，它获得的进气量信号是控制单元 ECU 计算喷油时间和点火时间的主要依据。

该流量计采用等温热线的方式，如图 1－25 所示。图中 R_H、R_K、R_A、R_B 组成惠斯通电桥的四个臂，将热线 R_H（通常以铂丝制成）与温度补偿电阻 R_K（冷线）同置于所测量的通道中，使 R_H 与气流的温差维持在一个水平。当气流加大时，由于散热加快，R_H 降温阻值变化，电桥失去平衡，这时集成电路会提高桥压使电桥恢复平衡，通常取 R_A 上的压降为测量信号。

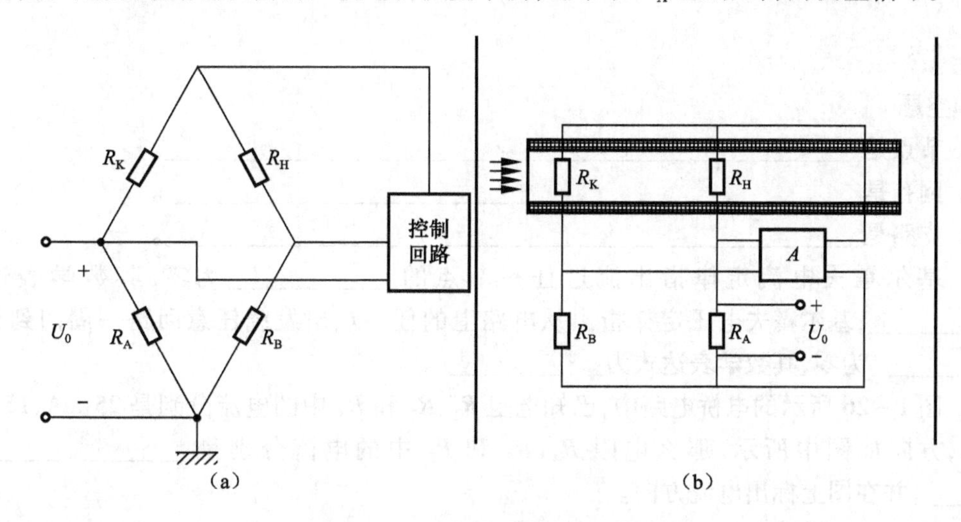

图 1－25　空气计流量工作原理图

A—混合集成电路；R_H—热线电阻；R_K—温度补偿电阻；R_A—精密电阻；R_B—电桥电阻

1. 电压、电流方向及伏安关系

电压、电流的参考方向是事先选定的一个方向，根据电压、电流数值的正、负，可确定电压、电流的实际方向。引入参考方向后，电压、电流可以用代数量表示。电路或元件的伏安关系是电路分析与研究的重点。

2. 欧姆定律和基尔霍夫定律

欧姆定律和基尔霍夫定律是电路分析的最基本定律。它们分别体现了元件和电路结构对电压、电流的约束关系。

3. 功率与功率平衡

当元件上的电压与电流取关联参考方向时，其功率为 $P = UI$，当 $P < 0$ 时，该元件输出（释放或产生）功率；当 $P > 0$ 时，该元件输入（吸收或消耗）功率。一个电路中所有元件功率的代数和等于零，$\sum P = 0$。

4. 电路的分析方法

简单电路的分析可以采用电阻串并联等效变换的方法来化简。实际电压源与实际电流源可以互相等效变换。

支路电流法是分析电路的基本方法。如果电路结构复杂,因电路方程增加使得支路电流法不太实用。

5. 惠斯通电桥及应用

惠斯通电桥测电阻的原理,就是采用电压比较法,在汽车电路中应用广泛,如进气压力传感器和空气流量传感器。

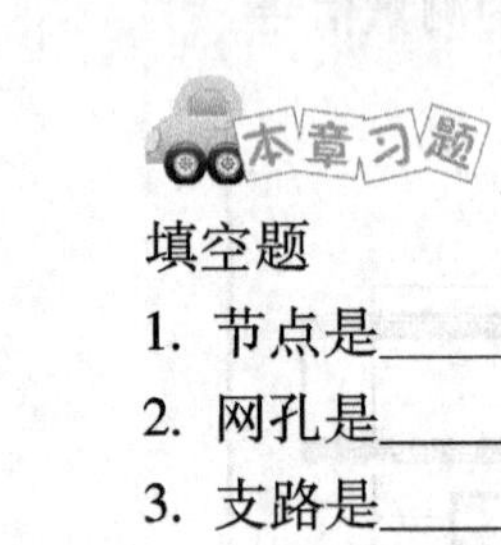

填空题

1. 节点是________________________________。
2. 网孔是________________________________。
3. 支路是________________________________。
4. 基尔霍夫电流定律指出流过任一节点的__________为零,其数学表达式为__________;基尔霍夫电压定律指出从电路上的任一点出发绕任意回路一周回到该点时__________为零,其数学表达式为__________。
5. 图1-26所示的电桥电路中,已知电阻R_1、R_2和R_3中的电流分别是25 mA、15 mA和10 mA,方向如图中所示,那么电阻R_4、R_5和R_6中的电流分别是________、________和________,并在图上标出电流方向。
6. 图1-27所示的为一网络的一部分。则I_1=________,I_2=________。

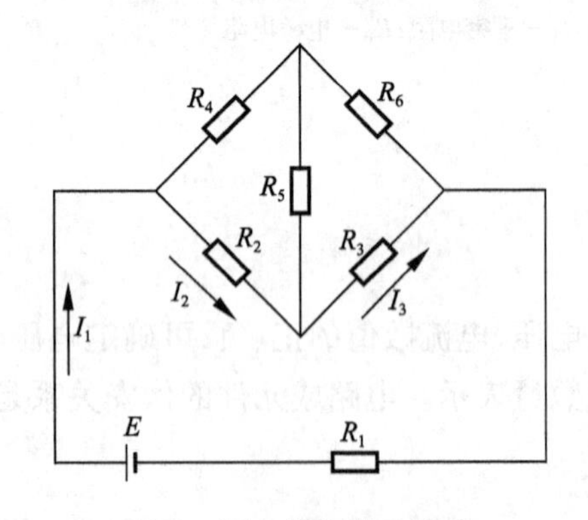

图1-26　填空题5的图

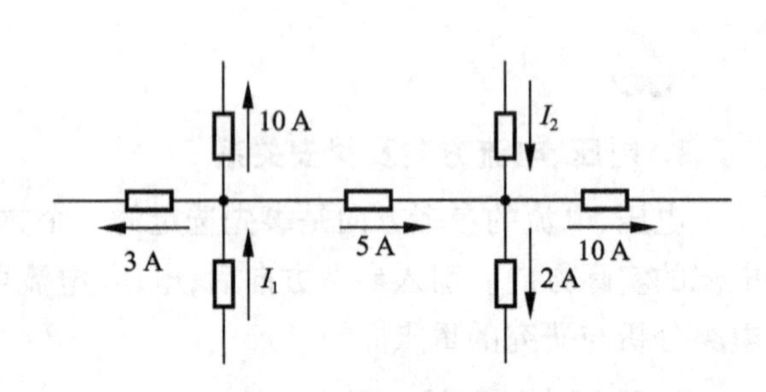

图1-27　填空题6的图

7. 如图1-28所示,已知$I_1=0.01$ μA,$I_2=0.3$ μA,$I_5=9.61$ μA,则I_3=________,I_6=________,I_4=________。

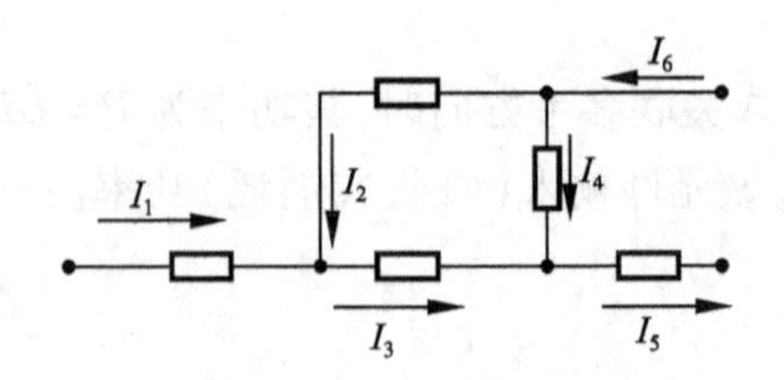

图1-28　填空题7的图

8. 将图1-29和图1-30中有源二端网络等效变换为一个电压源:

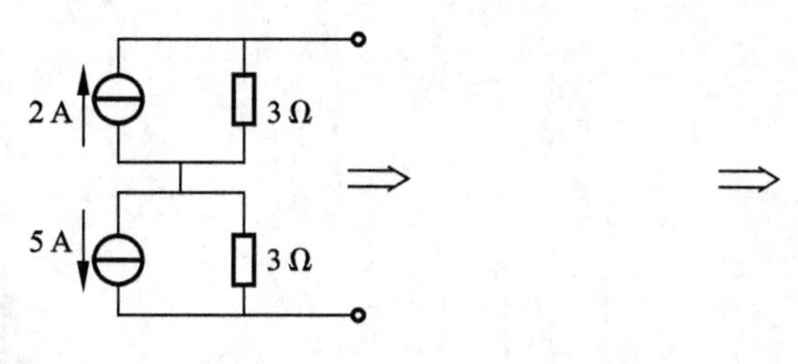

图 1－29　填空题 8 的图(1)

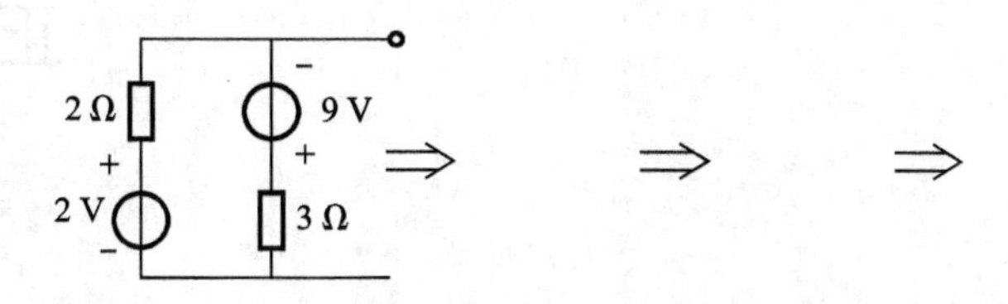

图 1－30　填空题 8 的图(2)

9. 试用电压源与电流源等效变换的方法计算图 1－31 中 2 Ω 电阻中的电流 I。

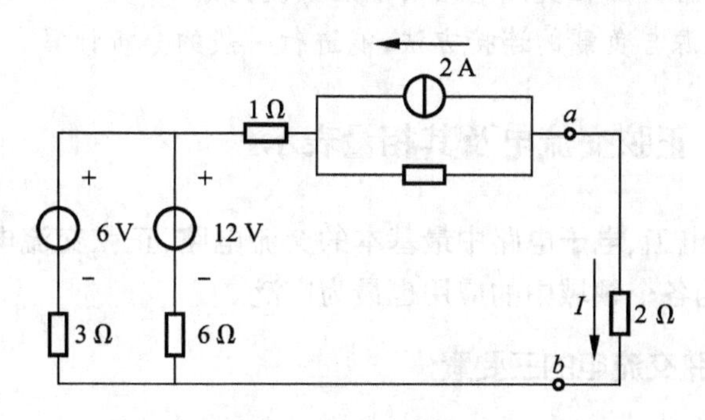

图 1－31　填空题 9 的图

10. 如图 1－32 所示，$E_1=18$ V，$E_2=19$ V，$R_1=R_2=1$ Ω，$R_3=4$ Ω，试用支路电流法求各支路的电流。

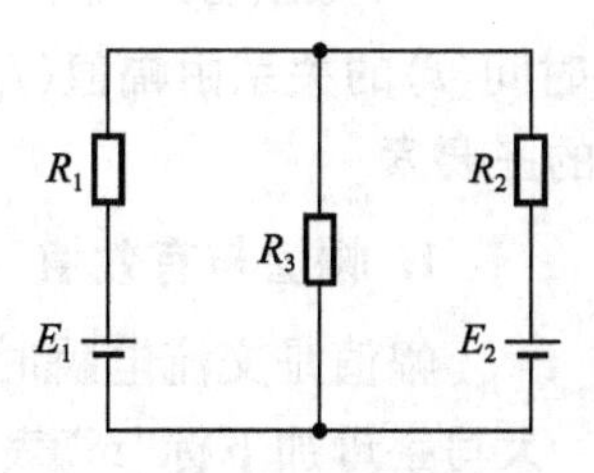

图 1－32　填空题 10 的图

项目二

正弦交流电路

1. 了解正弦交流电的基本知识
2. 了解正弦交流电的相量分析法
3. 了解单一元件的正弦交流电路的电压电流关系
4. 了解三相电源与负载的连接方法,能进行一般的分析计算

任务 2.1 正弦交流电及其相量表示

正弦交流电路是电工、电子电路中最基本的交流电路,正弦交流电易于产生,便于输送和使用,在生产和生活的各个领域中的应用也最为广泛。

活动 2.1.1 正弦交流电的三要素

正弦交流电随时间按正弦规律变化,可用正弦函数或波形图表示。其任一瞬间的值称为瞬时值,通常以小写字母 e、u、i 分别表示电动势、电压和电流的瞬时值。图 2-1 所示为某正弦交流电流的波形图,其瞬时值的函数表达式为

$$i = I_m \sin(\omega t + \phi) \tag{2-1}$$

由式(2-1)可知,电流(i)与时间(t)的关系由幅值(I_m),角频率(ω)和初相(ϕ)决定。幅值、角频率、初相称为正弦交流电的三要素。

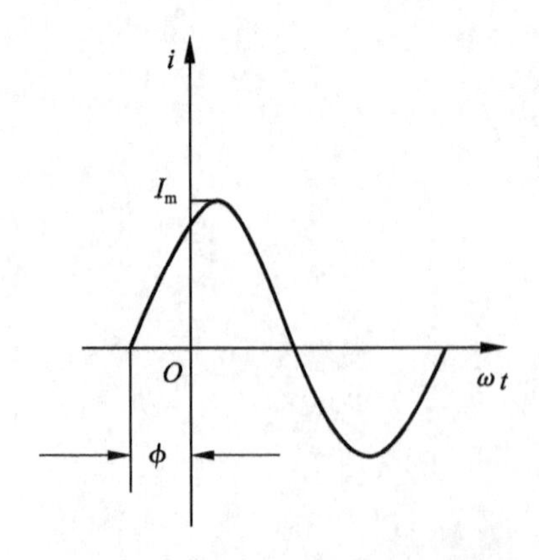

图 2-1 正弦交流电流的波形图

1. 幅值与有效值

幅值是交流电瞬时值中的最大值,也称峰值。通常用大写字母加下标"m"表示,如 E_m、U_m、I_m 等。

交流电的大小随时间变化,某一时刻的值虽然难以作为衡量交流电大小的标准,由于电路的重要作用之一是能量的转换,所以其大小可以用交流电在一定时间内的热效应来衡量。让直流电流和交流电流分别通过阻值完全相同的电阻,如果在相同的时间内,两个电阻产生的热量相等,就把这个直流电流的数值定义为交流电流的有效值。电动势、电压和电流的有效值分别用大写字母 E、U、I 表示。

根据数学分析,正弦交流电的有效值与最大值的关系为

$$有效值 = \frac{最大值}{\sqrt{2}} \tag{2-2}$$

平时所说的交流电的大小及交流电压表、电流表的读数等,都是指有效值。电器设备的额定值,例如,白炽灯标有“220 V,40 W”,220 V 指有效值。

例 2-1 某同学为提高电路的功率因数,将一耐压为 280 V 的电容元件并接在交流 220 V 的负载上。请问这种做法是否正确?

解:因为 220 V 正弦交流电的幅值为 311 V,超过了电容元件的 280 V 耐压值,电容元件可能击穿,所以不能将该电容元件并接在 220 V 的负载上。

2. 周期与频率

周期是正弦交流电重复变化一次所需要的时间,用字母 T 表示,单位是秒(s),如图 2-2 所示,正弦交流电每秒内变化的次数称为频率,用字母 f 表示,单位是赫兹(Hz)。

频率和周期之间满足如下关系:

$$f = \frac{1}{T} \tag{2-3}$$

我国和世界上大多数国家工业用电的标准频率,即“工频”是 50 Hz,它的周期是 0.02 s,也有少数国家(美国、日本等)的工频为 60 Hz。

正弦交流电的变化快慢除用周期和频率表示外,还可用角频率(ω)来表示,角频率是交流电每秒钟变化的弧度数,单位是弧度/秒(rad/s)。

由于正弦交流电在一个周期(T)内,其电角度变化了 2π 弧度,所以有

$$\omega = \frac{2\pi}{T} = 2\pi f \tag{2-4}$$

式(2-4)表明了角频率(ω)与频率(f)、周期(T)的关系。ω、f、T 都是表示交流电变化快慢的量,只要知道其中一个,另外两个就可以求得。

3. 相位与初相

由正弦交流电的瞬时表达式(2-1)可知,交流电在任一时刻的瞬时值取决于电角度($\omega t+\phi$),这个电角度称为交流电的相位。

交流电在 $t=0$ 时所具有的相位称为初相,用 ϕ 表示,单位是弧度或度,规定初相的绝对值不超过 π 弧度。显然,初相决定了 $t=0$ 时刻的瞬时值(又称初值)的大小。

初相可以是正角,这时交流电在 $t=0$ 时的瞬时值为正,如图 2-2(a)中的 u_1 所示。初相也可以为负角,在 $t=0$ 时交流电的瞬时值为负,如图 2-2(a)中的 u_2 所示。

两同频率交流电的初相之差称为相位差,即

$$\Delta\phi = \phi_1 - \phi_2 \tag{2-5}$$

存在相位差的两个频率的交流电,在变化的过程中到达最大值(U_m)(或零值)的时间是不同的。如图 2-2(a)所示,u_1 比 u_2 先到达最大值(U_m),称 u_1 超前 u_2 $\Delta\phi$ 角度或 u_2 滞后 u_1 $\Delta\phi$ 角度。当 u_1 和 u_2 同时到达最大值(U_m)时,u_1 与 u_2 同相,如图 2-2(b)所示,此时 $\phi_1=\phi_2=\phi$。当一个交流电达到正的最大值,另一个达到负的最大值时,称 u_1 与 u_2 反相,如图 2-2(c)所示,此时 $\Delta\phi=\phi_1-\phi_2=180°$。

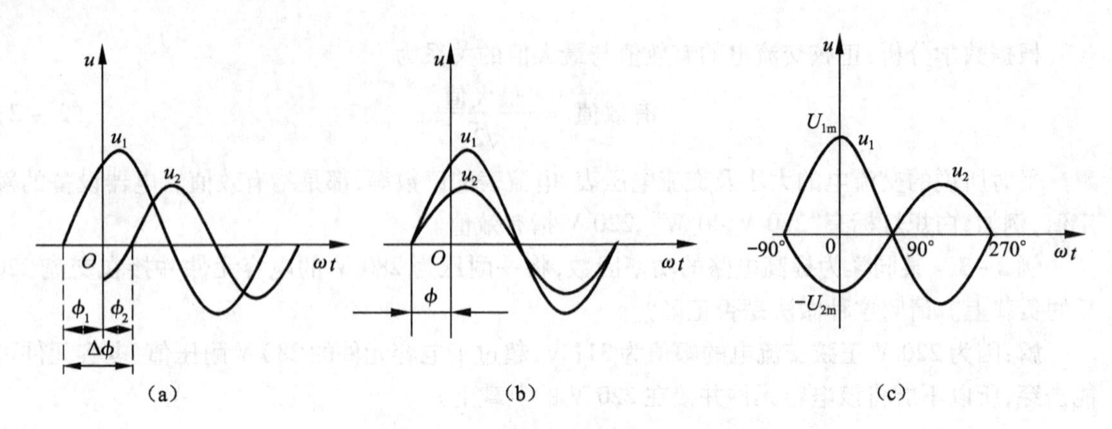

图 2-2　交流电的初相和相位差

(a) u_1 超前 u_2(u_2 滞后 u_1);(b) u_1 与 u_2 同相;(c) u_1 与 u_2 反相

在同一个正弦交流电路中,电压和电流的频率是相同的,但初相不一定相同。只有同频率的正弦量才能进行相位比较,为避免混乱,规定相位差的范围在$(-\pi,\pi)$之间。

例 2-2　某电源电动势 $e=311\sin(314t+45°)$ V,该电动势的角频率、频率、周期、幅值、有效值、初相位各为多少？画出波形图。

解:由电动势的瞬时表达式可知,该电压的角频率 $\omega=314$ rad/s,最大值 $E_m=311$ V,所以

频率:
$$f=\frac{\omega}{2\pi}=\frac{314}{2\pi}\text{ Hz}=50\text{ Hz}$$

周期:
$$T=\frac{1}{f}=\frac{1}{50}\text{ s}=0.02\text{ s}$$

有效值:
$$E=\frac{E_m}{\sqrt{2}}=\frac{311}{\sqrt{2}}\text{V}=220\text{ V}$$

初相:
$$\phi=45°$$

波形图如图 2-3 所示。

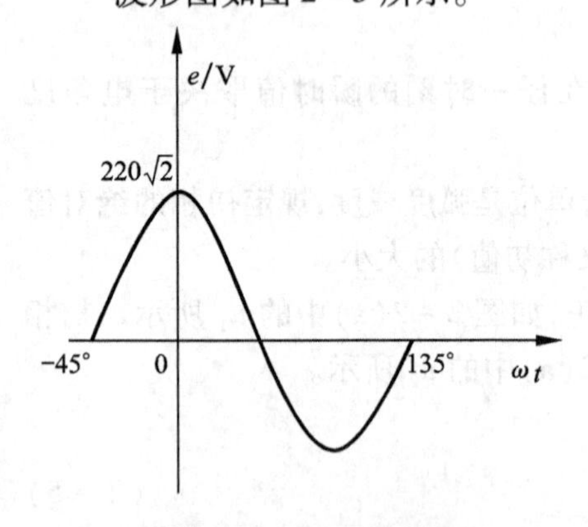

图 2-3　例 2-2 波形图

活动 2.1.2　正弦交流电的相量表示

由上所述,正弦交流电可以用三角函数表示,也可以用波形图表示。前者是基本的表示方法,但运算烦琐;后者直观、形象,但运算不便。为了便于分析计算正弦电路,电路中常用相量表示正弦交流电。

以正弦交流电电流 $i=I_m\sin(\omega t+\phi)$ 为例,在直角坐标系(复平面)中画一个带箭头的直线,如图 2-4 所示,该直线满足以下条件:①直线长度按比例等于正弦电流的有效值(I)(或幅值(I_m));②直线与正横标的夹角等于正弦交流电的初相(ϕ);③直线以角频率(ω)按逆时针方向旋转。这个带箭头的直线就称为相量。

在一个交流电路中,所有的电压和电流都是同频率的正弦交流电,它们的频率与正弦电源的频率相同,往往是已知的。因此,在使用相量分析和计算正弦交流电路时,可以不考虑相量

的旋转。这样,正弦交流电 $i=I_m\sin(\omega t+\phi)$ 可以表示成极坐标形式 $I\angle\phi$,记为相量 $\dot{I}=I\angle\phi$。

例 2-3 图 2-5 所示电路中,已知:$i_1=6\sqrt{2}\sin 314t$ A,$i_2=8\sqrt{2}\sin(314t+90°)$ A,试用相量法求总电流 i。

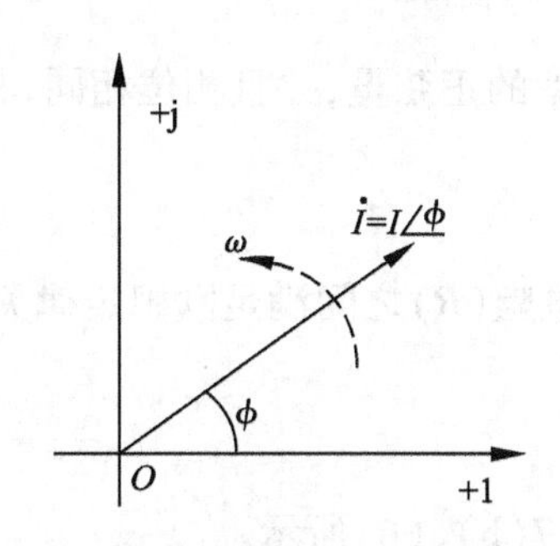

图 2-4 正弦交流电的相量表示

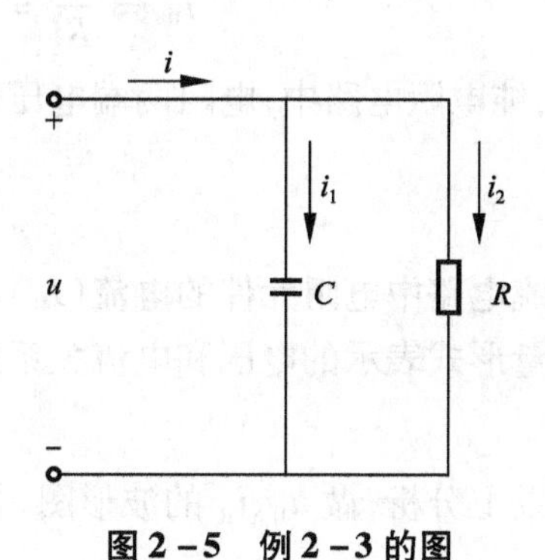

图 2-5 例 2-3 的图

解:根据基尔霍夫定律,有

$$i=i_1+i_2$$

写成相量形式:

$$\dot{I}=\dot{I}_1+\dot{I}_2$$

上述相量可以用相量图法或代数法进行求和运算。

用相量图法求和的步骤如下:

分别做相量 $\dot{I}_1$ 和 $\dot{I}_2$ 的相量图,如图 2-6 所示。

求相量和。在相量图上求两相量之和时需遵守平行四边形法则,即以 $\dot{I}_1$ 和 $\dot{I}_2$ 作为平行四边形 $OABC$,对角线 OB 就是相量和 $\dot{I}$。

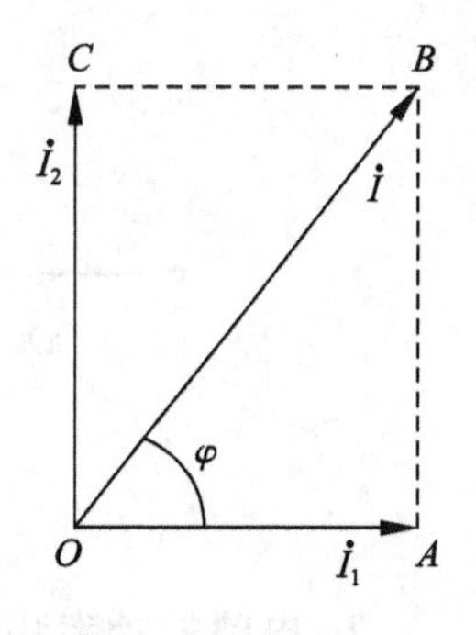

图 2-6 例 2-3 的相量图

根据三角形运算的结果,$\dot{I}=10\sqrt{2}\angle 45°$ A,因此

$$i=10\sqrt{2}\sin(314t+45°)\ \text{A}$$

任务 2.2 单一元件正弦交流电路

交流电路由交流电源及其负载组成,交流负载一般由电阻、电感、电容以及它们的组合按照一定的方式连接而成。由于电感中的交变电流产生交变磁场,会引起感应电动势的产生;电容极板间的交变电压,会引起电荷在与电容极板相连的导线中移动形成电流,因此,电阻(R)、电感(L)及电容(C)对交流电路中的电压、电流都会产生影响。

所谓单一元件的正弦交流电路就是指纯电阻、纯电感和纯电容电路。严格来说,只含单一参数的负载是不存在的,但如果负载中只有一个参数起主要作用,其余两个参数由于影响小而可以忽略时,就可以把它看作单一参数负载。如电阻炉,其电感和电容较小,因而可视为纯电阻负载。

活动 2.2.1 纯电阻电路

1. 电压和电流关系

在图 2-7(a)所示电路中,电压和电流的参考方向一致,设电阻电压为

$$u_R = \sqrt{2}U_R\sin\omega t$$

根据欧姆定律,流过纯电阻负载的电流为

$$i_R = \frac{u_R}{R} = \frac{\sqrt{2}U_R}{R}\sin\omega t = \sqrt{2}I_R\sin\omega t \qquad (2-6)$$

可见,纯电阻电路中,电阻两端电压和电流是同频率的正弦量,并且相位相同,其有效值关系为

$$U_R = RI_R \qquad (2-7)$$

即交流电路中电阻元件的电流(I_R)、电压(U_R)和电阻(R)之间满足欧姆定律关系。

用相量形式表示的电压和电流关系式为

$$\dot{U}_R = R\dot{I}_R \qquad (2-8)$$

根据以上分析,做 u_R、i_R 的波形图、相量图如图 2-7(b)、(c)所示。

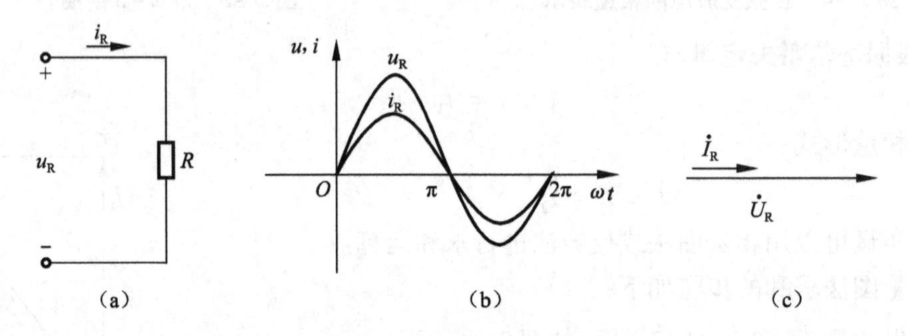

图 2-7 纯电阻电路

(a) 电路图;(b) 波形图;(c) 相量图

2. 电路的功率和能量的转换

在任意瞬间,电压瞬时值与电流瞬时值的乘积称为瞬时功率,即

$$p = ui$$

显然,瞬时功率是一个随时间变化的量。对于电阻元件,有

$$p_R = u_R i_R = U_{Rm}I_{Rm}\sin^2\omega t = U_R I_R(1-\cos 2\omega t) \qquad (2-9)$$

在实际应用中,通常用 p 在一个周期内的平均值来衡量交流功率的大小,称为平均功率或有用功率,用大写字母 P 表示。由式(2-9)可得纯电阻电路的平均功率为

$$P_R = U_R I_R = I_R^2 R = \frac{U_R^2}{R} \qquad (2-10)$$

例 2-4 功率为 100 W 的白炽灯,接在 $u=220\sqrt{2}\sin(314t+120°)$ V 电源上,试求电流有效值。

解:电阻电压的有效值为

$$U_R = U = \frac{220\sqrt{2}}{\sqrt{2}} = 220(\text{V})$$

根据式(2-10),电流有效值为

$$I_R = \frac{P}{U_R} = \frac{110\ \text{W}}{220\ \text{V}} = 0.455\ \text{A}$$

活动 2.2.2 纯电感电路

1. 电压和电流的关系

纯电感线圈接在直流电路中时，由于电流和磁通均为直流恒定值，所以线圈两端无感应电势，对电流无阻碍作用，线圈相当于一根短路导线。而在交流电路中，线圈中的交变电流引起交变磁通，产生自感电动势，从而在线圈两端建立起电压，阻碍电流的变化，所以电感线圈的电流变化总是滞后于电压的变化。

纯电感电路如图 2-8(a)所示，电感电流与电压参考方向一致，设电感电流为

$$i_L = \sqrt{2} I_L \sin\omega t$$

根据数学分析，电感两端的电压为

$$u_L = \sqrt{2} U_L \sin(\omega t + 90°) = \sqrt{2} \omega L I_L \sin(\omega t + 90°) \quad (2-11)$$

可见，纯电感电路中，电感电压和电流是同频率的正弦量，并且电压超前电流 90°，其有效值关系为

$$U_L = \omega L I_L = X_L I_L \quad (2-12)$$

式中 X_L——电感的感抗，单位为欧姆(Ω)。

$$X_L = \omega L = 2\pi f L \quad (2-13)$$

感抗(X_L)表示电感对电流的阻碍作用，由式(2-13)可知，X_L 与交流电的频率(f)和电感(L)成正比，即频率越高或电感越大，感抗越大，线圈对交流电的阻碍作用越强，故电感常被用作交流电限流元件。对于直流电，$f=0$，$X_L=0$，电感相当于短路，因此电感具有阻交流通直流的作用，在电子电路中常被用作选频和滤波元件。

u_L 和 i_L 的波形图、相量图如图 2-8(b)、(c)所示。

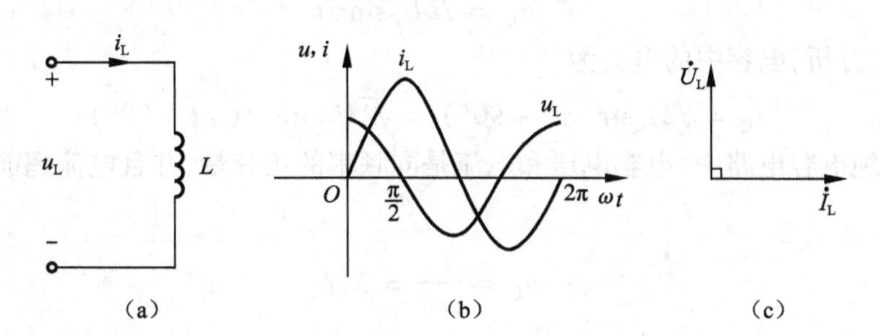

图 2-8 纯电感电路

(a) 电路图；(b) 波形图；(c) 相量图

2. 电路的功率和能量转换

根据交流电路瞬时功率的关系式 $p=ui$，有

$$p_L = u_L i_L = U_{Lm} I_{Lm} \sin(\omega t + 90°) = U_L I_L \sin 2\omega t \quad (2-14)$$

由以上分析可知，电感线圈在交流电路中虽无能量消耗，但存在电源之间的能量交换。通常用瞬时功率的最大值来衡量能量交换的速率，称为无功功率，用 Q_L 表示，其单位是乏(var)。

$$Q_L = U_L I_L = I_L^2 X_L = \frac{U_L^2}{X_L} \quad (2-15)$$

例 2-5 一个电感为 0.2 H 的线圈，接到频率为 50 Hz，电压为 10 V 的正弦交流电源上，求线圈的感抗、电流和无功功率。若电源电压不变，频率提高到 5 000 Hz，求这时的感抗和电流。

解： 当 $f=50$ Hz 时，

$$X_L = 2\pi fL = 2\times3.14\times50\times0.2\ \Omega = 62.8\ \Omega$$

$$I_L = \frac{U_L}{X_L} = \frac{10}{62.8}\ \text{A} \approx 0.159\ \text{A}$$

$$Q_L = U_L I_L = 10\times0.159\ \text{var} = 1.59\ \text{var}$$

当 $f=5\,000$ Hz 时，

$$X_L = 2\pi fL = 2\times3.14\times5\,000\times0.2\ \Omega = 6\,280\ \Omega$$

$$I_L = \frac{U_L}{X_L} = \frac{10}{6\,280}\ \text{A} \approx 0.001\,59\ \text{A} = 1.59\ \text{mA}$$

可见，对于同样的电感，当频率提高 100 倍时，感抗增大 100 倍。相同电压下，电流减小为 1/100。

活动 2.2.3 纯电容电路

1. 电压和电流的关系

在直流电路中，电容只有在接通电源和切断电源时才有充电电流和放电电流，电路稳定后，电流就等于零。在交流电路中，电容两端电压的大小和方向不断变化，因而电容不断地充电和放电，从而形成大小和方向不断变化的电流。

纯电容电路如图 2-9(a)所示，电容电压与电流参考方向一致，设电容两端的电压为

$$u_C = \sqrt{2}U_C\sin\omega t$$

根据数学分析，电容中的电流为

$$i_C = \sqrt{2}I_C\sin(\omega t+90°) = \sqrt{2}U_C\omega C\sin(\omega t+90°) \tag{2-16}$$

可见，在纯电容电路中，电容电压和电流是同频率的正弦量，并且电流超前电压 90°，其有效值关系为

$$u_C = \frac{I_C}{\omega C} = X_C I_C \tag{2-17}$$

式中 X_C——电容的容抗，单位是欧姆(Ω)。

显然

$$X_C = \frac{1}{\omega C} = \frac{1}{2\pi fC} \tag{2-18}$$

容抗(X_C)表示电容对交流电的阻碍作用。由式(2-18)可见，X_C 与交流电的频率和电容量成正比，频率越高或电容量越大，则容抗越小，对交流电的阻碍作用越弱，所以高频电流易于从电容通过。对于直流电，$f=0$，$X_C=\infty$，电容器相当于开路，电流不能通过，因此电容具有阻直流通交流的作用，在电子电路中常用作高频电流的电路，做选频和滤波的电路元件。

u_C 和 i_C 的波形图、相量图如图 2-9(b)、(c)所示。

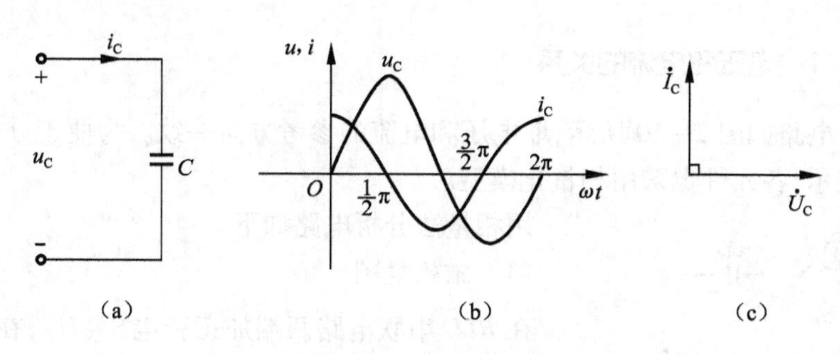

图 2-9　纯电容电路

(a) 电路图;(b) 波形图;(c) 相量图

2. 电路的功率和能量转换

电容器的瞬时功率为

$$p_C = u_C i_C = U_{Cm} I_{Cm} \sin(\omega t + 90°) = U_C I_C \sin 2\omega t \tag{2-19}$$

电容元件是一种储能元件,它与电源之间的能量交换的最大速率,即电容元件的无功功率(Q_C)为

$$Q_C = U_C I_C = I_C^2 X_C = \frac{U_C^2}{X_C} \tag{2-20}$$

例 2-6　一个电容为 10 μF 的电容元件,接到频率为 50 Hz,电压为 50 V 的正弦交流电源上,求容抗、电流和无功功率。若电源电压不变,频率提高到 5 000 Hz,求这时的容抗和电流。

解:当 $f = 50$ Hz 时

$$X_C = \frac{1}{2\pi f C} = \frac{1}{2 \times 3.14 \times 50 \times 10 \times 10^{-6}}\ \Omega \approx 319\ \Omega$$

$$I_C = \frac{U_C}{X_C} = \frac{50}{319}\ \text{A} \approx 0.157\ \text{A}$$

$$Q_C = U_C I_C = 50 \times 0.157\ \text{var} = 7.85\ \text{var}$$

当 $f = 5\,000$ Hz 时

$$X_C = \frac{1}{2\pi f C} = \frac{1}{2 \times 3.14 \times 5\,000 \times 10 \times 10^{-6}}\ \Omega \approx 3.19\ \Omega$$

$$I_C = \frac{U_C}{X_C} = \frac{5\,000}{319}\ \text{A} \approx 15.7\ \text{A}$$

可见,对于同样的电容元件,当频率提高 100 倍时,容抗减小为 1/100。相同电压下,电流增大为原来的 100 倍。

任务 2.3　*RLC* 串联电路

只含单一参数的交流电路实际是不存在的。实际应用中的交流电路,其负载往往是电阻、电感和电容元件的组合。

活动2.3.1 电压和电流的关系

RLC 串联电路如图 2－10 所示，取电压和电流的参考方向一致。为便于分析，电路中各量均采用相量表示，各元件也采用相量化模型。

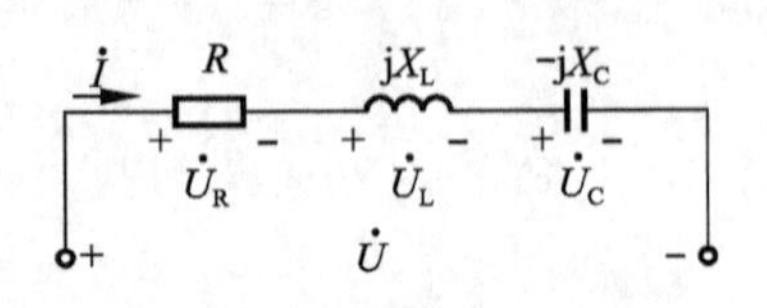

图 2－10 *RLC* 串联电路

用相量法分析电路如下。

（1）做相量图

在 *RLC* 串联电路两端加正弦电压（$\dot{U}$），在电路中产生电流（$\dot{I}$）。设电流（$\dot{I}$）的初相为 0，电阻电压（$\dot{U}_R$）与电流（$\dot{I}$）相位相同，电感电压（$\dot{U}_L$）超前电流（$\dot{I}$）90°，电容电压（$\dot{U}_C$）滞后电流（$\dot{I}$）90°。根据 U_L 和 U_C 的大小不同，作相量图如图 2－11（a）、（b）所示。

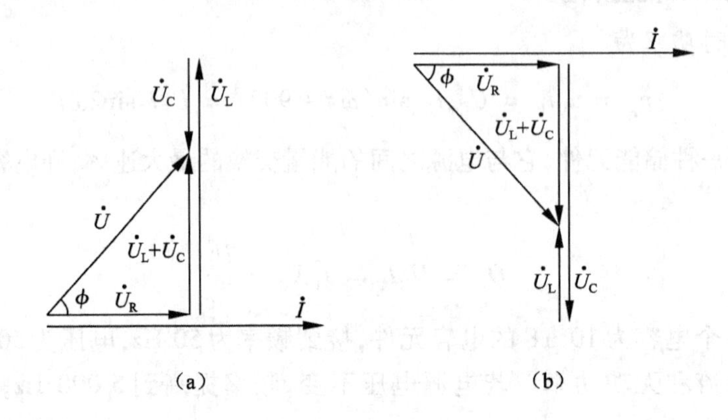

图 2－11 相量图

（a）$U_L > U_C$ 相量图；（b）$U_L < U_C$ 相量图

（2）求相量和

根据串联电路的性质，总电压为电路各部分电压之和，即 $\dot{U} = \dot{U}_R + \dot{U}_L + \dot{U}_C$。在图 2－11 的相量图上，按平行四边形法则作总电压（$\dot{U}$）的相量。

由相量图可知，$\dot{U}_L$ 与 $\dot{U}_C$ 反相。根据 $\dot{U}_R$、$\dot{U}_L + \dot{U}_C$ 和 $\dot{U}$ 构成的电压三角形，有

$$U = \sqrt{U_R^2 + (U_L - U_C)^2} = I\sqrt{R^2 + (X_L - X_C)^2} = I|Z|$$

式中 $|Z|$——*RLC* 串联电路的阻抗，单位为欧姆（Ω）。

$$|Z| = \sqrt{R^2 + (X_L - X_C)^2} \tag{2-21}$$

由以上分析可得出如下结论：

① 总电压与电路的相位差为 ϕ，由图 2－11（a）所示的相量图，有

$$\phi = \arctan\frac{U_L - U_C}{U_R} = \arctan\frac{X_L - X_C}{R} \tag{2-22}$$

当 $X_L > X_C$ 时，$\phi > 0$，总电压超前电流 ϕ，如图 2－11（a）所示，这时电路呈感性；当 $X_L < X_C$ 时，$\phi < 0$，总电压滞后电流 ϕ，如图 2－11（b）所示，这时电路呈容性；当 $X_L = X_C$ 时，$\phi = 0$，总电压与电流同相，这时电路呈电阻性，产生串联谐振。

② 电压的有效值与电流有效值以及阻抗 $|Z|$ 之间满足欧姆定律关系，即

$$I = \frac{U}{|Z|} \tag{2-23}$$

活动 2.3.2　电路的功率和能量转换

1. 平均功率

RLC 串联电路中，只有电阻消耗电能，因此电路的平均功率为

$$P = P_R = U_R I = I^2 R$$

由电压三角形可知

$$U_R = U\cos\phi$$

所以

$$P = UI\cos\phi \tag{2-24}$$

2. 无功功率

无功功率是表示电感、电容及电源之间能量交换的量，由于电感电压与电容电压反相，因此 *RLC* 串联电路的无功功率应为电感与电容无功功率之差，即

$$Q = (U_L - U_C)I = I^2(X_L - X_C) = UI\sin\phi \tag{2-25}$$

3. 视在功率

电源电压有效值(U)与电流有效值(I)的乘积，称为视在功率，用 S 表示，即

$$S = UI \tag{2-26}$$

视在功率的单位是伏安(VA)，通常用来表示电器设备的容量。例如，50 kVA 的变压器，就是指它的视在功率(S)为 50 kVA。

由式(2-24)、式(2-25)和式(2-26)可知

$$S = \sqrt{P^2 + Q^2} \tag{2-27}$$

由于电路的有功功率 $P = UI\cos\phi = S\cos\phi$，因此有

$$\frac{P}{S} = \cos\phi = \lambda \tag{2-28}$$

式中　λ——电路的功率因数。

由式(2-28)可见，λ 越大，则电源的容量中转换成有功功率的部分越大，电源的利用率越高；当 $\lambda = 1$ 时，电源的容量全部转换成有功功率。

任务 2.4　三相交流电路

电力输配电系统中使用的交流电源绝大多数是三相制系统，前面研究的单向交流电也是三相系统的一相提供的。之所以采用三相系统供电，是因为它在发电、输电以及电能转换等方面都具有明显的优势。

本节在介绍三相交流电产生的基础上，着重介绍三相负载的连接、分析与计算。并简介安全用电技术。

三相交流电路由三个幅值相同、频率相同、相位互差 120°的正弦交流电压，按照一定的方式连接起来作为三相交流电源向负载供电。采用三相制供电时，可大大节省输电线的有色金

属,降低输电成本。

活动2.4.1　三相电源

1. 三相交流电动势

三相交流电动势由三相交流发电机产生。三相交流发电机由定子和转子两部分组成,其原理示意图如图2-12(a)所示。定子铁芯的内圆表面有槽,槽内放置3个尺寸和匝数完全相同的绕组U1-U2、V1-V2、W1-W2,称为三相绕组。其中U1、V1、W1是绕组的首端,U2、V2、W2是绕组的末端。三相绕组在空间位置上互成120°放置,称为U相、V相和W相,图2-12(b)所示为其中的一相绕组。定子铁芯内部的磁极是转动的,称为转子。

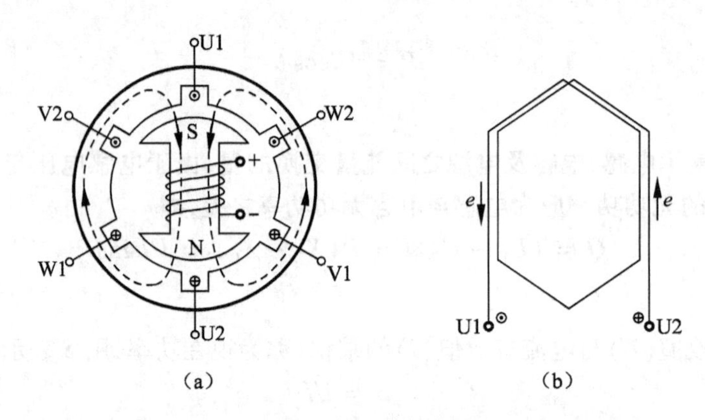

图2-12　三相交流发电机

(a) 示意图;(b) 线圈绕组和电动势

当转子在原动机(汽轮机、水轮机)带动下以角频率(ω)匀速旋转时,三相绕组依次切割磁力线,产生频率相同、幅值相等、相位差互成120°的三相对称正弦电动势。选定电动势的参考方向由绕组的末端指向首端,如图2-12(b)所示,则

$$\begin{cases} e_U = E_m \sin\omega t \\ e_V = E_m \sin(\omega t - 120°) \\ e_W = E_m \sin(\omega t + 120°) \end{cases} \tag{2-29}$$

相应的波形图、相量图如图2-13(a)、(b)所示。

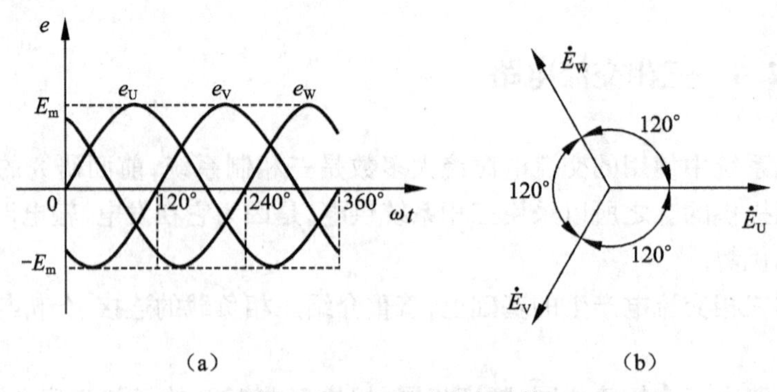

图2-13　三相对称电动势

(a) 波形图;(b) 相量图

由波形可见，三相电动势达到最大值的先后次序是不同的。这种达到最大值的先后次序称为三相电动势的相序。上述三相电压的相序是 U－V－W－U。在工厂或企业配电站的三相电源裸铜排上，涂有黄、绿、红三种颜色，分别为 U、V、W 三相。

由相量图可见，三相对称电动势的相量和为零，即

$$\dot{E}_U + \dot{E}_V + \dot{E}_W = 0 \tag{2-30}$$

2. 三相电源的星形连接

（1）星形连接

把上述三相绕组的末端 U2、V2 和 W2 连在一起，就构成星形连接，如图 2－14(a) 所示。三个末端连接的点称为电源的中性点或零点，用 N 表示。由 3 个电源绕组的首端 U1、V1、W1 和中性点(N)分别引出 4 根线对外供电，这种供电方式称为三相四线制。从首端引出的 3 根输电线称为端线，俗称火线；从中性点引出的输电线称为中线或零线，由于中线一般与大地相连，所以又称地线。

（2）星形连接时线电压和相电压的关系

由图 2－14 可知，三相电源作星形连接时可以提供两组电压：一组是端线和中线之间的电压，用 u_1、u_2、u_3 或有效值统一用(U_P)表示，称为电源相电压；另一组是端线和端线之间的电压，用 u_{12}、u_{23}、u_{31} 或有效值统一用(U_L)表示，称为线电压。显然，相电压和电源电动势相等，为频率相同、幅值相等、相位差互成 120°的三相对称交流电压。

由于电路对称，因此线电压(u_{12}、u_{23} 和 u_{31})也是对称的，其频率相同、幅值相等、相位互差 120°。图 2－14(b) 所示为三相电源作星形连接时的电压相量图，由图可见，星形连接时，线电压是相电压的 $\sqrt{3}$ 倍，即

$$U_L = \sqrt{3}\, U_P \tag{2-31}$$

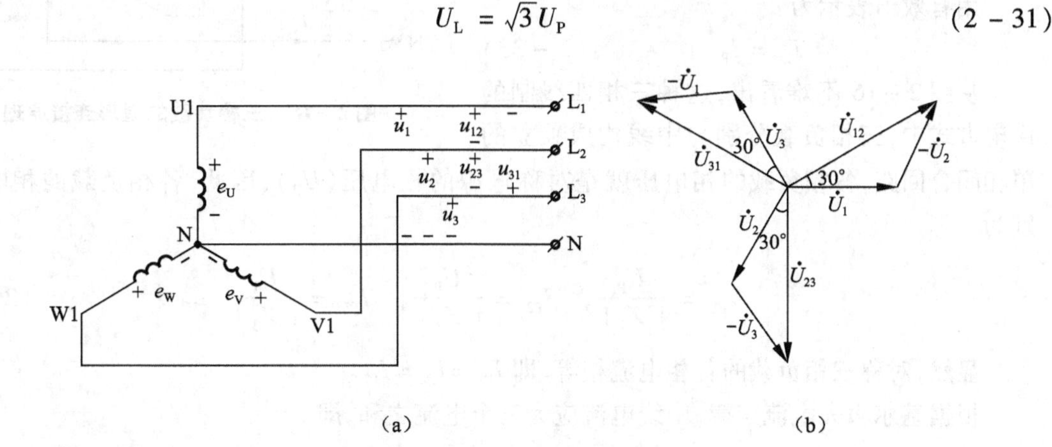

图 2－14　三相对称电动势

(a) 三相电源星形连接；(b) 相量图

工矿企业的低压供电系统中，三相电源都是作星形连接，其相电压 U_P 为 220 V，相应的线电压为 $U_L = \sqrt{3}\, U_P = 380$ V。220 V 的相电压可供照明、家用电器使用，380 V 的线电压则可供三相负载，如三相电动机等动力使用。

需要说明的是，三相电源也可以作三角形连接。如图 2－15 所示，将一相绕组的末端与另

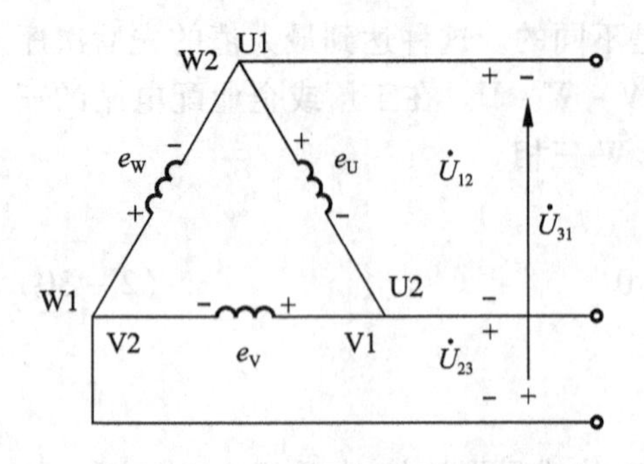

图 2-15 三相电源的三角形连接

一相绕组的首端依次相连，构成闭合回路，然后由三个连接点引出三条端线，就成为三角形连接。这种连接下，电源只能以三相三线制方式对外供电，其线电压和电源相电压的关系是

$$U_L = U_P \tag{2-32}$$

即三相电源作三角形连接时，只能提供一组电压。

活动 2.4.2 三相电源和负载的连接

在三相负载中，如果各相负载的大小和性质相同，称为三相对称负载，如三相电炉、三相电动机等。如果各相负载的大小或性质不同，称为三相不对称负载，如三相照明电路等。

三相负载有星形连接和三角形连接两种连接方式。

1. 三相负载的星形连接

图 2-16 所示为三相负载的星形连接原理图，由图可知，在电源相电压（u_1、u_2、u_3）作用下，各端线上有电流从电源流向负载，再经中线流回电源。把流过端线的电流称为线电流，用 i_L 表示；流过负载的电流称为相电流，用 i_P 表示；中线电流用 i_N 表示。显然，当负载作星形连接时，线电流和对应的相电流为同一个电流，即：

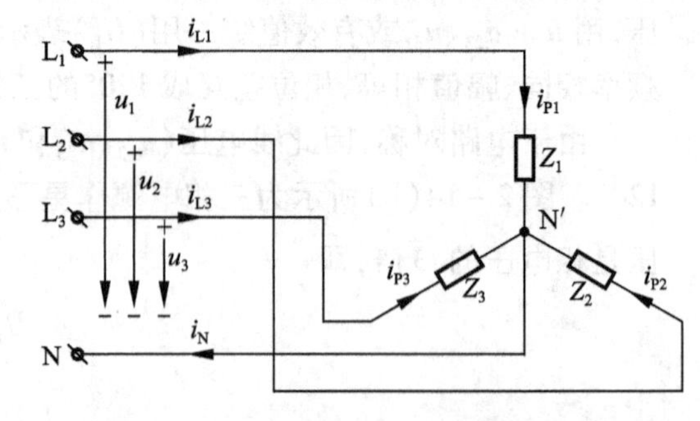

图 2-16 三相负载的星形连接原理图

$$i_L = i_P$$

用有效值表示为

$$I_L = I_P \tag{2-33}$$

从图 2-16 不难看出，这种三相四线制的供电方式中，三相负载分别与中线构成独立的单相闭合回路，各相负载的相电压就是对称电源的相电压（U_P），因此，各相负载的相电流分别为

$$I_{P1} = \frac{U_P}{|Z_1|},\quad I_{P2} = \frac{U_P}{|Z_2|},\quad I_{P3} = \frac{U_P}{|Z_3|} \tag{2-34}$$

显然，对称三相负载的各相电流相等，即 $I_{P1} = I_{P2} = I_{P3}$。

根据基尔霍夫电流定律，中线电流应为三个电流之和，即

$$i_N = i_{P1} + i_{P2} + i_{P3} \tag{2-35}$$

用相量表示为

$$\dot{I}_N = \dot{I}_{P1} + \dot{I}_{P2} + \dot{I}_{P3} \tag{2-36}$$

在三相不对称负载作星形连接时，各相负载经过中线构成独立回路，其电压均为三相电源的对称相电压，因而负载可以在额定电压下正常工作。中线一旦断开，各相负载电压将不再对称。有的负载电压高于额定电压，负载可能损坏；有的负载电压低于额定电压，使负载不能正常工作。因此，在中线上不允许接熔断器和开关，以确保中线不断，构成三相四线制。

2. 三相负载的三角形连接

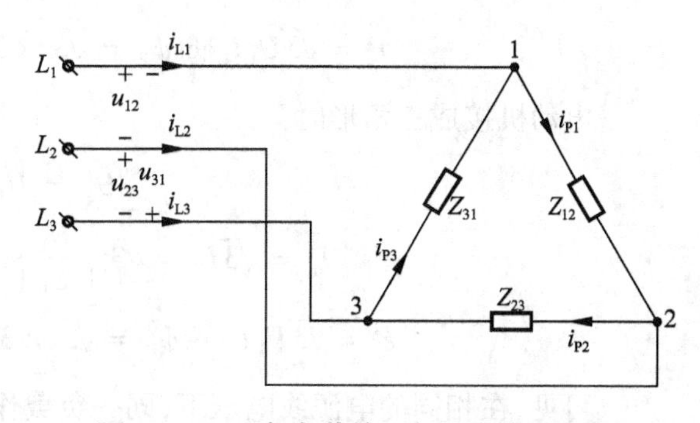

图 2－17 三相负载的三角形连接原理图

三相负载的三角形连接电路如图 2－17 所示，由图可见，各负载直接在电源的线电压上，所以无论负载是否对称，负载的相电压均为电源的线电压，即

$$U_P = U_L \qquad (2-37)$$

由图 2－17 还可以看出，负载作三角形连接时，流过端线的线电流不等于流过负载的相电流，根据分析，两者的有效值关系为

$$I_L = \sqrt{3} I_P \qquad (2-38)$$

即三相对称负载三角形连接时，线电流是相电流的$\sqrt{3}$倍。

三相负载具有星形连接和三角形连接两种方式，在实际应用中是采用星形连接还是三角形连接，取决于三相负载的额定电压和三相电源的线电压。当负载的额定电压等于电源的线电压时，采用三角形连接；当负载的额定电压等于电源线电压的 $1/\sqrt{3}$时，则应采用星形连接。例如，我国低压电网的线电压为 380 V，所以额定相电压为 380 V 的三相异步电动机应接成三角形，而额定相电压为 220 V 的三相异步电动机应接成星形。

活动 2.4.3 三相交流电路的功率

无论是星形连接还是三角形连接，三相负载总的平均功率都是各负载平均功率之和，即

$$P = P_1 + P_2 + P_3 \qquad (2-39)$$

当负载对称时，各相的平均功率相等，总的平均功率为单相平均功率的 3 倍，即

$$P = 3P_P = 3U_P I_P \cos\phi_P \qquad (2-40)$$

式中，$\cos\phi_P$——各相负载的功率因数。

由于负载星形连接时，$U_L = \sqrt{3} U_P$，$I_L = I_P$；负载作三角形连接时，$I_L = \sqrt{3} I_P$，$U_L = U_P$，因此，无论三相负载是星形连接还是三角形连接，三相总的平均功率为

$$P = 3P_P = 3U_P I_P \cos\phi_P = \sqrt{3} U_L I_L \cos\phi_P \qquad (2-41)$$

同理，三相对称负载总的无功功率（Q）和视在功率（S）为

$$Q = 3U_P I_P \sin\phi_P = \sqrt{3} U_L I_L \sin\phi_P \qquad (2-42)$$

$$S = 3U_P I_P = \sqrt{3} U_L I_L = \sqrt{P^2 + Q^2} \qquad (2-43)$$

例 2－7 三相交流异步电动机每相阻抗为 10 Ω，额定相电压为 380 V，功率因数为 0.6，电源的线电压为 380 V。①分别计算电动机接成星形和三角形时的线电流和功率。②电动机正常工作时，应采用哪种接法？

解：① 电动机接成星形时

$$U_P = \frac{U_L}{\sqrt{3}} = \frac{380}{\sqrt{3}}\ \text{V} = 220\ \text{V}$$

$$I_L = I_P = \frac{U_P}{|Z_P|} = \frac{220\ \text{V}}{10\ \Omega} = 22\ \text{A}$$

$$P = \sqrt{3}U_L I_L \cos\phi_P = \sqrt{3} \times 380 \times 22 \times 0.6\ \text{W} \approx 8.7\ \text{kW}$$

电动机接成三角形时

$$U_P = U_L = 380\ \text{V}$$

$$I_L = \sqrt{3}I_P = \sqrt{3}\frac{U_P}{|Z_P|} = \sqrt{3} \times \frac{380}{10}\ \text{A} \approx 65.8\ \text{A}$$

$$P = \sqrt{3}U_L I_L \cos\phi_P = \sqrt{3} \times 380 \times 65.8 \times 0.6\ \text{W} \approx 26\ \text{kW}$$

可见,在相同的电源线电压下,同一负载作三角形连接时的线电流和功率是星形连接时的3倍。

② 由于电动机的额定电压等于电源的线电压,因此电动机正常工作时应接成三角形。为了减小电动机的启动电流,可在启动时接成星形,启动完毕正常运行时改成三角形。

任务2.5 安全用电常识

安全用电包括用电时的人身安全和设备安全。当发生人身触电事故时,轻则烧伤,重则死亡;当发生设备事故时,轻则损坏电气设备,重则引起火灾或爆炸。因此,掌握安全用电的有关知识是十分必要的。

人体直接接触带电体,或者通过其他导电途径(如导体或电弧)触及带电体,导致外部电流经过人体,造成人体器官组织损伤甚至死亡的过程称为触电。触电有两种类型,即电击和电伤。电击是指电流通过人体内部,使人体内脏及神经系统受到损害,引起人肌肉痉挛、呼吸困难,严重时也可危及生命。在发生人身触电事故时,电击和电伤往往会同时发生。电流对人体的伤害程度与通过人体电流的大小、种类、持续时间及通过人体的途径、触电者的健康状况等因素有关。

活动2.5.1 触电的原因与形式

发生触电的原因有很多,不同的场合,引起触电的原因也不同,大致可归纳为以下4点:

① 线路架设不合理;

② 忽视安全操作规程,违章作业;

③ 缺乏安全用电知识;

④ 输电线路或电器设备绝缘损坏,当人体无意间触及带电的裸露部分或金属外壳时发生触电。

触电的形式可分为3种:单相触电、两相触电、跨步电压触电。

1. 单相触电

单相触电是指人站在地上或者其他接地体上,而人体的某一部分触及一相带电体的触电事故,大部分触电事故是单相触电事故,如图2-18所示。在我国的低压供电系统中,单相触电电压为220 V,是很危险的。

2. 两相触电

两相触电是指人体的两处(如手或脚)同时触及两相带电体的触电事故,如图2-19所示。此时人体承受的触电电压是电源的线电压。在我国的低压供电系统中,两相触电电压为380 V,而且两相触电时,往往会有电流流过心脏,是最危险的。

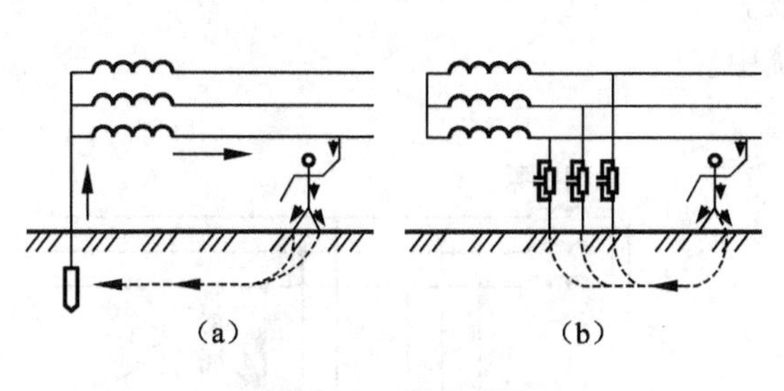

图 2-18 单相触电

(a) 中性点直接接地;(b) 中性点不直接接地

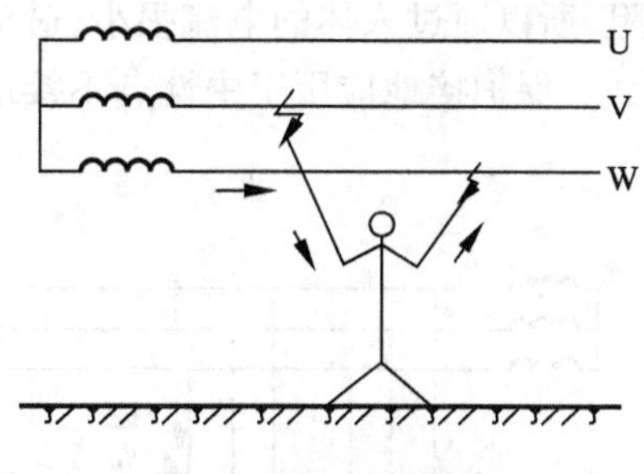

图 2-19 两相触电

3. 跨步电压触电

如图 2-20 所示,带电体着地时,电流流过周围的土壤产生电压降,当人体走进着地点时,两脚之间就形成了电位差,这就是跨步电压。跨步电压的大小由带电体的电压、人与带电体着地点的距离及正对着地点方向上的跨步距离决定,当跨步电压的大小达到一定值时,会对人体造成危害甚至引起死亡,这样的触电事故称为跨步电压触电。通常着地点以外 8 m 处,跨步电压对人体基本安全,15 ~ 20 m 处跨步电压为零。

图 2-20 跨步电压触电

活动 2.5.2 安全措施

为了防止触电事故的发生,必须采取有效的保护措施,除了加强安全教育、树立安全意识之外,还应该采用必要的技术手段来加强用电安全。

1. 使用安全电压

对人体无致命伤残危险的电压称为安全电压。根据人体危险电压的大小,我国将安全电压规定为 36 V、24 V、12 V、6 V 等。凡是裸露的带电设备和移动的电气用具都使用安全电压。在一般建筑物中,可使用 36 V 或 24 V 的安全电压;在特别危险的场合,例如潮湿、有腐蚀性气体、有导电尘埃、能导电的地面及狭窄的工作场所等,应使用 12 V 或 6 V 的安全电压。

2. 保护接地和保护接零

(1) 保护接地

在中性点不接地的三相电源系统中,当接到这个系统上的某电气设备因绝缘层损坏而使外壳带电时,如果人站在地上用手触及外壳,由于输电线与地之间有分布电容存在,将有电流通过人体及分布电容回到电源,使人触电,如图 2-21 所示。在一般情况下,这个电流是不大的。但是,如果电网分布很广,或者电网绝缘强度显著下降,这个电流也可能达到危险程度,这就必须采取安全措施。

保护接地就是把电气设备的金属外壳用足够粗的金属导线与大地可靠地连接起来。电气设备采用保护接地措施后,设备外壳已通过导线与大地有良好的接触,则当人体触及带电的外壳时,人体相当于接地电阻的一条并联支路,如图 2-22 所示。由于人体电阻远远大于接地电阻,所以通过人体的电流很小,避免了触电事故。

保护接地应用于中性点不接地的配电系统中。

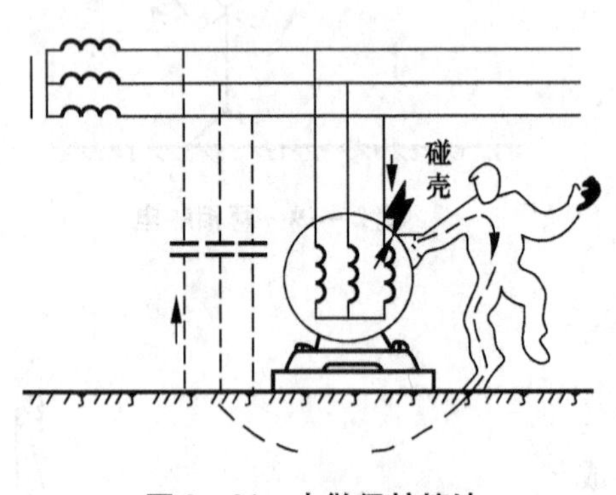

图 2-21　未做保护接地

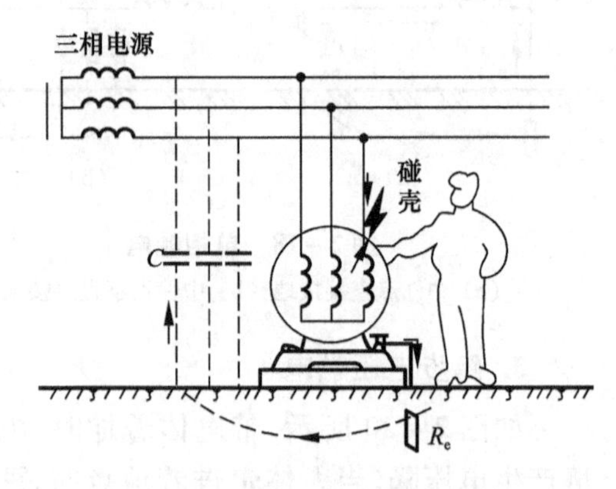

图 2-22　已做保护接地

(2) 保护接零

保护接零就是在中性点接地的系统中,将电气设备在正常情况下不带的金属部分与零线做良好的金属连接。如图 2-23 所示为采用保护接零情况下故障电流的示意图。当某一相绝缘损坏使相线碰壳,致使外壳带电时,由于外壳采用了保护接零措施,因此该相线和零线构成回路,单相短路电流很大,足以使线路上的保护装置(如熔断器)动作,迅速切断漏电设备的电源,从而避免人身触电的可能性。

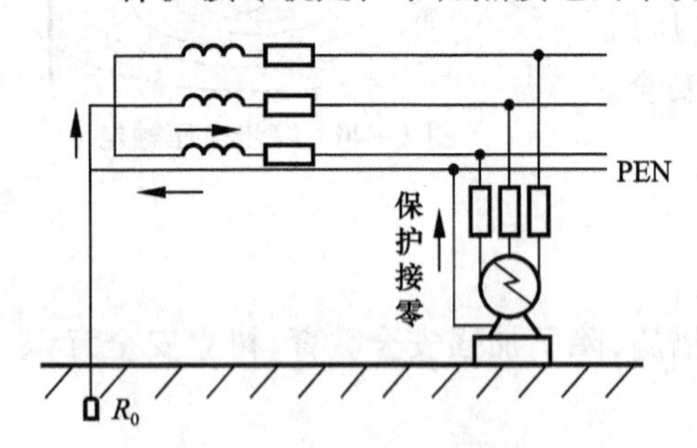

图 2-23　保护接零

保护接零主要用于 380/220 V、三相四线制、电源的中性点直接接地的配电系统。

活动 2.5.3　触电急救技术

一旦发生触电事故,对触电人员进行紧急急救的关键是在现场采取积极和正确的措施,以减轻触电人员的伤情,争取时间尽最大努力抢救生命,使触电而呈假死状态的人员获救;反之任何拖延和操作失误都有可能带来不可弥补的后果。因此,电工技术人员必须掌握触电急救技术。

1. 首先要尽快地使触电者脱离电源

1) 当出事地点附近有电源开关或插头时,应立即断开开关或拔掉电源插头,切断电源。

2) 若电源开关远离出事地点时,应通知有关部门立即停电。同时用绝缘钳或干燥木柄斧子切断电源或用干燥木棒、竹竿等绝缘物迅速将导线挑开。

3) 如果是低压触电,可用干燥的衣服、手套、绳索、竹竿、木棒等绝缘物作为救护工具,使触电者脱离电源。不得直接用手或其他金属及潮湿的物体作为救护工具。

4) 对登高工作的触电者,需要采取防止摔坏的措施,避免触电者摔下造成更大伤害。

2. 现场急救的方法

（1）口对口人工呼吸法

1）使触电者仰卧，迅速解开其衣领和腰带。

2）将触电者头偏向一侧，清除口腔中的异物，使其呼吸畅通。必要时，可用金属匙柄由口角深入，使口张开。

3）救护者站在触电者的一边，一只手捏紧触电者的鼻子，一只手托在触电者颈后，使触电者颈部上抬，头部后仰，然后深吸一口气用嘴角贴触电者的嘴，大口吹气，接着放松触电者的鼻子，让气体从触电者的肺部排出。每 5 s 一次，不断重复地进行，直到触电者苏醒为止。其过程如图 2－24 所示。

图 2－24　口对口人工呼吸

(a) 清理口腔异物；(b) 让头后仰；(c) 贴嘴吹气；(d) 放开嘴鼻换气

（2）胸外心脏按压法

1）将触电者仰卧在结实的平地或木板上，松开衣领和腰带，使其头部稍后仰（颈部可枕垫软物），抢救者跪跨在触电者腰部两侧。

2）抢救者将右手掌放在触电者胸骨处，中指指尖对准其颈部凹陷的下端，左手掌压在右手背上，抢救者借身体重量向下用力按压，压下 3～4 cm，突然松开。

3）按压和放松动作要有节奏，每秒进行一次，每分钟宜按压 60 次左右，不可中断，直至触电者苏醒为止。要求按压定位要准确，用力要适当，防止用力过猛给触电者造成内伤和用力过小按压无效果。胸外心脏按压法如图 2－25 所示。

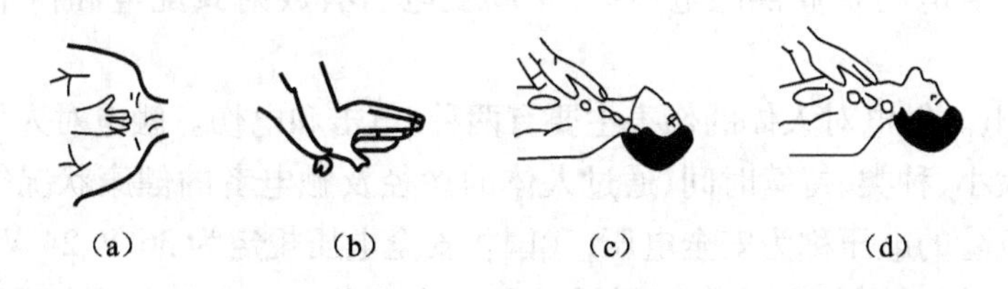

图 2－25　胸外心脏按压法

触电者呼吸和心跳都停止时，必须同时采用口对口人工呼吸法和胸外心脏按压法。单人救护时，可先吹气 2～3 次，再按压 10～15 次，交替进行。双人救护时，每 5 s 吹气一次，每秒按压一次，两人同时进行操作。

1）随时间按正弦规律变化的交流电称为正弦交流电，幅值、角频率、初相是正弦交流电的三要素。平时所说的交流电的大小和交流电压表、电流表的读数等，都是指有效值，有效值为最大值的 0.707 倍；角频率、频率和周期都是表示交流电变化快慢的物理量，我国和世界上大

多数国家工业用电的标准频率,即“工频”是50 Hz。两同频率交流电的相位之差称为相位差,由相位差可判断同频率正弦交流电之间超前、滞后,即相位关系。正弦交流电可以有三角函数、波形以及相量等表示方式,为了便于分析计算正弦电路,电路中常用相量来表示正弦交流电。将同频率正弦交流电的相量图画在同一个坐标系中所得图形称为相量图。相量图可以直接反应各相量之间的关系,有助于电路的分析,也可以在相量图上进行同频率正弦量之间的运算,特别是加减运算。

2)交流电路由交流电源及其负载组成,交流负载一般由电阻、电感、电容以及它们的组合按照一定的方式连接而成。

3)纯电阻电路中,电压和电流相位相同;纯电感电路中,电压超前电流90°;纯电容电路中,电流超前电压90°。*RLC* 串联电路中,电压超前电流 ϕ,当 $\phi>0$ 时,电路呈感性;当 $\phi<0$ 时,电路呈容性;当 $\phi=0$ 时,电路呈电阻性。

4)电阻元件的平均功率 $P_R=U_RI_R=I_R^2R=\dfrac{U_R^2}{R}$,电感元件和电容元件不消耗功率,其平均功率为0。*RLC* 串联电路的有功功率 $P=UI\cos\phi$;无功功率 $Q=UI\sin\phi$,Q 表示电路与电源之间的能量交换情况;视在功率($S=UI$)通常用来表示电器设备的容量。

5)三相交流电路由三个幅值相同、频率相同、相位互差120°的正弦交流电压,按照一定的方式连接起来作为三相交流电源向负载供电。三相交流电动势由三相交流发电机产生。三相电源有星形(Y)连接和三角形(△)连接两种方式。星形连接的三相电源可以提供相电压和线电压两组电压,并且线电压是相电压的$\sqrt{3}$倍;三角形连接的三相电源只能提供一组电压,其线电压等于相电压。三相负载的连接方式也有两种:星形(Y)连接和三角形(△)连接。星形(Y)连接时线电流等于相电流,三角形(△)连接时线电流是相电流的$\sqrt{3}$倍。

6)工厂供配电。发电厂有火力、水力、原子能和风能几种形式;输配电所可以分为地区降压变电所、终端变电所、工厂降压变电所及车间变电所等几类;工厂供配电系统包括二次变压、一次变压和低压供电的企业供配电系统;车间变电所有放射式配电和树干式配电两种供电方式。

7)安全用电。触电对人体的伤害主要有两种:电击和电伤。触电对人体的伤害程度与通过人体电流的大小、种类、持续时间、通过人体的途径及触电者的健康状况等因素有关。对人体无致命伤残危险的电压称为安全电压,我国将安全电压规定为36 V、24 V、12 V、6 V等。人体的触电方式有单相触电、两相触电、跨步电压触电3种。防止触电的主要措施有使用安全电压、电气设备的保护接地与保护接零。

一、填空题

1. 交流电流是指电流的大小和________都随时间做周期变化,且在一个周期内其平均值为零的电流。

2. 正弦交流电路是指电路中的电压、电流均随时间按________规律变化的电路。

3. 正弦交流电的三个基本要素是________、________和________。

4. 我国工业及生活中使用的交流电频率为________,周期为________。

5. 已知两个正弦交流电流 $i_1=10\sin(314t-30°)$ A，$i_2=310\sin(314t+90°)$ A，则 i_1 和 i_2 的相位差为________，________超前________。

6. 有一正弦交流电流，有效值为 20 A，其最大值为________，平均值为________。

7. 已知正弦交流电压 $u=10\sin(314t+30°)$ V，该电压有效值 $U=$________。

8. 已知正弦交流电流 $i=5\sqrt{2}\sin(314t-60°)$ A，该电流有效值 $I=$________。

9. 已知正弦交流电压 $u=220\sqrt{2}\sin(314t+60°)$ V，它的最大值为________，有效值为________，角频率为________，相位为________，初相位为________。

10. ________和________都随时间____________变化的电流叫作交流电。

11. 正弦交流电的最大值 U_m 与有效值 U 之间的关系为____________________。

12. 工厂中，一般动力电源电压为________，照明电源电压为________，安全电压为低于________的电压。

13. 已知一正弦交流电源 $i=\sin\left(314t-\frac{\pi}{4}\right)$ A，则该交流电的最大值为________，有效值为________，初相位为________，频率为________，周期为________，$t=0.1$ s 时，交流电的瞬时值为________。

14. 正弦量的相量表示法，就是用复数的模数表示正弦量的________，用复数的辐角表示正弦量的________。

15. 已知某正弦交流电压 $u=U_m\sin(\omega t-\phi_u)$ V，则其相量形式 $\dot{U}=$________ V。

16. 在纯电阻交流电路中，电压与电流的相位关系是________。

17. 把 110 V 的交流电压加在 55 Ω 的电阻上，则电阻上 $U=$________ V，电流 $I=$________ A。

18. 在纯电感交流电路中，电压与电流的相位关系是电压________电流 90°，感抗 $X_L=$________，单位是________。

19. 在纯电感正弦交流电路中，若电源频率提高一倍，而其他条件不变，则电路中的电流将变________。

20. 在正弦交流电路中，已知流过纯电感元件的电流 $I=5$ A，电压 $u=20\sqrt{2}\sin314t$ V，若 u、i 取关联方向，则 $X_L=$________ Ω，$L=$________ H。

21. 在纯电容交流电路中，电压与电流的相位关系是电压________电流 90°。容抗 $X_C=$________，单位是________。

22. 在纯电容正弦交流电路中，已知 $I=5$ A，电压 $u=10\sqrt{2}\sin314t$ V，容抗 $X_C=$________，电容量 $C=$________。

23. 在纯电容正弦交流电路中，增大电源频率时，其他条件不变，电容中电流 I 将________。

二、选择题

1. 两个同频率正弦交流电的相位差等于 180°时，则它们的相位关系是________。

A. 同相　　B. 反相　　C. 相等

2. 图 2-26 所示波形图，电流的瞬时表达式为________ A。

A. $i=I_m\sin(2\omega t+30°)$　　B. $i=I_m\sin(\omega t+180°)$　　C. $i=I_m\sin\omega t$

3\. 图 2 - 27 所示波形图中，电压的瞬时表达式为________V。

A. $u=U_m\sin(\omega t-45°)$　　B. $u=U_m\sin(\omega t+45°)$　　C. $u=U_m\sin(\omega t+135°)$

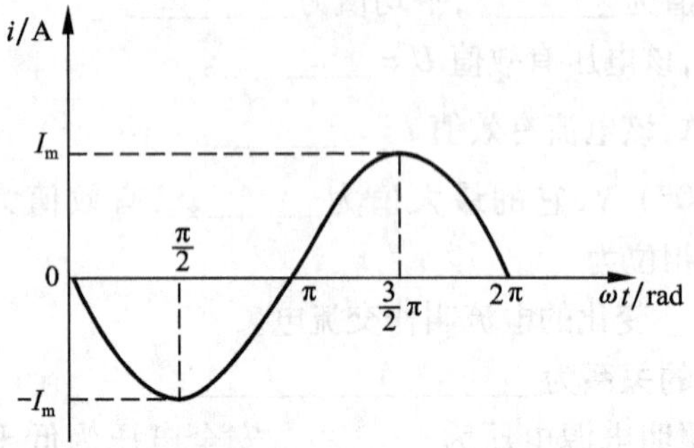

图 2 - 26　选择题 2 的图

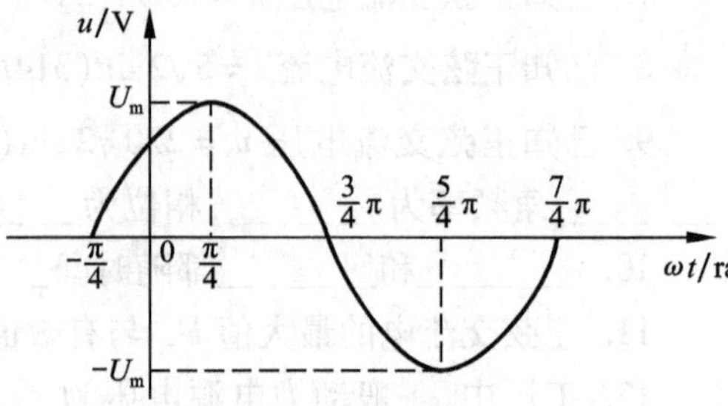

图 2 - 27　选择题 3 的图

4\. 图 2 - 28 所示波形图中，e 的瞬时表达式为________V。

A. $e=E_m\sin(\omega t-30°)$　　B. $e=E_m\sin(\omega t-60°)$　　C. $e=E_m\sin(\omega t+60°)$

5\. 图 2 - 26 与图 2 - 27 两条曲线的相位差 ϕ_{ui} =________。

A. 90°　　B. －45°　　C. －135°

6\. 图 2 - 27 与图 2 - 28 两条曲线的相位差 ϕ_{ue} =________。

A. 45°　　B. 60°　　C. 105°

7\. 图 2 - 28 与图 2 - 29 两条曲线的相位差 ϕ_{ie} =________。

A. 30°　　B. 60°　　C. －120°

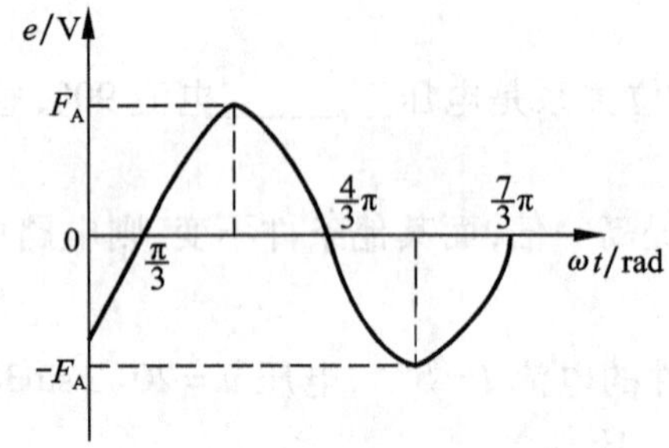

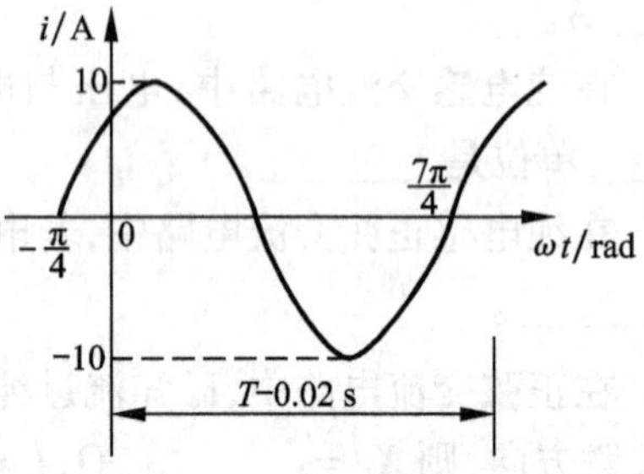

图 2 - 28　选择题 6 的图

图 2 - 29　选择题 7 的图

8\. 正弦交流电的最大值等于有效值的________倍。

A. $\sqrt{2}$　　B. 2　　C. 1/2

9\. 白炽灯的额定工作电压为 220 V，它允许承受的最大电压为________。

A. 220 V　　B. 311 V　　C. 380 V

10\. 已知 2 Ω 电阻的电流 $i=6\sin(314t+45°)$ A，当 u、i 为关联参考方向时，u =________V。

A. $12\sin(314t+30°)$　　B. $12\sqrt{2}\sin(314t+45°)$　　C. $12\sin(314t+45°)$

11\. 已知 2 Ω 电阻的电压 $\dot{U}=10\angle 60°$ V，当 u、i 为关联参考方向时，电阻上电流 $\dot{I}$ = ________A。

A. $5\sqrt{2}\angle 60°$　　B. $5\angle 60°$　　C. $5\angle -60°$

12. 如图 2-30 所示，表示纯电阻上电压与电流相量的是图________。

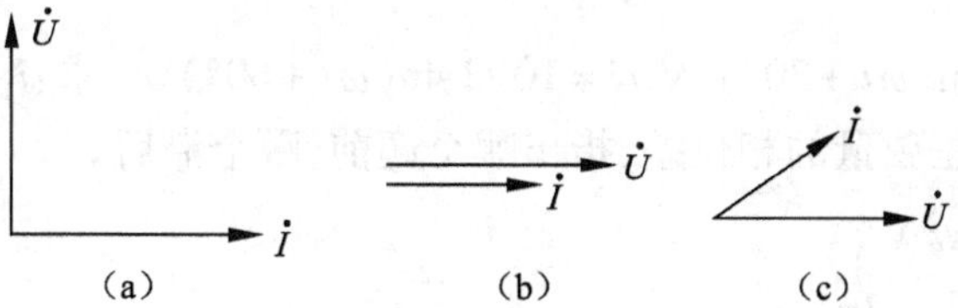

(a)　　(b)　　(c)

图 2-30　选择题 12 的图

13. 在纯电感电路中，电流应为________。

A. $i=U/X_L$　　B. $I=U/L$　　C. $I=U/(\omega L)$

14. 在纯电感电路中，电压应为________。

A. $\dot{U}=LX_L$　　B. $\dot{U}=jX_L\dot{I}$　　C. $\dot{U}=-j\omega LI$

15. 在纯电感电路中，感抗应为________。

A. $X_L=j\omega L$　　B. $X_L=\dot{U}/\dot{I}$　　C. $X_L=U/I$

16. 加在一个感抗是 20 Ω 的纯电感两端的电压是 $u=10\sin(\omega t+30°)$ V，则通过它的电流瞬时值为________ A。

A. $i=0.5\sin(2\omega t-30°)$　　B. $i=0.5\sin(\omega t-60°)$　　C. $i=0.5\sin(\omega t+60°)$

17. 在纯电容正弦交流电路中，复容抗为________。

A. $-j\omega C$　　B. $-j/\omega C$　　C. $j/\omega C$

18. 在纯电容正弦交流电路中，下列各式正确的是________。

A. $i_C=U\omega C$　　B. $\dot{I}=\dot{U}\omega C$　　C. $I=U\omega C$

19. 若电路中某元件的端电压为 $u=5\sin(314t+35°)$ V，电流 $i=2\sin(314t+125°)$ A，u、i 为关联参考方向，则该元件是________。

A. 电阻　　B. 电感　　C. 电容

三、判断题

1. 交流电气设备铭牌上所示的电压值、电流值是最大值。(　　)
2. 不同频率的正弦信号不能比较相位差。(　　)
3. 耐压为 220 V 的电容器可以接到 220 V 的市电上使用。(　　)
4. 只有同频率的正弦量才可以用相量计算。(　　)
5. 两正弦交流电流，$i_1=2\sin\left(5\pi t-\frac{\pi}{3}\right)$ A，$i_2=3\sin\left(5\pi t+\frac{\pi}{6}\right)$ A，则 i_2 超前 i_1 $\frac{\pi}{2}$。(　　)
6. 用交流电表测的交流电的数值是平均值。(　　)
7. 只有正弦量才能用相量表示。(　　)
8. 正弦量的有效值与初相无关。(　　)
9. 周期性交流量的周期(T)越大，表示此交流量循环得越快。(　　)
10. 正弦电路中的电容(C)，当频率增加时，容抗减小。(　　)

四、计算题

1. 如图 2-29 所示，求曲线的频率、初相角、最大值，并写出其瞬时值表达式。

2. 一个正弦电流的初相位 $\phi=15°$，$t=\frac{T}{4}$时，$i(t)=0.5$ A，试求该电流的有效值 I。

3. 已知 $i_1=5\sqrt{2}\sin(\omega t+30°)$ A，$i_2=10\sqrt{2}\sin(\omega t+60°)$ A，求：i_1+i_2，并作相量图。

4. 写出下列各组正弦量的相位差，指出哪个超前，哪个滞后。

(1) $u_1=380\sqrt{2}\sin t$ V

$u_2=380\sqrt{2}\sin\left(314t-\frac{2\pi}{3}\right)$ V

(2) $u_1=220\sin\left(100\pi t-\frac{2\pi}{3}\right)$ V

$u_2=100\sin\left(100\pi t+\frac{2\pi}{3}\right)$ V

(3) $u_1=12\sin\left(10t+\frac{\pi}{2}\right)$ V

$u_2=12\sin\left(10t-\frac{\pi}{3}\right)$ V

(4) $u_1=-220\sqrt{2}\sin(100\pi t)$ V

$u_2=220\sqrt{2}\sin(100\pi t)$ V

5. 已知 $i_1=4\sqrt{2}\sin(\omega t+30°)$，$i_2=3\sqrt{2}\sin(\omega t-60°)$，试用相量图的方法求出 $i(i=i_1+i_2)$。

6. 由三相发电机产生的电动势分别为 $e_1=220\sqrt{2}\sin100\pi t$ V，$e_2=220\sqrt{2}\sin\left(100\pi t+\frac{2\pi}{3}\right)$ V，$e_3=220\sqrt{2}\sin\left(100\pi t-\frac{2\pi}{3}\right)$ V，试用相量法求 $e=e_1+e_2+e_3$。

7. 在图 2-8 所示电路中，电感元件 $L=0.1$ H，已知 $u_L=10\sqrt{2}\sin(10^4t+30°)$ V，试求 X_L 和 I_L，并画出相量图。

项目三

磁路及变压器

1. 了解磁场的四个基本物理量，理解磁路的欧姆定律
2. 了解铁磁性材料特性及其应用，了解霍尔效应及其应用
3. 掌握变压器的基本结构和工作原理
4. 熟悉汽车继电器的基本结构和工作原理
5. 掌握汽车点火线圈和传统点火系工作过程

任务 3.1 磁路的基本概念

活动 3.1.1 电磁学的基本物理量

1. 磁感应强度 B

磁感应强度是用来描述磁场内某点磁场强弱和方向的物理量，是一个矢量。它与电流(电流产生磁场)之间的方向关系满足右手螺旋定则，可用通电导体在磁场中某点受到的电磁力与导体中的电流和导体的有效长度的乘积的比值，来表示该点磁场的性质，并称作该点磁感应强度，用 B 表示。其数学式为

$$B = \frac{F}{lI}$$

在 SI 制中，B 的单位是特(T)；以前也常用电磁制单位高斯(Gs)。两者的关系是

$$1\ \text{T} = 10^4\ \text{Gs}$$

如果磁场内各点磁感应强度 B 的大小相等，方向相同，则称为均匀磁场。在均匀磁场中，B 的大小可用通过垂直于磁场方向的单位截面上的磁感线来表示。

由上式可知，一载流导体在磁场中受电磁力作用，电磁力的大小 F 与磁感应强度 B、电流 I、垂直于磁场的导体有效长度 l 成正比。其数学式为

$$F = BIl\sin\alpha \tag{3-1}$$

式中 α——磁场与导体的夹角。

B,F,I 三者的方向由左手定则确定。

若 $\alpha = 90°$，则

$$F = BIl \tag{3-2}$$

2. 磁通 Φ

磁感应强度 B(如果不是均匀磁场,则取 B 的平均值)与垂直于磁场方向的面积 S 的乘积称为该面积的磁通 Φ,即

$$\Phi = BS \tag{3-3}$$

可见,磁感应强度在数值上可以看成与磁场方向相垂直的单位面积所通过的磁通,故其又称磁通密度。

在 SI 制中,Φ 的单位为韦(Wb);在工程上有时用电磁制单位麦(Mx)。两者的关系是

$$1\ \text{Wb} = 10^8\ \text{Mx}$$

3. 磁导率 μ

磁导率 μ 是表示磁场媒质磁性的物理量,也就是用来衡量物质导磁能力的物理量。它与磁场强度的乘积就等于磁感应强度,即

$$B = \mu H$$

直导体通电后,在周围产生磁场,在导体附近 X 点处的磁感应强度 B 与导体中的电流 I、X 点所处的空间几何位置及磁介质的磁导率 μ 有关。其数学式为

$$B_X = \mu_X = \mu \frac{I}{2\pi r} \tag{3-4}$$

由式(3-4)可知,磁场内某一点的磁场强度 H 只与电流大小以及该点的几何位置有关,而与磁场媒质的磁性(μ)无关。就是说在一定电流值下,同一点的磁场强度不因磁场媒质的不同而有异,但磁感应强度是与磁场媒质的磁性有关的。当线圈内的媒质不同时,则磁导率 μ 不同,在同样电流下,同一点的磁感应强度的大小就不同,线圈内的磁通也就不同了。

自然界的物质,就导磁性能而言,可分为铁磁物质和非铁磁物质两大类。非铁磁物质和空气的磁导率与真空磁导率 μ_0 很接近。

任意一种物质磁导率 μ 和真空的磁导率 μ_0 的比值,称为该物质的相对磁导率 μ_r,即

$$\left.\begin{aligned} \mu_r &= \frac{\mu}{\mu_0} \\ \mu_r &= \frac{\mu H}{\mu_0 H} = \frac{B}{B_0} \end{aligned}\right\} \tag{3-5}$$

在 SI 制中,μ 的单位是亨/米(H/m)。

式(3-5)表示相对磁导率就是当磁场媒质是某种物质时,某点的磁感应强度 B 与在同样电流值下在真空中该点的磁感应强度 B_0 之比所得的倍数。

4. 磁场强度 H

磁场强度 H 是计算磁场时所引用的一个物理量,也是矢量。磁场内某点的磁场强度的大小等于该点磁感应强度除以该点的磁导率,即

$$H = \frac{B}{\mu} \tag{3-6}$$

式中,H 的单位是安/米(A/m)。

式(3-6)是安培环路定律(或称为全电流定律)的数学表示式。它是计算磁路的基本公式。

由式(3-4)可知,X 点的磁场强度 H_X 为

$$H_X = \frac{B_X}{\mu} = \frac{I}{2\pi r} \tag{3-7}$$

由式(3－7)可知，磁场强度的大小取决于电流的大小、载流导体的形状及几何位置，而与磁介质无关。

活动 3.1.2 铁磁性材料的磁性能

1. 磁性材料

磁性材料主要是指铁、镍、钴及其合金，这些磁性材料具有下列磁性能。

(1) 高导磁性

磁性材料的磁导率很高，铁磁物质的磁导率比非磁物质的要高很多，如硅钢的相对磁导率可达 7 000 之多，这就使它们具有被强烈磁化(呈现磁性)的特性。

铁磁性材料的磁化曲线可用磁感应强度 B 随外磁场强度 H 的变化关系来表征(由实验结果绘成)。图 3－1 所示为 $B=f(H)$ 曲线。曲线大致可分为三段：Oa 段、ab 段和 bc 段。Oa 段为高导磁性材料段，B 和 H 几乎成正比例增加，ab 段 B 的增加缓慢下来，bc 段 B 增加很小，磁场达到了饱和。正是由于铁磁材料的高导磁性，许多电气设备的线圈都绕制在铁磁性材料上，以便用小的励磁电流(与 H 有关)产生较大的磁场、磁通。如变压器、电动机与发电机的铁芯都是由高导磁性材料制成的，以降低设备的体积与重量。

(2) 磁饱和性

图 3－1 中的 ab 段，磁性物质由于磁化所产生的磁化磁场不会随着外磁场的增强而无限地增强。当外磁场(或励磁电流)增大到一定值时，全部磁畴的磁场方向都转向与外磁场的方向一致，这时磁化磁场的磁感应强度 B 即达饱和值。

(3) 磁滞性

在铁芯线圈中通入交流电，铁芯被交变的磁场反复磁化，在电流变化一次时，磁感应强度 B 随磁场强度 H 而变化的关系如图 3－2 所示，由图可知，当 H 已减到零值时，B 并未回到零值。这种磁感应强度滞后于磁场强度变化的性质称为磁性物质的磁滞性，由此画出的 $B-H$ 曲线称为磁滞回线。

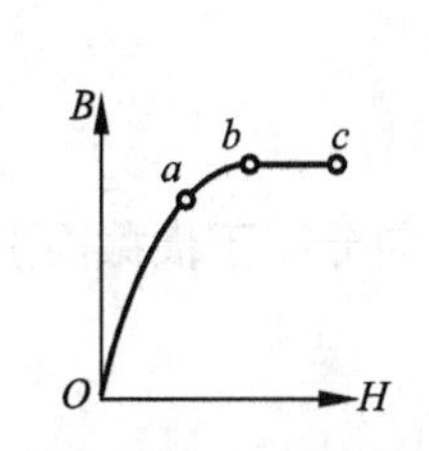

图 3－1 磁化曲线

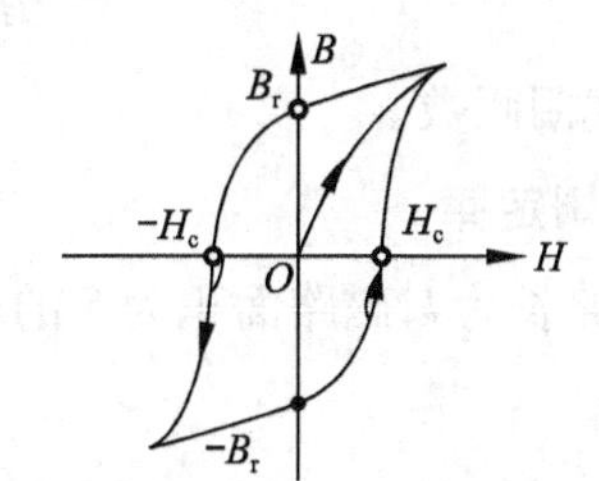

图 3－2 磁滞回线

当线圈中电流减小到零值(即 $H=0$)时，铁芯在磁化时所获得的磁性还未完全消失。这时铁芯中所保留的磁感应强度称为剩磁感应强度(又称剩磁)，在图 3－2 中即为纵坐标 B_r 和 $-B_r$，永久磁铁的磁性就是由剩磁产生的。

如果要使铁芯的剩磁消失，通常改变线圈中励磁电流的方向，也就是改变磁场强度 H 的方向来进行反向磁化。使 $B=0$ 的 H 值称为矫顽磁力 H_c(又称矫顽力)。

铁磁材料在反复磁化过程中产生的损耗称为磁滞损耗，它是导致铁磁性材料发热的原因之一，对电机、变压器等电气设备的运行不利。因此，常采用磁滞损耗小的铁磁性材料作它们的铁芯。

由实验可知，不同的铁磁性材料，其磁化曲线和磁滞回线都不一样。

2. 磁性物质的分类

按磁化特性的不同，铁磁性材料可以分成三种类型。

(1) 软磁材料

具有较小的矫顽力，磁滞回线较窄。一般用来制造电机、电器及变压器等的铁芯。常用的有铸铁、硅钢、坡莫合金及铁氧体等。铁氧体在电子技术中应用也很广泛，可做计算机的磁芯、磁鼓以及录音机的磁带、磁头。

(2) 硬磁材料——永磁材料

具有较大的矫顽力，磁滞回线较宽。一般用来制造永久磁铁。常用的有碳钢、钴钢及铁镍铝钴合金等。

(3) 矩磁材料

具有较小的矫顽力和较大的剩磁，磁滞回线接近矩形，稳定性也良好。在计算机和控制系统中可用作记忆元件、开关元件和逻辑元件。常用的有镁锰铁氧体及 IJ51 型铁镍合金。

活动 3.1.3 磁路基本定律

为了使较小的励磁电流产生足够大的磁通(或磁感应强度)，在电机、变压器及各种铁磁元件中常用磁性材料做成一定形状的铁芯。由于铁芯的磁导率比周围空气或其他物质的磁导率高得多，因此磁通的绝大部分经过铁芯而形成一个闭合通路。这种人为造成的磁通路径，称为磁路。

1. 安培环路定律(全电流定律)

在磁路中，沿任意闭合路径，磁场强度的线积分等于与该闭合路径交链的电流的代数和。即

$$\oint H\mathrm{d}l = \sum I \tag{3-8}$$

计算电流代数和时，与绕行方向符合右手螺旋定则的电流取正号，反之取负号。

若闭合回路上各点的磁场强度相等且其方向与闭合回路的切线方向一致，则

$$Hl = \sum I = NI$$

式中 N——线圈匝数。

2. 磁路欧姆定律

设一段磁路长为 l，磁路面积为 S 的环形线圈，磁力线均匀分布于横截面上，这时 B，H 与 μ 之间的关系为

$$H = \frac{B}{\mu}, \quad B = \frac{\Phi}{S}$$

根据安培环路定律，得磁路的欧姆定律

$$Hl = \frac{B}{\mu}l = \frac{\Phi}{\mu S}l$$

或

$$\Phi = \frac{Hl}{\frac{l}{\mu S}} = \frac{F}{R_m} \tag{3-9}$$

式中　$F = Hl$——磁动势，单位为安匝；

$R_m = \frac{l}{\mu S}$——磁路的磁阻，是表示磁路对磁通具有阻碍作用的物理量，它与磁路的几何尺寸、磁介质的磁导率有关，单位为 H^{-1}。

式(3-9)与电路的欧姆定律在形式上相似，所以称为磁路的欧姆定律。它是磁路进行分析与计算所要遵循的基本定律。

因为铁磁材料的磁导率 μ 不是常数，它随励磁电流而变，所以铁磁材料的磁阻是非线性的，数值很小；空气隙的磁导率 μ 很小，而且是常数，所以空气隙中的磁阻是线性的，数值很大。由于铁磁材料的磁阻是非线性的，因此，不能直接用式(3-9)进行定量分析，而只能进行定性分析。

活动 3.1.4　汽车中的霍尔元件

1. 霍尔效应和霍尔元件

如图 3-3 所示，磁场中的半导体基片中有电流 I 通过，电流 I 方向和磁场方向垂直；在垂直于电流和磁场的霍尔元件横向侧面上产生一个电压，该电压称为霍尔电压，记为 U_H。这种现象称为霍尔效应。霍尔电压为

$$U_H = K_H B I \tag{3-10}$$

式中　K_H——霍尔元件灵敏度，大小由霍尔元件的半导体材料及几何尺寸决定。

由式(3-10)可知，霍尔电压 U_H 的高低与通过的电流 I 和磁感应强度 B 成正比。

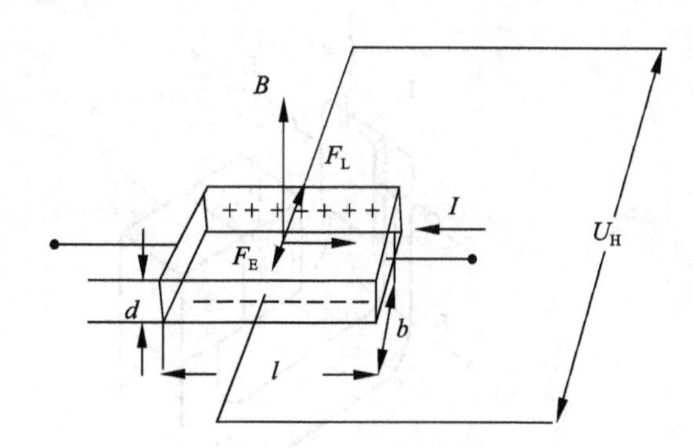

图 3-3　霍尔效应

霍尔元件是由具有霍尔效应的半导体薄片、电极引线及壳体组成。霍尔片是一块矩形半导体单晶薄片，在两个相互垂直方向侧面上，分别引出一对电极，共四个电极，1、1′线加激励电压或电流，称为激励电极（或控制极）；2、2′为霍尔输出引线，称为霍尔电极。霍尔元件的壳体是用非导磁金属、陶瓷或环氧树脂封装的。在电路中，霍尔元件一般可用两种符号表示，如图 3-4 所示。

图 3-4(c)所示为霍尔元件的基本检测电路，实际应用中可以把激励电流 I 或磁感应强度 B 作为输入信号进行检测。

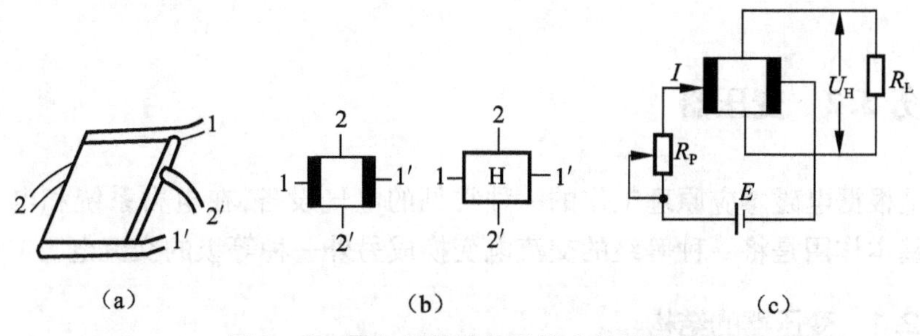

图 3-4　霍尔元件结构及基本检测电路

(a) 外形结构示意图；(b) 图形符号；(c) 基本检测电路

2. 霍尔元件在汽车中的应用

在汽车位置传感器和速度传感器中，常用霍尔元件作为检测元件，如霍尔式曲轴位置传感器、霍尔式轮速传感器。下面介绍一下汽车中的霍尔式曲轴位置传感器的工作原理。

霍尔式曲轴位置传感器利用触发叶片通过霍尔或轮齿改变通过霍尔元件的磁感应强度 B，从而使霍尔元件产生脉冲的霍尔电压信号，经放大整形后即为曲轴位置传感器的输出信号。

图 3－5 所示为安装在分电器内的霍尔式曲轴位置传感器。霍尔元件固定在陶瓷支座上，它有四个电接头，电源由 A、B 端输入，霍尔电压由 C、D 端输出，霍尔元件的对面装有一个永久磁体，它和霍尔元件之间留有一定的空气隙。

传感器转子由分电器轴驱动，转子上有和气缸数目相同的叶片。当叶片转离磁极和霍尔元件之间的气隙时，磁场通过霍尔元件，其 C、D 端产生霍尔电压，如图 3－5(a)所示。当叶片转入磁极和霍尔元件之间的气隙时，磁力线被隔断，不能通过霍尔半导体基片，使霍尔电压下降为 0，如图 3－5(b)所示，在分电器轴转动一圈的过程中，传感器输出和气缸数目相同个数的矩形电压脉冲信号。

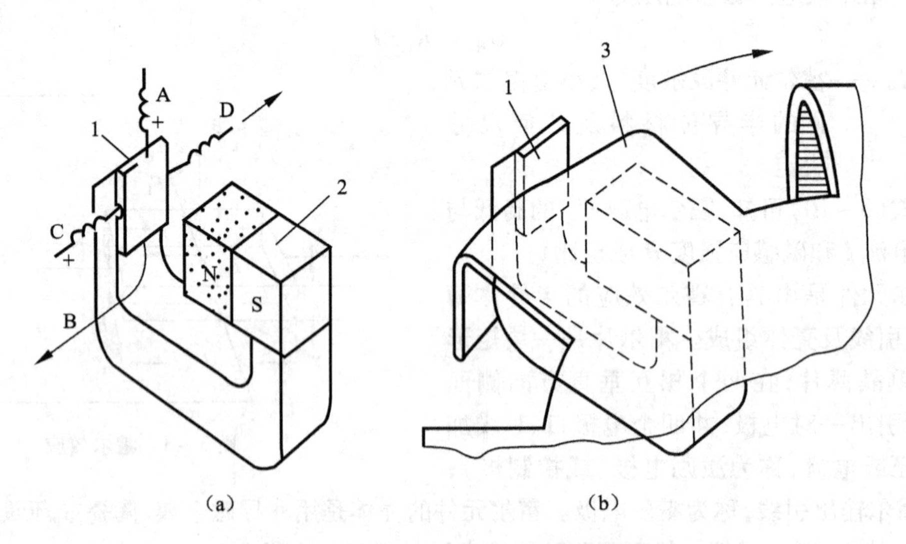

图 3－5　霍尔式曲轴位置传感器

(a) 磁场通过霍尔元件；(b) 转子叶片隔断磁场

1—霍尔元件；2—磁极；3—转子叶片

任务 3.2　变压器

变压器是根据电磁感应原理工作的一种常见的电气设备，在电力系统和电子线路中应用广泛。它的基本作用是将一种等级的交流电变换成另外一种等级的交流电。

活动 3.2.1　变压器的结构

变压器基本组成部分为闭合铁芯和线圈绕组，如图 3－6 所示。

1. 铁芯

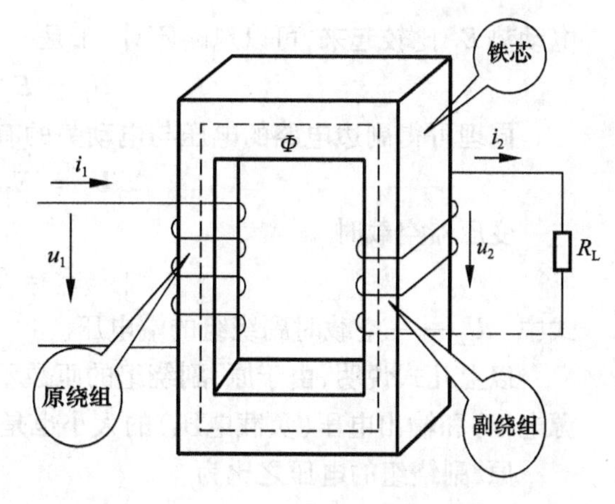

图 3-6 变压器的结构示意图

铁芯构成变压器的磁路，为了减少铁损，提高磁路的导磁性能，一般由 0.35 ~ 0.55 mm 的表面绝缘硅钢片交错叠压而成。根据铁芯的结构不同，变压器可分为芯式（小功率）和壳式（容量较大）两种。

2. 绕组

绕组即线圈，是变压器的电路部分，用绝缘导线绕制而成，有原绕组、副绕组之分。与电源相连的称为原绕组（或称初级绕组、一次绕组），与负载相连的称为副绕组（或称次级绕组、二次绕组）。

3. 冷却系统

由于铁芯损失而使铁芯发热，因此变压器要有冷却系统。小容量变压器采用自冷式，而中大容量的变压器采用油冷式。

活动 3.2.2 单相变压器的工作原理

在原绕组上接入交流电压 u_1 时，原绕组中便有电流 i_1 通过。原绕组的磁动势 i_1N_1 产生的磁通绝大部分通过铁芯而闭合，从而在副绕组中感应出电动势。如果副绕组接有负载，那么副绕组中就有电流 i_2 通过。副绕组的磁动势 i_2N_2 也产生磁通，其绝大部分也通过铁芯而闭合。因此，铁芯中的磁通是一个由原、副绕组的磁动势共同产生的合成磁通，称为主磁通，用 Φ 表示。主磁通穿过原绕组和副绕组，而在其中感应出的电动势分别为 e_1 和 e_2。此外，原、副绕组的磁动势还分别产生漏磁通 $\Phi_{\sigma1}$ 和 $\Phi_{\sigma2}$，从而在各自的绕组中分别产生漏磁动势 $e_{\sigma1}$ 和 $e_{\sigma2}$，如图 3-7(a)所示。

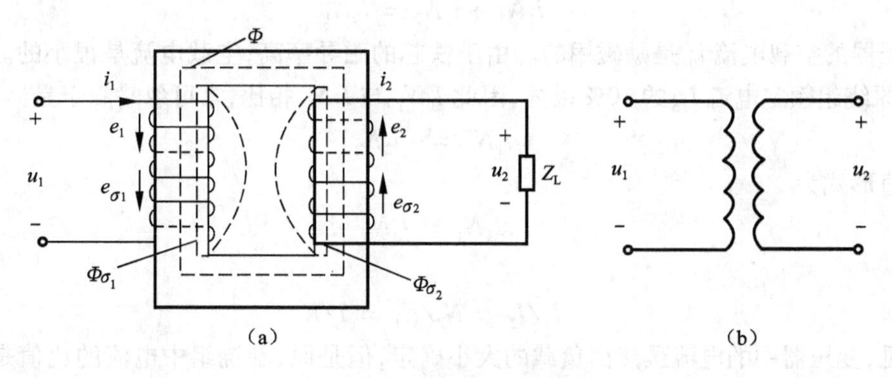

图 3-7 变压器工作原理

变压器有以下三种功能。

1. 电压变换

由于原绕组的电阻 R_1 和感抗 X_1（或漏磁通）较小，因而它们两端的电压降也较小，与主磁

电动势 E_1 比较起来，可以忽略不计，于是

$$U_1 = E_1 = 4.44fN_1\Phi_m$$

同理可得副边电路的电压与电动势的有效值为

$$U_2 = E_2 = 4.44fN_2\Phi_m \quad (3-11)$$

变压器空载时

$$I_2 = 0 \quad U_{20} = E_2$$

式中 U_{20}——空载时副绕组的端电压。

以上几式说明，由于原、副绕组的匝数不相等，故电动势的大小也不等，因而输入电压（电源电压）和输出电压（负载电压）的大小也是不等的。

原、副绕组的电压之比为

$$\frac{U_1}{U_2} = \frac{E_1}{E_2} = \frac{4.44fN_1\Phi_m}{4.44fN_2\Phi_m} = \frac{N_1}{N_2} = K \quad (3-12)$$

式中 K——变压器的变比，亦即原、副绕组的匝数比。

可见，当电源电压一定时只要改变匝数比，就可得出不同的输出电压。$K>1$，为降压变压器；$K<1$，为升压变压器。

变比在变压器的铭牌上注明，它通常以“6 000/400 V”的形式表示原、副绕组的额定电压之比，此例表明这台变压器的原绕组的额定电压为6 000 V，副绕组的额定电压为400 V。

所谓副绕组的额定电压是指原绕组加上额定电压时副绕组的空载电压。由于变压器有内阻抗压降，所以副绕组的空载电压一般应较满载时的电压高5%～10%。

2. 电流变换

由 $U_1 = E_1 = 4.44fN_1\Phi_m$ 可见，当电源电压 U_1 和频率 f 不变时，E_1 和 Φ_m 也都近于常数。就是说，铁芯中主磁通的最大值在变压器空载或有负载时是差不多恒定的。因此有负载时产生主磁通的原、副绕组的合成磁动势（$i_1N_1 + i_2N_2$）应该和空载时产生主磁通的原绕组的磁动势 i_0N_1 差不多相等，即

$$i_1N_1 + i_2N_2 = i_0N_1$$

变压器的空载电流 i_0 是励磁用的。由于铁芯的磁导率高，空载电流是很小的。它的有效值 I_0 在原绕组额定电流 I_{1N} 的10%以内，因此 I_0N_1 与 I_1N_1 相比，常可忽略。于是

$$i_1N_1 = -i_2N_2$$

其有效值形式为

$$I_1N_1 = I_2N_2$$

所以

$$I_1/I_2 = N_2/N_1 = 1/K \quad (3-13)$$

可见，变压器中的电流虽然由负载的大小确定，但是原、副绕组中电流的比值是基本不变的；因为当负载增加时，I_2 和 I_2N_2 随着增大，而 I_1 和 I_1N_1 也必须相应增大，以抵偿副绕组的电流和磁动势对主磁通的影响，从而维持主磁通的最大值近似不变。

变压器的额定电流 I_{1N} 和 I_{2N} 是指变压器在长时连续工作运行时原、副绕组允许通过的最大电流，它们是根据绝缘材料允许的温度确定的。

副绕组的额定电压与额定电流的乘积称为变压器的额定容量，即

$$S_N = U_{2N} I_{2N} \quad (3-14)$$

它是视在功率(单位是伏安),与输出功率(单位是瓦)不同。

3. 阻抗变换

变压器不但可以变换电压和电流,还有变换阻抗的作用,以实现“阻抗匹配”。负载阻抗 Z_L 接在变压器副边,所谓等效,就是输入电路的电压、电流和功率不变。就是说,直接接在电源上的阻抗 Z_L' 和接在变压器副边的负载阻抗 Z_L 是等效的。

Z_L' 与 Z_L 的关系推导如下:

$$Z'_L = \frac{U_1}{I_1} = \frac{\frac{N_1}{N_2}U_2}{\frac{N_2}{N_1}I_2} = \left(\frac{N_1}{N_2}\right)^2 \frac{U_2}{I_2} = K^2 \frac{U_2}{I_2} = K^2 Z_L \quad (3-15)$$

所以

$$Z'_L = K^2 Z_L$$

匝数比不同,负载阻抗 Z_L 折算到(反映到)原边的等效阻抗 Z_L' 也不同。我们可以采用不同的匝数比,把负载阻抗变换为所需要的、比较合适的数值,这种做法通常称为阻抗匹配。

任务 3.3 点火线圈

随着汽车汽油发动机向高转速、高压缩比、大功率、低油耗和低排放的方向发展,传统的点火装置已经不适应使用要求。点火装置的核心部件是点火线圈和开关装置,提高点火线圈的能量,火花塞就能产生足够能量的火花,这是点火装置适应现代发动机运行的基本条件。

点火线圈依照磁路分为开磁式及闭磁式两种。传统的点火线圈是用开磁式,其铁芯用 0.3 mm 左右的硅钢片叠成,铁芯上绕有次级与初级线圈。闭磁式则采用铁芯绕初级线圈,外面再绕次级线圈,磁感线由铁芯构成闭合磁路。闭磁式点火线圈的优点是漏磁少、能量损失小、体积小,因此电子点火系统普遍采用闭磁式点火线圈。

活动 3.3.1 传统点火线圈——开磁路点火线圈

点火线圈的内部结构如图 3-8 所示,主要由铁芯、一次与二次绕组、壳体及附加电阻等组成。

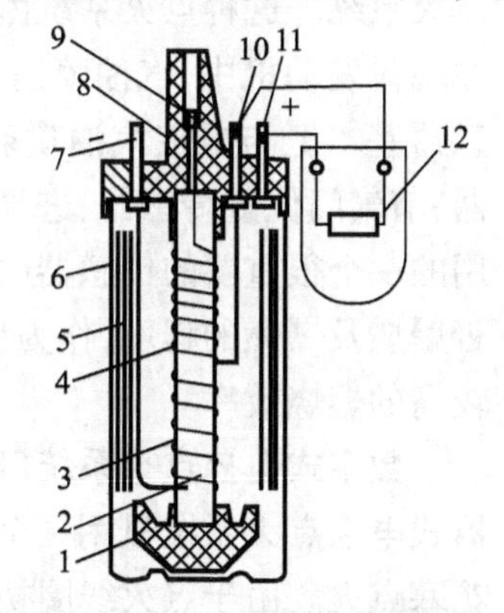

图 3-8 点火线圈的内部结构

1—绝缘座;2—铁芯;3—二次绕组;4——次绕组;5—导磁钢套;6—外壳;7—接线柱(接断电路);8—胶木盖;9—高压线接头;10—接线柱(接附加电阻及短路开关);11—接线柱(接电源、附加电阻及短路开关);12—附加电阻

点火线圈的铁芯导磁性良好,用 0.3 ~ 0.5 mm 厚相互绝缘的高导磁率硅钢片叠成,以减少涡流损耗。在铁芯外面套上绝缘的纸板套管,二次绕组就分层绕在这个套管上,为了加强绝缘和免受机械伤害,每层高压绕组间都用电缆纸隔开,而且最外层要多包几层或套上纸板套管。

一次绕组通过的电流较大,为便于散热,将其分层绕在二次绕组外面,绕组两端则分别连接在盖子上的低压接线柱上。在一次绕组与外壳之间夹有数层导磁钢套,用以减小磁路磁阻。二次绕组的一端连接在盖子上高压插孔中的弹簧片上,另一端与一次绕组的一端相连。

点火线圈壳体外部装有一附加电阻,附加电阻又称热敏电阻,用电阻温度系数较大的低碳钢丝或镍铬丝制成,具有受热时电阻阻值迅速增大,冷却时电阻阻值迅速减小的特性。在发动机工作时,可利用此特点来自动调节一次电流,改善点火系统的工作特性。

活动 3.3.2 闭磁路点火线圈

闭磁路点火线圈的结构如图 3-9(a)所示,它的结构与开磁路点火线圈不同。在"曰"字形的铁芯内绕有一次绕组,在一次绕组外面绕有二次绕组,其磁路如图 3-9(b)所示。为减小磁滞损耗,在磁路中气隙很小,由于闭合磁路基本由铁芯构成,漏磁少,磁路磁阻相对于开磁路点火线圈小很多,使得点火线圈能量转换率高。

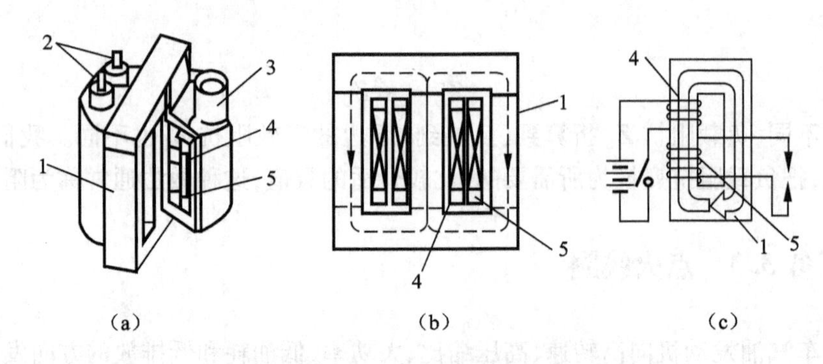

图 3-9 闭磁路点火线圈

1—铁芯;2—一次绕组接线柱;3—二次绕组接线柱;4—一次绕组;5—二次绕组

在现代汽车的高速汽油发动机上,已经采用由微处理机控制的点火系统,又称数字式电控点火系统。这种点火系统由微电脑(计算机)、各种传感器和点火执行器三部分组成。实际上在现代发动机中,汽油喷射与点火这两个子系统都受同一个 ECU 控制,合用一组传感器。传感器基本上与电控汽油喷射系统中的传感器相同,例如有曲轴位置传感器、凸轮轴位置传感器、节气门位置传感器、进气歧管压力传感器、爆燃传感器等。其中爆燃传感器是电控点火专用的一个很重要的传感器(尤其是采用了废气涡轮增压装置的发动机),它能够监测发动机是否爆燃及爆燃的程度,作为反馈信号使 ECU 指令实现点火提前,使发动机不会爆燃又能获得较高的燃烧效率。

数字式电控点火系统(ESA)按照结构分为分电器式与无分电器式(DI_I)两种类型。分电器式电控点火系统只用一个点火线圈产生高压电,然后由分电器按照点火顺序依次在各缸火花塞点火。由于点火线圈初级线圈的通断工作由电子点火电路承担,因此分电器已取消断电器装置,仅起到高压电分配职能。

无分电器式电控点火系统是一种新型的点火系统,它完全取消了传统的分电器,因为取消了这个机械传动装置,便可实现点火系统的全电子化。在实际使用中一般将无分电器式电控点火系统制成一体,形成一个电子模块,所以又称模块式点火系统。由于没有分电器进行高压电分配,原来采用一个点火线圈集中供电的方式就不能实行了,就必须要另辟途径将高压电直接送到火花塞,因此就采用了多个点火线圈的方法。于是,无分电器式电控点火系统就产生了两种独特的点火方式:双缸点火方式和单独点火方式。

1）磁场的基本物理量。

磁感应强度 B:用来描述磁场内某点磁场强弱和方向的物理量,是一个矢量。它的方向由右手螺旋定则确定,其大小可用 $B=\frac{F}{lI}$ 来衡量。

磁通 Φ:磁场中垂直穿过某截面 S 的磁感线总数,即 $\Phi=BS$。

磁导率 μ:表示物质导磁能力的物理量。非铁磁物质和空气的磁导率与真空磁导率 μ_0 很接近,$\mu_0=4\pi\times10^{-7}$ H/m。铁磁物质的磁导率很大,且不是常数。相对磁导率为 $\mu_r=\mu/\mu_0$。

磁场强度 H:表示励磁电流在空间产生的磁化力的矢量物理量。它与磁感应强度之间的关系为 $B=\mu H$,这是反映磁性材料的磁化性能的基本公式。

2）磁性材料具有高导磁性、磁饱和性、磁滞性的特点。按照铁磁性材料磁滞回线的形状以及在工程中的用途不同,铁磁性材料可以分为三大类,分别为软磁材料、硬磁材料和矩磁材料。

3）工程上把约束在铁芯及其气隙所限定范围内的磁通路径称为磁路。磁路进行分析与计算所要遵循的基本定律为磁路的欧姆定律。

铁磁性材料的磁阻是非线性的,数值很小;空气隙中的磁阻是线性的,所以磁路的欧姆定律多用于对磁路的定性分析。要分析磁路,就必须首先对磁路进行分段处理。分段的原则是磁路中截面积(S)与材料相同的磁路分为一段。

在由单一电流励磁的闭合磁路中,常采用公式 $\Phi=\frac{NI}{R_m}$ 进行磁路的定性分析,它是磁路欧姆定律的另一种表达形式,其中 R_m 为闭合磁路总磁阻。

4）变压器的三种功能:

$$①\ \frac{U_1}{U_2}=\frac{N_1}{N_2}=K \quad （变压）$$

$$②\ \frac{I_1}{I_2}=\frac{N_2}{N_1}=\frac{1}{K} \quad （变流）$$

$$③\ Z'_L=K^2Z_L \quad （变阻抗）$$

5）传统点火系统中的部件——点火线圈,主要由铁芯、一次绕组、二次绕组、壳体及附加电阻等组成。传统点火系统是基于电磁感应原理进行工作的。它把蓄电池的 12 V 低压转变为 15～20 kV 的高压电,同时按一定规律送入各缸火花塞,经过火花塞电极间火花放电点燃混合气。通常传统点火系统工作过程分为三个阶段:断电器触点闭合,一次绕组电流按指数规律增长;断电器触点打开,二次绕组产生高压电;火花塞电极间火花放电。

一、填空题

1. 线圈产生感应电动势的大小正比于通过线圈的________。

2. 描述磁场的四个物理量分别是________、________、________、________。

3. 铁磁性材料具有________性、________性和________性。

4. 变压器是由________和________组成的。

5. 变压器有________、________和________的作用。

6. 变压器铁芯导磁性能越好,其励磁电抗越________,励磁电流越________。

7. 变压器在电力系统中的主要作用是________,以利于功率的传输。

二、选择题

1. 变压器的基本工作原理是________。

A. 电磁感应　　B. 电流的磁效应

C. 能量平衡　　D. 电流的热效应

2. 有一空载变压器原边额定电压为 380 V,并测得原绕组 $R = 10\ \Omega$,试问原边电流应为________。

A. 大于 38 A　　B. 等于 38 A　　C. 大大低于 38 A

3. 某单相变压器额定电压为 380/220 V,额定频率为 50 Hz。如将低压边接到 380 V 交流电源上,将出现________。

A. 主磁通增加,空载电流减小

B. 主磁通增加,空载电流增加

C. 主磁通减小,空载电流减小

4. 如将 380/220 V 的单相变压器原边接于 380 V 直流电源上,将出现________。

A. 原边电流为零　　B. 副边电压为 220 V　　C. 原边电流很大,副边电压为零

5. 当电源电压的有效值和电源频率不变时,变压器负载运行和空载运行时的主磁通是________。

A. 完全相同　　B. 基本不变

C. 负载运行比空载时大　　D. 空载运行比负载时大

三、问答题

1. 描述磁场的物理量有哪几个?说明它们的物理意义、相互关系及单位。

2. 非铁磁性材料、铁磁性材料的磁导率各有什么特点?

3. 什么叫铁芯损耗?它包括哪两项?各自产生的原因是什么?

4. 简述磁路的欧姆定律,其中磁阻与哪些参数有关?

5. 为什么变压器的铁芯要用硅钢片叠成?能否采用整块铁芯?为什么?

四、计算题

1. 一台变压器有两个原边绕组,每组额定电压为 110 V,匝数为 440 匝,副边绕组匝数为 80 匝,试求:①原边绕组串联时的变压比和原边加上额定电压时的副边输出电压。②原边绕组并联时的变压比和原边加上额定电压时的副边输出电压。

2. 单相变压器,原边线圈匝数 $N_1 = 1\,000$ 匝,副边 $N_2 = 500$ 匝,现原边加电压 $U_1 = 220$ V,测得副边电流 $I_2 = 4$ A,忽略变压器内阻抗及损耗,求:①原边等效阻抗 Z_1;②负载消耗功率 P_2(阻性负载)。

项目四

直流电动机及其在汽车中的应用

1. 了解直流电动机的结构、换向、励磁方式、起动、反转、调速和制动
2. 观察日常所见到的直流电动机,会分析转速控制方法
3. 了解汽车起动机的结构及工作原理

任务 4.1　直流电动机

活动 4.1.1　直流电动机的结构

直流电动机主要由定子和转子(又称电枢)两部分组成,其结构如图 4-1 所示。主要部件有主磁极、换向器、电枢等。

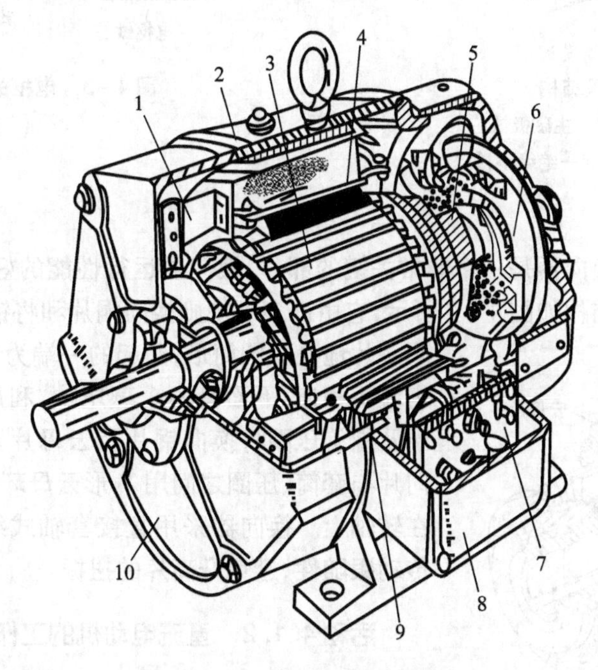

图 4-1　直流电动机结构部件

1—风扇;2—机座;3—电枢;4—主磁极;5—电刷装置;6—换向器;7—接线板;8—出线盒;9—换向磁板;10—端盖

(1) 主磁极

其作用是通入直流励磁电流,产生主磁场。它由主磁极铁芯和主磁极绕组组成,主磁极铁芯靠近转子一端的扩大部分称为极靴,它的作用是使产生气隙磁阻减小,改善主磁极磁场分布,并使主磁极绕组容易固定。主磁极绕组由绝缘铜线(铝线)在专用设备上绕好后经绝缘处理,借助主磁极框架套装在主磁极铁芯上,主磁极铁芯用螺钉固定在机座上,如图4-2所示。主磁极的个数一定是偶数,主磁极绕组的连接必须使得相邻主磁极的极性按N、S交替出现。

(2) 电枢

其作用是电动机产生感应电动势,形成电磁转矩进行机电能量转换的部分。主要由电枢铁芯、电枢绕组、换向器、转轴、风扇等组成,如图4-3所示。

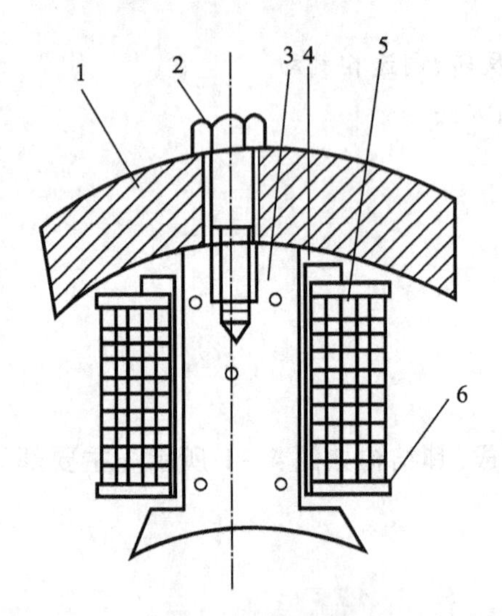

图4-2 主磁极结构

1—机座;2—主磁极螺钉;3—主磁极铁芯;
4—框架;5—主磁极绕组;6—绝缘垫衬

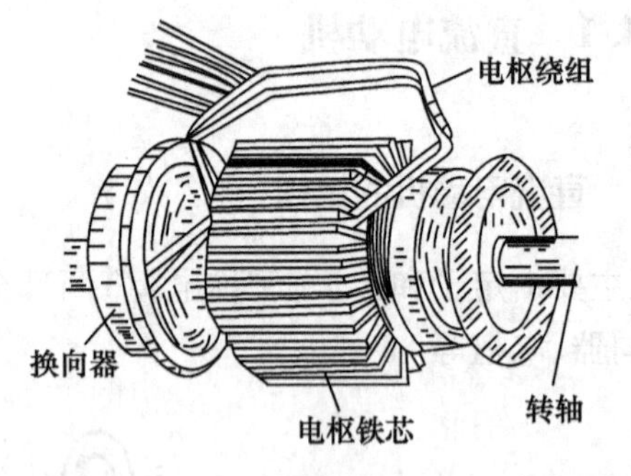

图4-3 电枢的结构

(3) 换向器

直流电动机的换向器是一个非常关键的部件,换向器运行性能的好坏直接影响到电动机的换向。换向器的结构如图4-4所示,它由许多不规则换向铜片和将铜片隔开的云母片一片隔一片地叠成圆筒形,凸起的一端为升高片,用来与电枢绕组端头相连,下面有两个燕尾槽,利用换向器套筒、V形压圈及螺旋压圈将换向铜片及云母片紧固成一个整体,在换向片与套筒、压圈之间用V形云母环绝缘,最后将换向器压在转轴上。换向器采用直接套轴式结构,以增强换向器的传动跟随性,避免升高片的扭振。

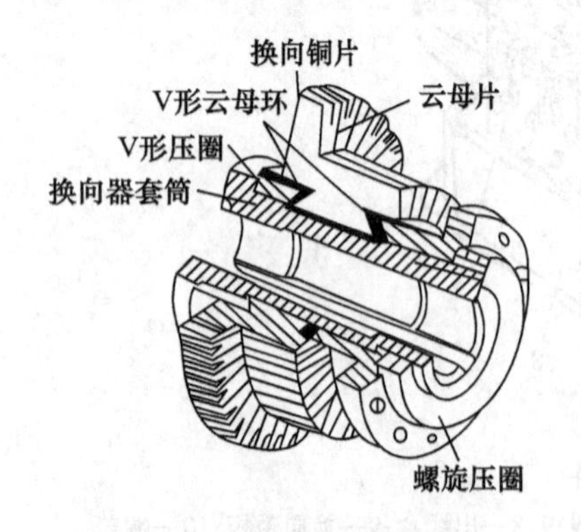

图4-4 换向器结构

活动4.1.2 直流电动机的工作原理

直流电动机是根据通电导体在磁场内受电磁力而运动的原理制造的。如图4-5所示的原理电路中,在磁极

N 和 S 之间，放置一个能绕轴 OO' 旋转的线圈 abcd（称为电枢绕组），并借助换向片及电刷将外部直流电源加到线圈上，如图 4－5（a）所示电流由 A 电刷流入，由 B 电刷流出。线圈 abcd 中的电流方向如图中箭头所示（b→a），用右手定则判断出线圈受力后将绕轴 OO' 以顺时针方向旋转。当线圈转到图 4－5（b）对应的位置 2 时，电刷 A 和 B 被换向器直接短接，线圈中没有电流，故线圈不受力的作用，但由于惯性的作用仍将继续转动。当转到图 4－5（c）的位置 3 时，由于换向器的作用，虽然线圈中的导体在磁极中所处的位置正好与图 4－5（a）图时相反，但仍保持在 N 极下的导体中的电流方向不变（c→d），从而使线圈的受力方向及旋转方向不变，电动机就能继续旋转。图 4－5（d）位置 4 与图 4－5（b）位置 2 类似，只是线圈位置相反，它同样不受力的作用，但由于惯性的作用仍将继续转动。由此得出直流电动机的工作原理为：直流电动机在外加直流电压作用下，电枢绕组中的电流与磁场相互作用产生磁力使绕组旋转；当绕组进入异性磁极时，由于换向器的作用，绕组中的电流方向也相应改变，以维持转矩方向不变，从而使直流电动机持续旋转，把直流电能转换成机械能输出。

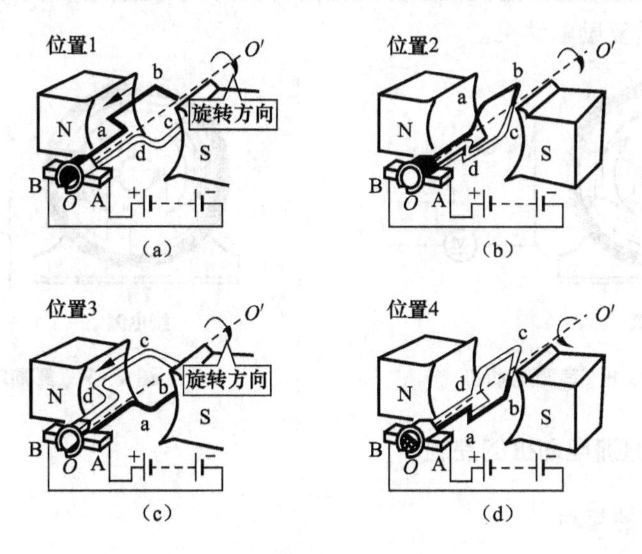

图 4－5　直流电动机工作原理

活动 4.1.3　直流电动机分类

直流电动机的主磁场一般有两种产生方法：一种是利用永久磁铁，一般在功率很小的电动机中采用；另一种是利用给主磁极绕组通入直流电产生主磁场。按主磁场绕组（又称励磁绕组）与电枢绕组接线方式的不同，直流电动机可分为以下几类。

（1）他励电动机

励磁绕组由独立的励磁电源供电，如图 4－6 所示，它与电枢绕组互不相连，励磁电流的大小由励磁电源电压 U_L 及串联的调节电阻 R_P 的大小决定，调节 R_P 的大小可以调节励磁电流的大小。

（2）自励电动机

励磁绕组不需单独的励磁电源，按励磁绕组与电枢连接方式的不同又可分为以下几种。

① 并励电动机。并励电动机绕组与电枢绕组并联，如图 4－7 所示，利用调节电阻的大小调节励磁电流。励磁绕组匝数多，导线线径细，励磁电流只是电枢电流的一部分。

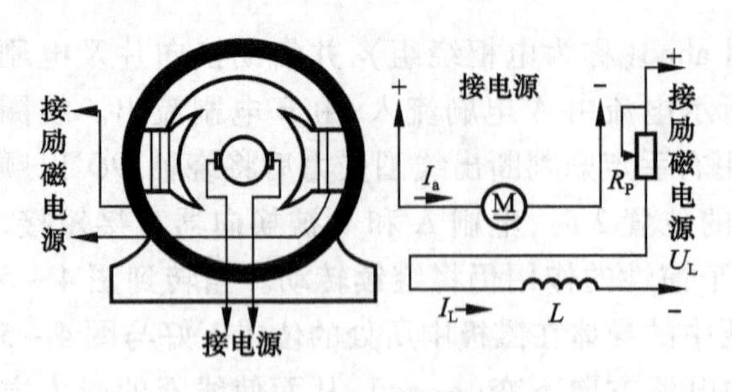

图 4-6　他励电动机

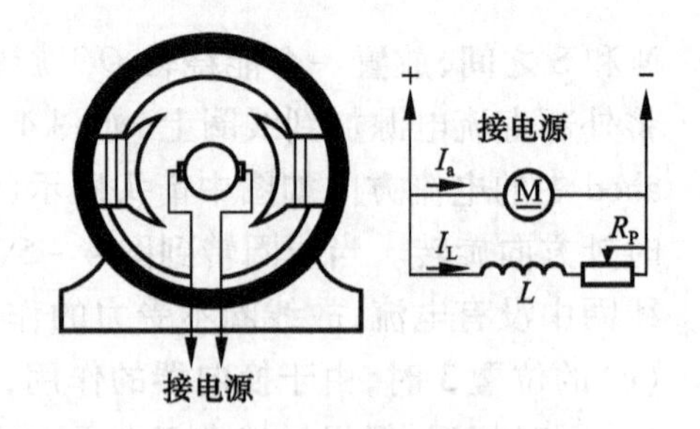

图 4-7　并励电动机

② 串励电动机。励磁绕组与电枢绕组串联，如图 4-8 所示，励磁绕组匝数少，导线线径较粗，则在励磁绕组上的电压降很低。

③ 复励电动机。它有两个励磁绕组，一组与电枢绕组并联，另一组与电枢绕组串联，如图 4-9 所示。当两组绕组产生的磁通方向相同时，称为积复励电动机；当两绕组产生的磁通方向相反时，称为差复励电动机。

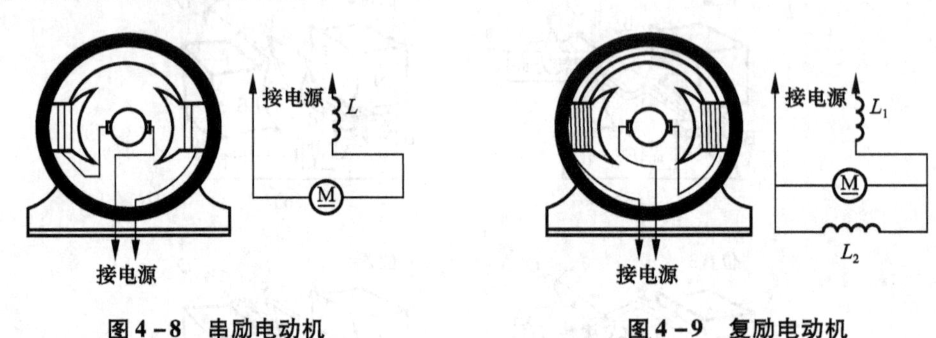

图 4-8　串励电动机　　　　图 4-9　复励电动机

活动 4.1.4　直流电动机的控制

1. 直流电动机的起动

直流电动机接到规定电源后，转速从零上升到稳态转速的过程称为起动过程。对直流电动机起动的要求为起动电流小；起动转矩要大；起动设备要简单可靠。在直流电动机起动瞬间，电源电压直接作用到电枢绕组上，产生的电流称为起动电流。因为电枢绕组电阻一般很小，故起动电流很大，为电动机额定电流的 10 ~ 20 倍。这样大的起动电流将带来以下不良影响：

① 使电动机与换向器之间产生强烈的火花而导致电刷与换向器表面的烧损；

② 使电网电压波动，影响供电的稳定性。

因此，除小容量的电动机以外，一般不允许全压起动。通常采用降压起动和在电枢回路中串电阻起动。

（1）降压起动

直流电动机在起动瞬间，给电动机加上较低的直流电压，随着电动机转速的升高，逐渐增加直流电压至额定电压，直到电动机起动完毕。如图 4-10 所示是晶闸管可控整流电路作为调压电源，其原理为：利用晶闸管的单向导电性将交流电变成方向不变的脉动直流电，并利用控制晶闸管的导通角来改变输出脉动直流电压的大小，再利用滤波电路将脉动的直流电变成平滑的直流电供给电动机。电动机在降压起动过程中起动平滑，消耗能量少，但需配有专用电源设备。并励(或他励)电动机降压起动时,电枢回路的外串电阻应置于最大阻值位置;励磁回路的外串电阻应置于最小阻值位置,以限制起动电流。对串励直流电动机,不允许空载(或轻载)起动,否则起动后将造成“飞车”事故。

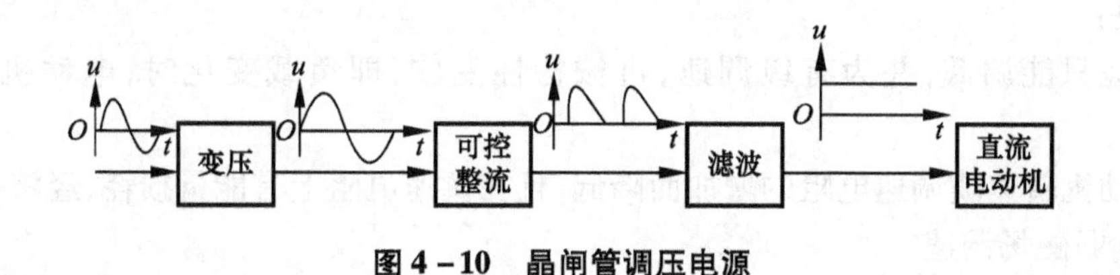

图 4-10　晶闸管调压电源

(2) 电枢回路串电阻起动

在电枢回路中串入起动电阻,以限制起动电流。起动电阻通常为可变电阻,在启动中逐步短接。图 4-11、图 4-12 所示分别为并励、串励电动机的串电阻起动电路。如图 4-13 所示为起动变阻器的外形。开始起动时,全部起动电阻 R_{Pa} 均串入电枢回路,起动电源被限制在允许的范围内,随着转速的升高,将手轮逐步向右旋转,起动电阻 R_{Pa} 被逐步短接(电阻值逐步减小),电动机转速不断升高,直到手轮右旋到头,$R_{Pa}=0$,电动机起动完毕。

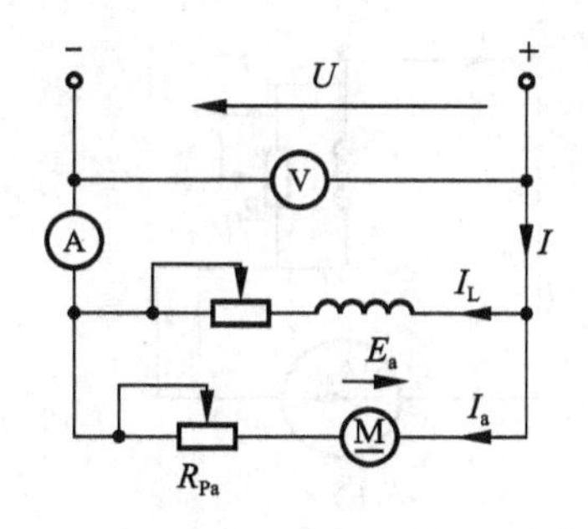

图 4-11　并励电动机串电阻起动

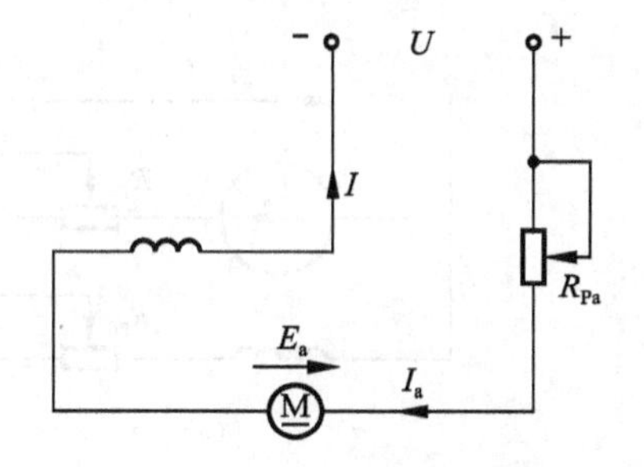

图 4-12　串励电动机串电阻起动

2. 直流电动机的调速

在生产现场,许多机械设备往往其运行速度能在一定范围内调节,这就要求拖动其工作的电动机转速能在一定范围内进行调节,即用人为的办法来改变电动机的转速。直流电动机的调速方法有:改变电源电压调速、改变电枢回路电阻调速和削弱磁场调速。

(1) 改变电源电压 U 调速

采用晶闸管构成的可控整流电路作为直流电动机的可调电源,原理如前所述。这种调速方法的主要特点是:

① 调速范围广,可以从低速一直调到额定转速,速度变化平滑,为无级调速;

② 转速只能调低,不能调高,机械特性硬度不变,有较好的低速稳定性;

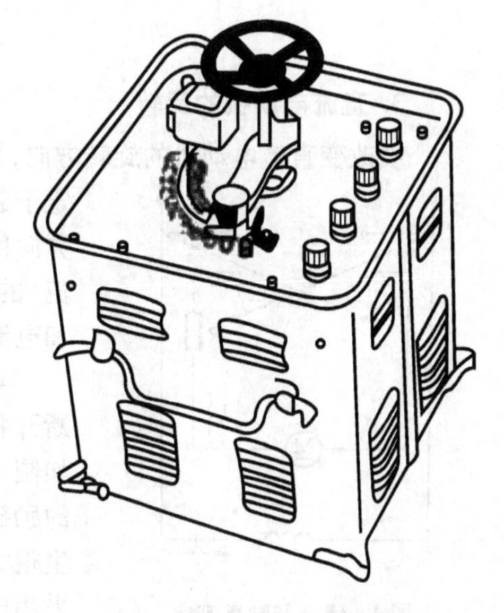

图 4-13　起动变阻器外形

③ 功率随电压的下降而降低。

(2) 改变电枢回路电阻调速

此方法是在电枢回路中串联电阻来调速，其接线与图 4－11 及图 4－12 相同。该调速方法的特点是：

① 转速只能调低，并为有级调速，机械特性变软，即负载变化时，电动机的转速变化较大；

② 电动机转速随调速电阻的增加而降低，且在调速电阻上有能量损耗，经济性较差。

(3) 削弱磁场调速

当直流电动机的电源电压及负载转矩不变时，通过减小励磁电流使主磁通减小，就能使电动机的转速相应增高，这就是削弱磁场调速。并励电动机可在励磁回路中串联附加电阻 R_{Pf}，构成如图 4－14 所示的削弱磁场调速线路。该调速方法的特点是：

① 转速只能从额定转速上调，不能在额定转速以下进行调节；

② 调速范围较窄，因为转速的上升使换向困难，电枢反应去磁作用使电动机运行稳定性较差，因此对一般电动机来说，最高转速控制在两倍额定转速范围内。

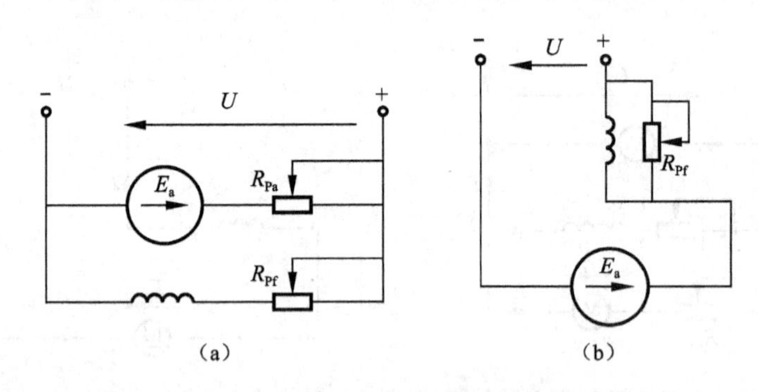

图 4－14　直流电动机削弱磁场调速

(a) 并励电动机；(b) 串励电动机

3. 直流电动机的反转

要改变直流电动机的旋转方向，只需改变电动机转子所受电磁转矩的方向，而电磁转矩决定于磁通 Φ 和电枢电流 I_a 的相互作用，因此改变电磁转矩的方向使电动机反转的方法有两种：一是改变磁通 Φ(即励磁电流)的方向；二是改变电枢电流 I_a 的方向。若同时改变磁通 Φ 和电流 I_a 的方向，则电动机的转向维持不变。

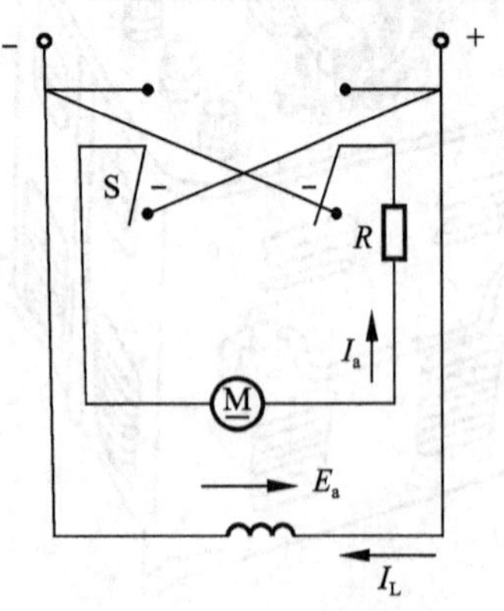

图 4－15　并励直流电动机反转电路

实现直流电动机反转的措施是利用电器触点的闭合与断开将励磁绕组进行反接，或者将电枢绕组进行反接。如图 4－15 所示的并励电动机的反转电路，因为并励电动机的励磁绕组匝数多、电感大，在进行反接时因电流突变将产生很大的自感电动势，对电动机及其电器都不利，因此一般采用电枢反接实现反转。原理为：双向开关 S 合在图 4－15 中上方位置时，电动机正常运行；当双向开关 S 合在图 4－15

中下方位置时，加在电枢绕组上的电压使电枢电流 I_a 反向，从而改变了电磁转矩的方向，实现了电动机的反转。图中 R 为限流电阻，以限制电枢电流 I_a 的数值，因为在反接瞬间反向电动势 E_a 数值未变，而外加电压变成与 E_a 同方向，故在该瞬间加在电枢绕组上的电压接近两倍电压，如不串联电阻，将因电枢电流过大而使电刷与换向器表面产生强烈火花而损坏。

任务4.2 车用起动机

活动4.2.1 车用起动机结构

车用起动机一般由直流电动机、单向传动机构和操纵机构三大部分组成。直流电动机是起动机的核心，其作用是产生发动机起动时所需的转矩。汽车上的起动机一般采用串励式直流电动机。

单向传动机构的作用是连接或切断发动机与起动机之间的转矩传递。

操纵机构的作用是接通或切断起动机与蓄电池之间的主电路。

车用起动机的直流电动机由磁极、电枢、换向器等组成。它的结构如图4-16所示。

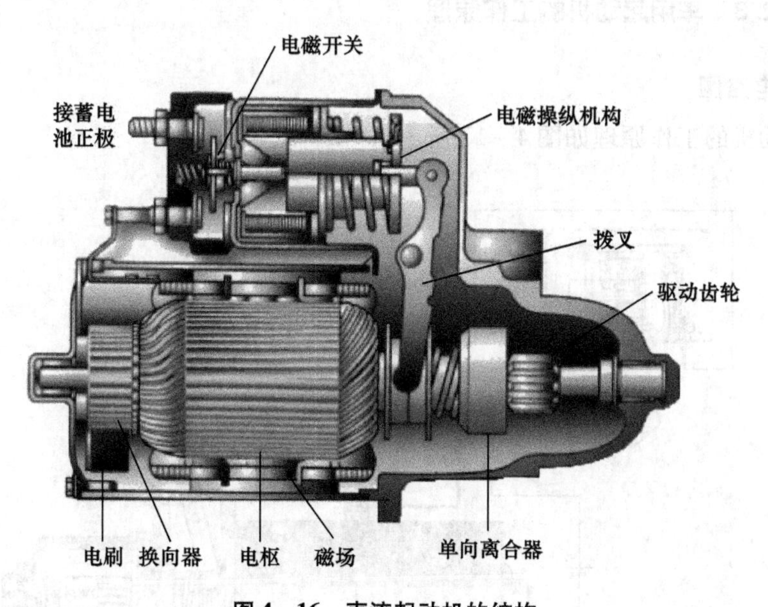

图4-16 直流起动机的结构

活动4.2.2 直流起动机各结构部分的作用

1. 电磁开关

(1) 电磁开关结构特点

电磁开关主要由电磁铁机构和电动机开关两部分组成。电磁铁机构由固定铁芯、活动铁芯、吸引线圈和保持线圈等组成。固定铁芯固定不动，活动铁芯可以在铜套里做轴向移动。活动铁芯前端固定有推杆，推杆前端安装有开关触盘，活动铁芯后段用调节螺钉和连接销与拨叉连接。铜套外面安装有复位弹簧，作用是使活动铁芯等可移动部件复位。电磁开关接线端子的排列位置如图 4－16 所示。

（2）电磁开关工作原理

当吸引线圈和保持线圈通电产生的磁通方向相同时，其电磁吸力相互叠加，可以吸引活动铁芯向前移动，直到推杆前端的触盘将电动开关触点接通使电动机主电路接通为止。

当吸引线圈和保持线圈通电产生的磁通方向相反时，其电磁吸力相互抵消，在复位弹簧的作用下，活动铁芯等可移动部件自动复位，触盘与触点断开，电动机主电路断开。

2. 电磁操纵机构起动继电器

起动继电器的结构由电磁铁机构和触点组成。线圈分别与壳体上的点火开关端子和搭铁端子连接，固定触点与起动机端子连接，活动触点经触点臂和支架与电池端相连。起动继电器触电为常开触点，当线圈通电时，继电器铁芯便产生电磁力，使其触点闭合，从而将继电器控制的吸引线圈和保持线圈电路接通。

汽车起动机的控制装置包括电磁开关、起动继电器和点火起动开关等部件，其中电磁开关与起动机制作在一起。

活动 4.2.3 车用起动机的工作原理

1. 组成电路图

车用起动机的工作原理如图 4－17 所示。

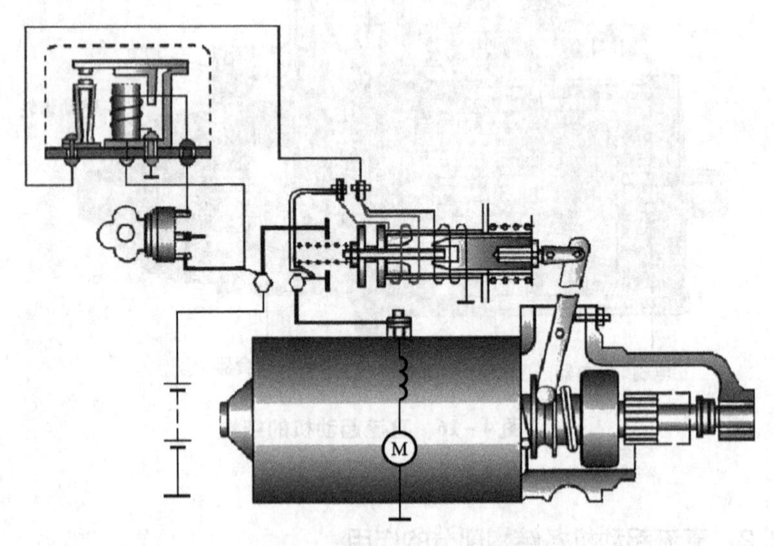

图 4－17 直流起动机工作原理图

2. 主电路工作原理

电磁开关接通后，吸引线圈和保持线圈产生强的电磁引力，将起动机主电路接通。

电路工作状况：

蓄电池正极→起动机电源接线柱→电磁开关→励磁绕组→搭铁→蓄电池负极→起动机产生电磁转矩,起动发电机。

1)直流电动机是由静止的定子和旋转的转子(又叫电枢)两大部分组成的。

2)换向器是直流电动机特有的装置。直流电动机运行时,它的作用是当线圈的有效边从N极(或S极)下转到S极(或N极)时,改变其中的电流方向。使N极下的有效边中的电流总是一个方向,而S极下的有效边中的电流总是另一个方向,这样才能使两个有效边上受到的电磁力的方向不变,产生同一方向的转矩。

3. 直流电动机是起动机的核心,其作用是产生发动机起动时所需的转矩。汽车上的起动机一般采用串励直流电动机。

本章习题

一、填空题

1. 改变一直流并励电动机的转向,可采用的方法是________和________。

2. 直流电动机电枢绕组的感应电势与电动机的转速成________。

3. 他励直流发电机,当转速升高20%时,电势________。

4. 直流电动机的电磁转矩与电枢电流成________。

5. 直流电动机一般采用________和________的方法起动,起动时应保证电动机的磁通达到________。

6. 直流电动机的电磁转矩是由________和________共同作用产生的。

7. 直流电动机按主磁极励磁绕组的接法不同,可分为________、________、________和________四种。

8. 直流电动机的调速方法有:改变________调速、改变________调速和改变________调速等三种。

9. 直流电动机常用的电气制动方法有:________制动、________制动和________制动。

10. 额定功率对直流电动机来说,指的是________功率。

二、判断题

1. 直流电动机电枢元件中的电势和电流都是直流的。( )

2. 直流电动机的换向极主要是改善电动机的换向。( )

3. 一台直流电机可以运行在发电机状态,也可以运行在电动机状态。( )

4. 起动时的电磁转矩可以小于负载转矩。( )

5. 直流电动机降压调速适用于恒转矩负载。( )

6. 直流电动机在负载运行时,可以将励磁回路断开。( )

7. 直流电动机调节励磁回路中的电阻值,电动机的转速将升高。( )

8. 只要电磁转矩 T 与电动机的转向 n 方向相反时运行,直流电动机就要减速。( )

9. 为了减小电动机起动时的起动电流对电动机产生的危害,必须尽量减小电动机的起动

电流。（　　）

10. 直流他励电动机利用电枢回路中串电阻调速属于有级调速。（　　）

三、画出车用起动机的工作原理电路图，并叙述其工作原理。

项目五

三相异步交流电动机及其在汽车中的应用

1. 了解三相异步电动机的结构、工作原理、机械特性
2. 了解低压控制保护器件及应用
3. 了解控制电路结构及控制原理
4. 观察汽车中所用的电动机,弄清铭牌数据含义,会连接接线端子
5. 会分析电动机转速
6. 会应用控制电路

任务5.1　三相异步电动机构造及其原理

三相异步电动机是将交流电能转换成机械能的装置,由于结构简单、价格低廉、坚固耐用、使用维护方便等优点,因此被广泛应用。三相异步电动机根据其转子结构的不同可分为笼形和绕线式两大类,其中以笼形应用最广。因此,本节重点讲述有关三相笼形异步电动机的结构、特性及原理等。

活动5.1.1　三相异步电动机的结构

三相异步电动机主要由定子和转子两部分组成,它们之间由气隙隔开。图5-1所示为

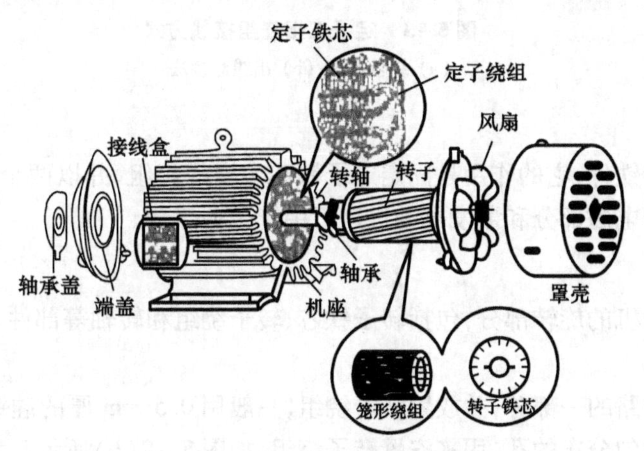

图5-1　三相笼形异步电动机结构图

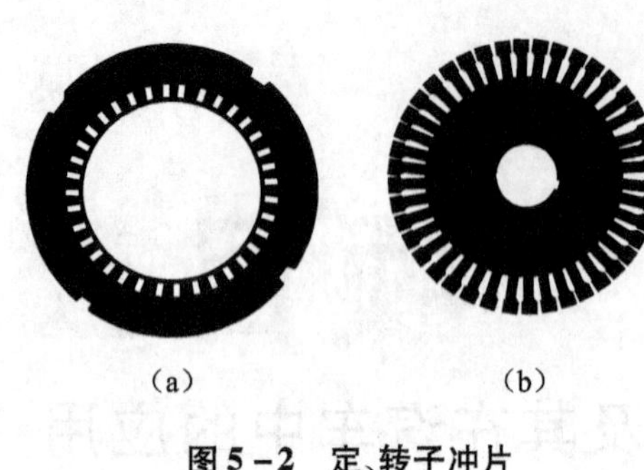

图 5-2　定、转子冲片

(a) 定子冲片;(a) 转子冲片

三相笼形异步电动机的结构。

1. 定子

定子是指电动机的静止部分,主要包括定子铁芯、定子绕组、机座、接线盒等部件。

(1) 定子铁芯

定子铁芯是电动机磁路的一部分,它一般由 0.35 ~5 mm 厚表面绝缘层的硅钢片冲制、叠成,在铁芯的内圆上冲有均匀分布的槽,用来嵌放定子绕组,如图 5-2(a)所示。

(2) 定子绕组

定子绕组的作用是引入三相交流电,以在定、转子之间的气隙中产生旋转磁场。小型电动机定子绕组通常用高强度漆包线绕制成线圈后嵌放在定子铁芯槽内,大、小中型电动机则用经过绝缘处理的各种铜条嵌放在定子铁芯槽内。为保证绕组的各导电部分与铁芯之间以及绕组本身之间的可靠绝缘,要在定子绕组制造过程中采用绝缘措施,电动机定子绕组的绝缘项目如下。

① 对地绝缘:定子绕组整体与定子铁芯之间的绝缘。

② 相间绝缘:各相定子绕组之间的绝缘。

③ 匝间绝缘:每相定子绕组各线匝之间的绝缘。

定子三相绕组对称均匀地嵌放在定子铁芯槽内。三个绕组的首端用 U1、V1、W1 表示,末端用 U2、V2、W2 表示,三相共六个出线端引到电动机机座的接线盒内,可按需要将定子绕组接成星形接法,如图 5-3 所示。

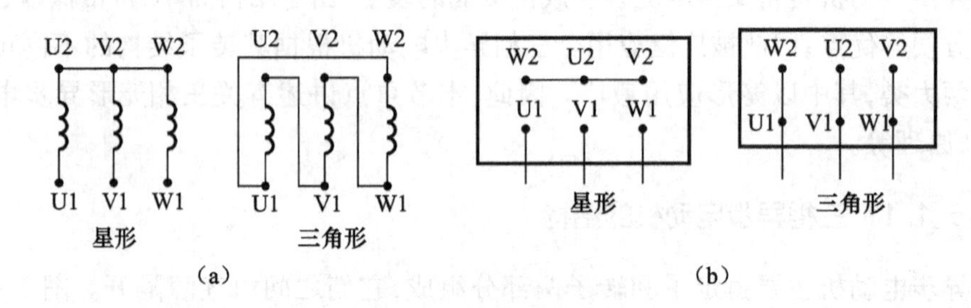

图 5-3　定子三相绕组接线方式

(a) 绕阻接法;(b) 出线盒接法

(3) 机座

机座通常为铸铁件,它的作用是固定定子铁芯和定子绕组,并以两个端盖支撑转子,更是保护整台电动机的电磁部分和散发电动机运行中产生的热量。

2. 转子

转子是指电动机的旋转部分,包括转子铁芯、转子绕组和转轴等部件。

(1) 转子铁芯

作为电动机磁路的一部分,并放置转子绕组,一般用 0.5 mm 厚的硅钢片冲制、叠压而成,硅钢片外圆冲有均匀分布的孔,用来安置转子绕组,如图 5-2(b)所示。为改善起动及运行性能,电动机转子铁芯一般都采用斜槽结构,即转子槽并不与电动机转轴的轴线在同一平面上,而是扭斜一定角度。

(2) 转子绕组

其作用是切割定子磁场,产生感应电动势,在旋转磁场和转子的相互作用下,转子受力而转动。根据结构的不同可分为笼形转子和绕线式转子。

① 笼形转子。通常有两种形式:中小型电动机的转子一般为铸铝转子,即将熔化的铝浇铸在转子铁芯槽中连同端环和叶片一起铸成,如图 5-4 所示;另一种形式为铜条转子,即在转子铁芯槽中放置若干铜条,两端用短路环焊接起来,形成一个笼子的形状,如图 5-5 所示。

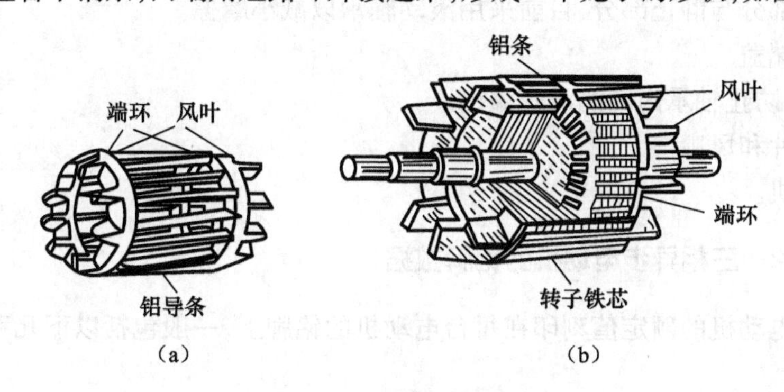

图 5-4 笼形铸铝转子结构

(a) 铸铝转子绕组;(b) 铸铝转子

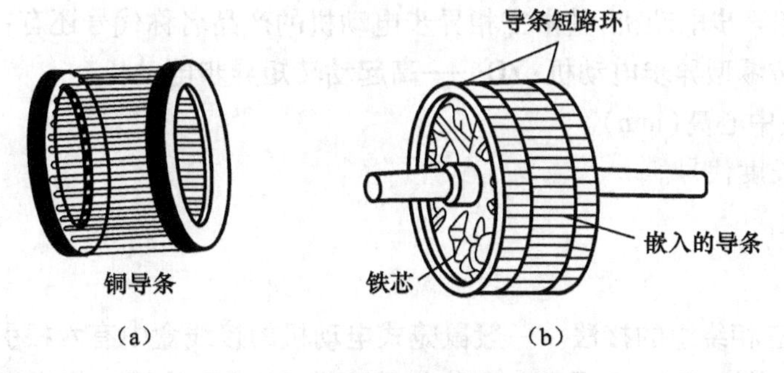

图 5-5 笼形铜条转子结构

(a) 铜条转子绕组;(b) 铜条转子

② 绕线式转子。绕线式转子绕组与定子绕组相似,在转子铁芯槽内嵌放对称的三相绕组,如图 5-6 所示,三相转子绕组一般接成星形,三相绕组的首端分别接到安装在转轴上的彼此绝缘的铜制滑环上(环与轴相互绝缘),通过电刷与外电路的可变电阻相连接,用于改善起动性能和调速。

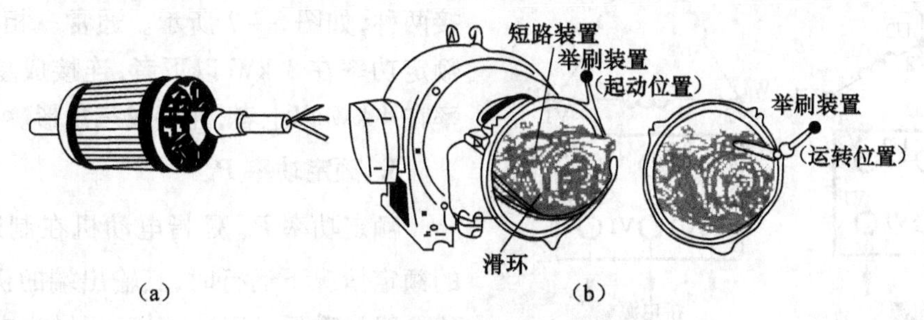

图 5-6 绕线式转子和电刷装置

(a) 绕线式转子;(b) 滑环和电刷装置

(3) 转轴

一般都由中碳钢或合金钢制成,其两端由轴承支撑,用来传递转矩及支撑转子的重量。

3. 其他部件

(1) 端盖

一般为铸铁件,装在机座的两侧,起支撑转子的作用。

(2) 轴承

连接转动部分与静止部分,目前采用滚动轴承以减小摩擦。

(3) 轴承端盖

保护轴承,防止轴承内的润滑脂溢出。

(4) 散热片和风扇

冷却电动机。

活动 5.1.2　三相异步电动机的铭牌数据

三相异步电动机的额定值刻印在每台电动机的铭牌上,一般包括以下几种:

1. 型号

为了适应不同用途和不同工作环境的需要,电动机制成不同的系列,每种系列用各种型号表示。例如 Y132M－4:

Y———三相异步电动机,其中三相异步电动机的产品名称代号还有:YR——绕线式异步电动机;YB——防爆型异步电动机;YQ——高起动转矩异步电动机。

132——机座中心高(mm)。

M——机座长度代号。

4——磁极数。

2. 接法

这是指定子三相绕组的接法。一般鼠笼式电动机的接线盒中有六根引出线,标有 U1、V1、W1、U2、V2、W2。其中,U1、U2 是第一相绕组的两端;V1、V2 是第二相绕组的两端;W1、W2 是第三相绕组的两端。

如果 U1、V1、W1 分别为三相绕组的始端(头),则 U2、V2、W2 是相应的末端(尾)。这六个引出线端在接电源之前,相互间必须正确连接。连接方法有星形(Y)连接和三角形(△)连接两种,如图 5－7 所示。通常三相异步电动机额定功率在 3 kW 以下者,连接成星形;额定功率在 4 kW 以上者,连接成三角形。

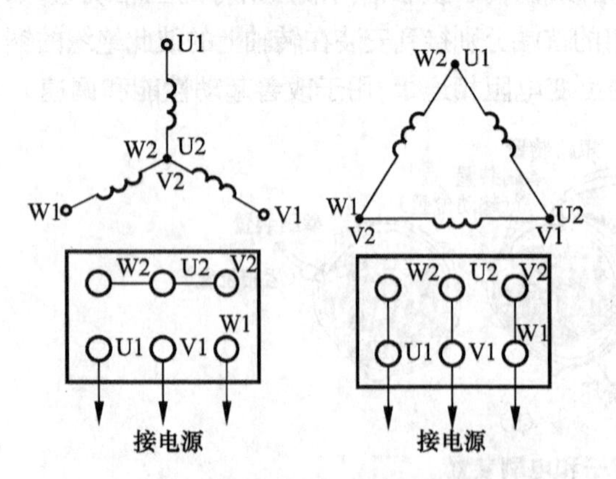

图 5－7　定子绕组的星形连接和三角形连接

3. 额定功率 P_N

额定功率 P_N 是指电动机在制造厂所规定的额定情况下运行时,其输出端的机械功率,单位一般为千瓦(kW)。对三相异步电动机,其额定功率为

$$P_N = \sqrt{3} U_N I_N \eta_N \cos\phi_N$$

式中，η_N 和 $\cos\phi_N$ 分别为额定情况下的效率和功率因数。

4. 额定电压 U_N

额定电压 U_N 是指电动机额定运行时，外加于定子绕组上的线电压，单位为伏(V)。

一般规定电动机的工作电压不应高于或低于额定值的5%。当工作电压高于额定值时，磁通将增大，将使励磁电流大大增加，电流大于额定电流，使绕组发热。同时，由于磁通的增大，铁损耗(与磁通平方成正比)也增大，使定子铁芯过热；当工作电压低于额定值时，引起输出转矩减小，转速下降，电流增加，也使绕组过热，这对电动机的运行也是不利的。

我国生产的Y系列中、小型异步电动机，其额定功率在3 kW以上的，额定电压为380 V，绕组为三角形连接。额定功率在3 kW及以下的，额定电压为380/220 V，绕组为Y/△连接(即电源线电压为380 V时，电动机绕组为星形连接；电源线电压为220 V时，电动机绕组为三角形连接)。确定每相绕组首位的接法如图5-8所示。

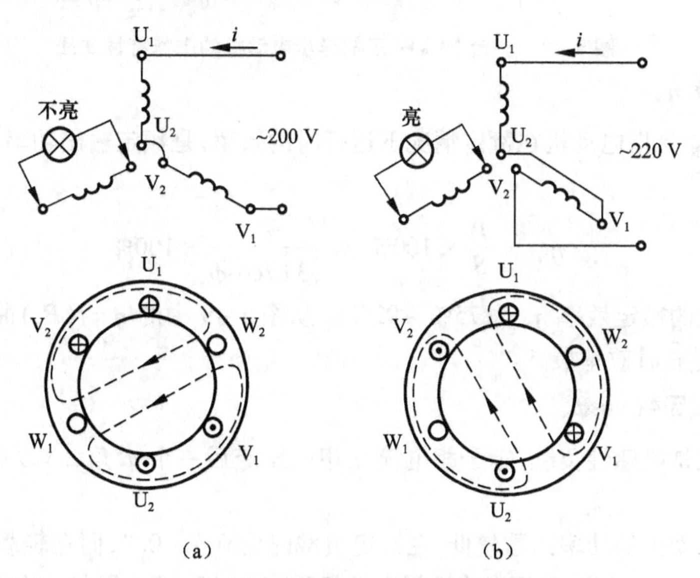

图5-8 确定每相绕组首尾的接法

5. 额定电流 I_N

额定电流 I_N 是指电动机在额定电压和额定输出功率时，定子绕组的线电流，单位为安(A)。

当电动机空载时，转子转速接近于旋转磁场的同步转速，两者之间相对转速很小，所以转子电流近似为零，这时定子电流几乎全为建立旋转磁场的励磁电流。当输出功率增大时，转子电流和定子电流都随着相应增大，如图5-9中的 $I_1 = f(P_2)$ 曲线所示。图5-9是一台10 kW三相异步电动机的工作特性曲线。

6. 额定频率 f_N

我国电力网的频率为50赫兹(Hz)，因此除外销产品外，国内用的异步电动机的额定频率为50赫兹。

7. 额定转速 n_N

额定转速 n_N 是指电动机在额定电压、额定频率下，输出端有额定功率输出时转子的转速，单位为转/分(r/min)。由于生产机械对转速的要求不同,需要生产不同磁极数的异步电动机,因此有不同的转速等级。最常用的是四个极的异步电动机(n_0 =1 500 r/min)。

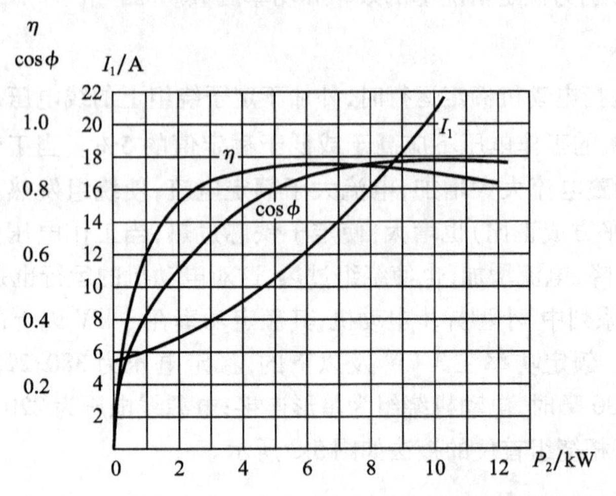

图 5 -9 一台 10 kW 三相异步电动机的工作特性曲线

8. 额定效率 η_N

额定效率 η_N 是指电动机在额定情况下运行时的效率,是额定输出功率与额定输入功率的比值。即

$$\eta_N = \frac{P}{S} \times 100\% = \frac{P}{\sqrt{3}UI\cos\phi} \times 100\%$$

异步电动机的额定效率 η_N 为 75% ~92%。从图 5 -9 中的 $\eta = f(P_2)$ 曲线可以看出,在额定功率的 75% 左右时效率最高。

9. 额定功率因数 $\cos\phi_N$

因为电动机是电感性负载,定子相电流比相电压滞后一个 ϕ 角,$\cos\phi$ 就是异步电动机的功率因数。

三相异步电动机的功率因数较低,在额定负载时为 0.7 ~0.9,而在轻载和空载时更低,空载时只有 0.2 ~0.3。因此,必须正确选择电动机的容量,防止“大马拉小车”,并力求缩短空载的时间。图 5 -9 中的 $\cos\phi = f(P_2)$ 曲线反映的是功率因数和输出功率之间的关系。

10. 绝缘等级

它是按电动机绕组所用的绝缘材料在使用时容许的极限温度来分级的。所谓极限温度,是指电动机绝缘结构中最热点的最高容许温度。其技术数据如表 5 -1 所示。

表 5 -1 技术数据

绝缘等级	A	E	B	F	H
极限温度/℃	105	120	130	155	180

11. 工作方式

工作方式反映异步电动机的运行情况,可分为三种基本方式:连续运行、短时运行和断续运行。

活动 5.1.3　三相异步电动机的工作原理

三相异步电动机是利用定子绕组中通入三相交流电所产生的旋转磁场与转子绕组内的感应电流所形成的磁场相互作用，产生电磁转矩，从而使电动机工作的。

1. 旋转磁场的产生

旋转磁场是指其空间位置随时间而旋转的磁场。

（1）旋转磁场产生的原理

为便于分析，以两极电动机（即 $P=1$）为例来说明。三相异步电动机的绕组用三个线圈 U1U2、V1V2、W1W2 表示，它们结构相同，在空间相位互差 120°，并接成星形，如图 5－10 所示。将其接在三相对称电源上，由于三相绕组是对称的，所以在三相定子绕组内通过三相对称电流 i_U、i_V、i_W，如图 5－11 所示。假定电流的瞬时值为正时，从各绕组的首端流入，末端流出；当电流为负值时，从各绕组的末端流入，首端流出。

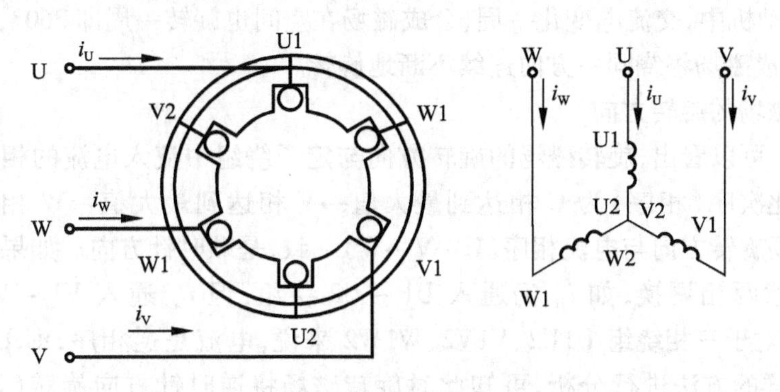

图 5－10　简化的三相定子绕组

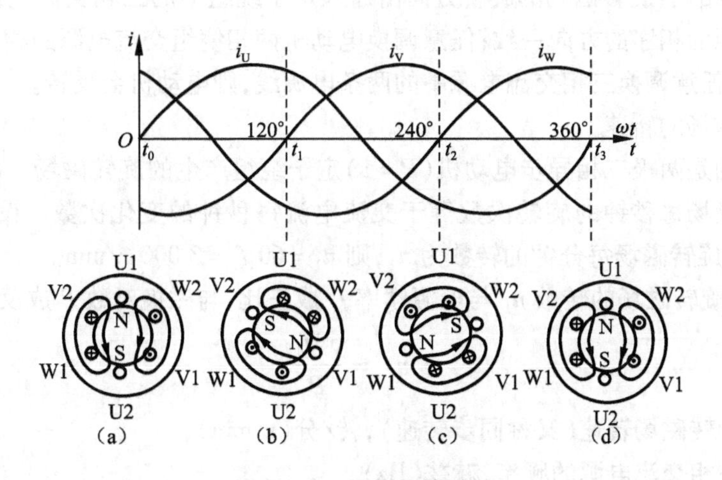

图 5－11　两极旋转磁场

(a) $t=t_0$；(b) $t=t_1$；(c) $t=t_2$；(d) $t=t_3$

设 i_U 的初相为零，则 i_V 滞后 i_U 120°，i_W 滞后 i_V 120°，即

$$i_U = I_m \sin\omega t$$

$$i_V = I_m \sin(\omega t - 120°)$$

$$i_W = I_m \sin(\omega t + 120°)$$

① 在 $t=t_0(\omega t_0=0)$ 时，$i_U=0$，$i_V<0$，V 相电流由绕组末端 V2 流入，首端 V1 流出；$i_W>0$，即 W 相电流由首端 W1 流入，末端 W2 流出。电流流入端用"⊗"表示，流出端用"⊙"表示，利用右手定则可以判定在 $\omega t=0$ 的瞬间，由三相电流所产生的合成磁场方向与纵轴轴线方向一致，如图 5－11(a)所示。

② 在 $t=t_1(\omega t_1=120°)$ 时，$i_U>0$，$i_V=0$，$i_W<0$。即 U 相电流由首端 U1 流入，末端 U2 流出；W 相电流由 W1 流出，W2 流入。其合成磁场方向如图 5－11(b)所示，可见磁场方向已较 t_0 时按顺时针方向转过 120°。

③ 在 $t=t_2(\omega t_1=240°)$ 时，$i_U<0$，$i_V>0$，$i_W=0$。合成磁场又沿顺时针方向旋转了 120°。其方向如图 5－11(c)所示。

④ 在 $t=t_3(\omega t_3=360°)$，又转回到①的情况，如图 5－11(d)所示。

可见，在三相交流电动机定子结构完全相同、空间各相差 120°电角度的三相绕组，分别通入三相交流电后，它们的合成磁场将随电流的变化而在空间不断地旋转，这就是旋转磁场。在 $P=1$ 的两极电动机中，交流电变化一周，合成磁场在空间也旋转一周即 360°，三相电流周期性地不断变化，合成磁场将绕同一方向连续不断地旋转。

(2) 旋转磁场的旋转方向

由图 5－11 可以看出，旋转磁场的旋转方向与定子绕组中流入电流的相序有关。图中三相交流电的变化次序(相序)为 U 相达到最大值→V 相达到最大值→W 相达到最大值→U 相……合成磁场旋转方向与电流相序(U→V→W)一致，是顺时针方向。如果将电动机三相定子绕组接线任意两相调换，如 i_U 仍通入 U1－U2 绕组，但 i_W 通入 V1－V2 绕组，i_V 通入 W1－W2 绕组，对于三相绕组 U1U2、V1V2、W1W2 来说，电流是逆相序，即 U→W→V。根据图 5－11，按同样的方法进行分析，可知此时旋转磁场将逆时针方向旋转(读者自行画图分析)。由此得出结论：旋转磁场的旋转方向由通入定子绕组中的三相交流电源的相序决定，且与三相交流电源的相序的方向一致；任意调换电动机两相绕组交流电源的相序，旋转磁场即反转。也就是说，任意调换三相交流电源中的两条电源线，则电动机会反转。

(3) 旋转磁场的转速

以上讨论的是两极三相异步电动机($P=1$)定子绕组产生的旋转磁场。由分析可见，两极电动机中旋转磁场每秒钟的旋转次数等于交流电流每秒钟的变化次数。设电源频率 $f_1=50$ Hz，两极电动机旋转磁场每分钟的转数为 n_1，则 $n_1=60f_1=3\,000$ r/min。

可以证明，旋转磁场的转数 n_1 与电源频率 f_1 成正比，与磁极对数 P 成反比，即

$$n_1=\frac{60f_1}{P}$$

式中 n_1——旋转磁场转速(又称同步转速)，转/分(r/min)；

f_1——三相交流电源的频率，赫兹(Hz)；

P——磁极对数。

磁极对数与同步转速的关系如表 5－2 所示。

表 5－2 磁极对数与同步转速的关系

P	1	2	3	4	5	6
$n_1/(r\cdot min^{-1})$	3 000	1 500	1 000	750	600	500

2. 三相异步电动机的转动原理

图5－12所示为一台两极三相异步电动机的定子和转子剖面图，当定子绕组通入三相交流电时，将产生两极旋转磁场，并以同步转速 n_1 按顺时针方向旋转，当 $\omega t=0$ 瞬间，定子旋转磁场的方向如图中 n_1 所示。

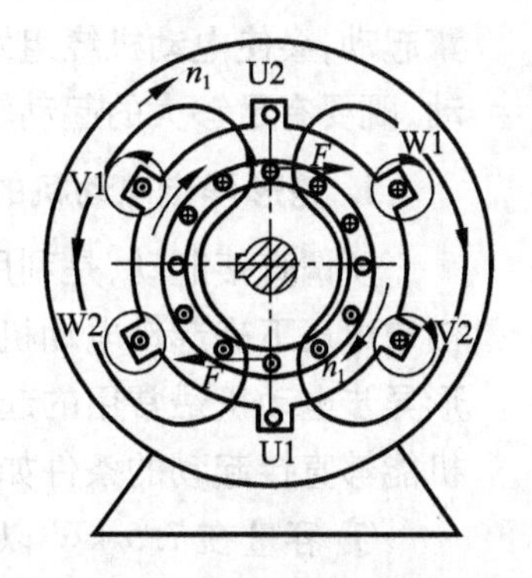

图5－12 三相异步电动机的转动原理

旋转磁场以同步转速 n_1 按顺时针方向旋转，与转子之间有着相对运动，相当于转子以转速 n_1 沿逆时针方向切割旋转磁场而感应电动势，其方向可用右手定则判定。由于转子导体两端被短路环短接，所以在感应电动势作用下，在转子导体中产生感应电流 I_2，载流转子导体在旋转磁场中将受电磁力的作用，力 F 的方向可用左手定则判定，此电磁力对转轴形成电磁转矩 T，于是转子在电磁转矩作用下转动起来，其方向与旋转磁场的转向一致，从而驱动转子沿着旋转磁场的转向旋转。

可见，三相异步电动机的转动原理是：向各相相差120°的电角度的三相定子绕组通入三相交流电后，在空气气隙中即产生一个旋转磁场，该旋转磁场切割转子绕组，从而在转子绕组中产生感应电动势，并形成转子电流。载流转子导体在定子旋转磁场作用下将产生电磁力，从而在转轴上形成电磁转矩，驱动电动机转子沿着旋转磁场的转向旋转。

由转动原理可知：转子的转速 $n=n_1$ 时，不可能切割定子旋转磁场，其感应电动势、感应电流和电磁转矩均为零，转子便不可能继续以 n 的转速转动。所以转子转速与定子旋转磁场转速两者的步伐不可能一致，即 $n<n_1$，这就是“异步”电动机的含义。

为描述转子的转速 n 与定子旋转磁场转速 n_1 相差的程度，引入转差率 s，它是转差 n_1-n 与同步转速 n_1 的比值，即

$$s=\frac{n_1-n}{n_1} \tag{5-1}$$

式(5－1)也可写成

$$n=(1-s)n_1 \tag{5-2}$$

转差率是分析异步电动机运行情况的重要参数。在电动机起动时，$n=0$，$s=1$；空载时，因克服的阻力很小，故 n 很高，则 s 很小，为0.004～0.007；稳定运行时，n 接近 n_1，s 很小，为0.01～0.07。

任务5.2 三相异步电动机的控制方法

活动5.2.1 三相异步电动机的起动

所谓电动机的起动是指电动机接上电源开始转动到达稳定运行状态之间的过程。异步电动机起动开始时，$n=0$，$s=1$，旋转磁场和静止的转子间的相对切割速度最大，因此转子导体中的电流很大，由于转子电流是从定子绕组内感应而来的，从而使定子绕组中的电流大为增加，达到额定电流的4～7倍，这时定子绕组中的电流称为起动电流。如此大的起动电流会使电网

电压产生波动(特别是大容量电动机起动时),从而影响电网中其他设备的正常工作;如果频繁起动,会使电动机绕组发热,绝缘老化,缩短电动机的使用寿命。因此,为保证电动机顺利起动,既要有足够大的起动转矩,又要采取适当措施把起动电源限制在一定数值内。

1. 笼形异步电动机的直接起动

所谓直接起动,是利用各种开关、磁力起动器、按钮与接触器将电动机定子绕组直接接到额定电压下来起动电动机,也叫全压起动,这种方法设备简单,操作方便,起动迅速,是小型笼形异步电动机最常用的起动方式,缺点是起动电流较大,对电动机及电网有一定的影响。电动机能够直接起动的条件如下。

① 容量在 7.5 kW 以下的三相异步电动机一般均可直接起动。

② 电动机在起动瞬间造成的电网电压降不大于电源电压正常值的 10%,对于不经常起动的电动机可放宽到 15%。如用户有专用的变压器供电,允许频繁起动;小于 30% 时,允许不经常起动。

③ 当电动机的起动电流倍数(即 I_{st}/I_N)满足经验公式

$$\frac{I_{st}}{I_N} < \frac{变压器容量(kVA)}{4 \times 电动机功率(kW)}$$

时,可直接起动。

2. 笼形异步电动机的降压起动

降压起动,是指电动机在起动时减低加在绕组上的电压,起动到一定转速时再加额定电压,直至转速稳定为止的起动方式。降压起动的目的是降低电动机的起动电流,但在限制起动电流的同时,起动转矩也受到限制,因此它只适用于轻载或空载起动。常用的起动方法有Y-△降压起动和自耦变压器降压起动。

Y-△降压起动只适用于定子绕组为三角形连接,且三相绕组有头尾共 6 个引出端的三相笼形异步电动机。原理接线如图 5-13 所示。

起动时先将转换开关手柄 S2 置于起动位置,定子绕组接成Y形连接,然后合上电源开关 S1 进行起动,加在每相定子绕组上的电压为电源线电压的$\frac{1}{\sqrt{3}}$,因此起动电流较小,待转速上升至一定值后,迅速将手柄 S2 转到运行位置,电动机定子绕组接成△形接法,这时加在每相绕组上的电压为线电压,使电动机在全压下运行。

用Y-△降压起动时,起动电流为直接采用△形接法起动电流的 1/3,所以对降低起动电流很有效,但起动转矩也只有用△形接法直接起动时的 1/3,故只能用在轻载或空载起动的设备上。Y-降压起动设备简单,操作方便,动作可靠,使用寿命长。目前,我国生产的Y系列三相笼形异步电动机,凡功率在 4 kW 及以上者,均设计成 380 V 的△形连接,因此,此起动方法得到广泛应用。

活动 5.2.2 三相异步电动机的反转与调速

三相异步电动机的转子转向取决于定子旋转磁场的转向,并且两者的转向相同。所以将接在定子绕组上的三根电源线中的任意两根对调,改变接入电动机电源的相序,使旋转磁场反转即可。如图 5-14 所示是利用倒顺开关 S 来实现电动机正、反转的原理线路图。当 S 向右合闸时,电源 L1 相接电动机首端 U1、L2 相接 V1、L3 相接 W1,电源为顺相序 L1-L2-L3,假定此时电动机为正转,当 S 向左合闸时,L1 相接 V1、L2 相接 U1,而 L3 仍然接 W1,电源变成逆相序 L2 - L1 - L3，则旋转磁场反向，电动机随之反转。注意：当正转未完全停止时，倒顺开关 S 向左合闸，使电动机反转时，反转的起动电流会非常大。

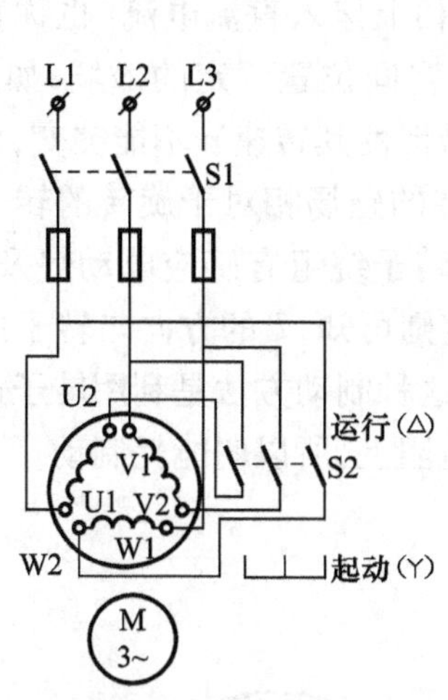
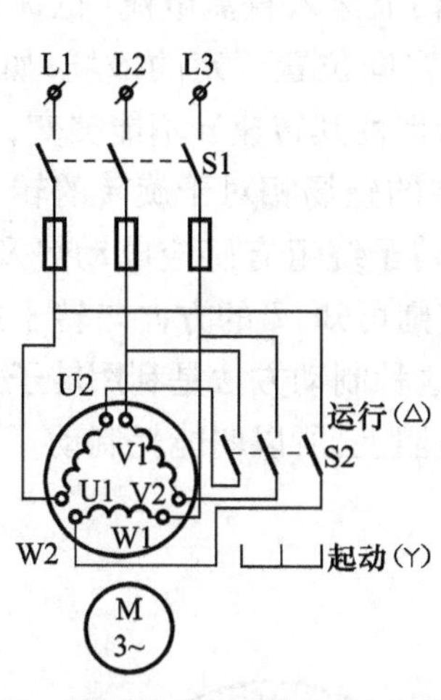

图 5 - 13　笼形异步电动机 Y - △降压起动

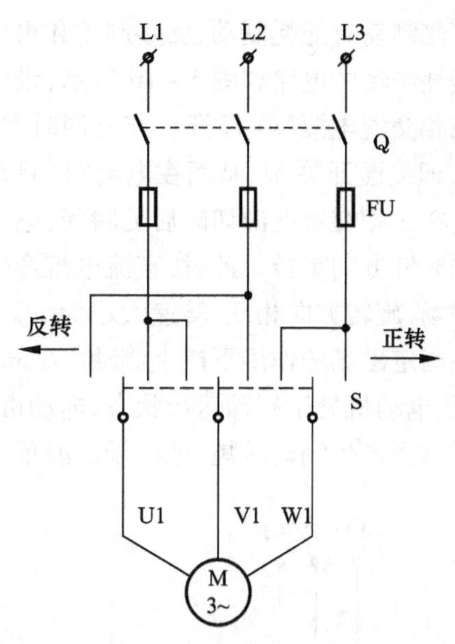

图 5 - 14　利用倒顺开关实现电动机正、反转

三相异步电动机的调速：为了适应实际应用的需要，许多生产机械在工作过程中都需要调速，所谓调速即是用人为的方法来改变电动机的转速。

由异步电动机转差率的公式得

$$n = (1 - s)n_1 = (1 - s)60f_1/P \qquad (5 - 3)$$

可知，三相异步电动机的调速方法有：变极(P)调速、变频(f_1)调速、变转差率(s)调速。

活动 5.2.3　三相异步电动机的制动

制动时刹车：当电动机断电后，由于电动机及生产机械的惯性，要经过一段时间才能停转。为了提高生产效率及保证安全，常要求电动机能迅速而准确地停止转动，这就需要对电动机进行制动。三相异步电动机的制动有机械制动和电气制动两类。

1. 机械制动

机械制动通常利用电磁抱闸制动器来实现。电磁抱闸结构如图 5 - 15 所示，它由电磁铁部分及闸瓦制动器两大部分组成。电磁铁主要由电磁线圈和铁芯组成，闸瓦制动器包括弹簧、闸轮、杠杆、闸瓦和轴等，闸轮和电动机同轴。

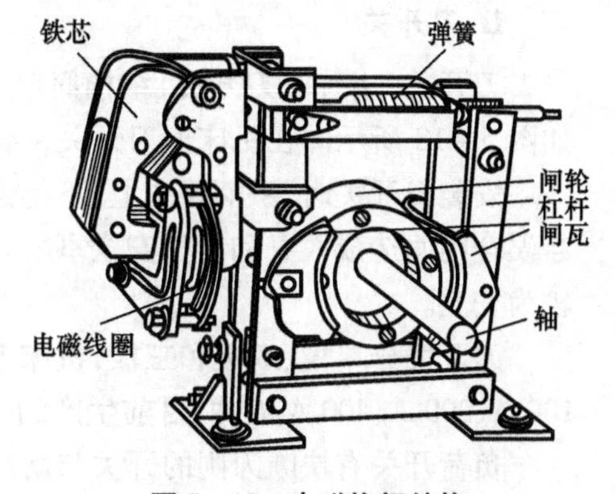

图 5 - 15　电磁抱闸结构

电动机起动时，电磁抱闸的线圈同时通电，电磁铁吸合，克服弹簧的拉力，迫使杠杆向外张开，使闸瓦和闸轮松开，电动机就正常运转。切断电动机电源时，抱闸线圈同时断电，电磁铁释放，在弹簧拉

力的作用下，杠杆向里运动，使闸瓦紧紧抱住闸轮，闸轮迅速停转，电动机也同时停转。

2. 电气制动

电气制动有能耗制动、反接制动和再生制动三种。

能耗制动的电路如图 5－16 所示，设电动机按顺时针方向转动，三相异步电动机定子绕组切断三相交流电源（S1 断开），与此同时在定子绕组任意两相上接入直流电流（也称直流励磁电流），即接通开关 S2，从而在电动机内形成一个不旋转的空间位置固定的磁场，如图 5－17 所示。在三相交流电源切断后的瞬间，电动机转子由于机械惯性其转速 n 不能突变，而继续维持原顺时针方向旋转。此时，直流电流产生的空间固定不转的磁场相对于旋转的转子是一个旋转磁场，旋转方向相反，转速大小为 n。这种相对运动使转子绕组有感应电动势及电流，该电流在固定磁场的作用下产生制动电磁转矩 T，根据左手定则可知，T 的方向与转子的旋转方向相反，电动机处于制动运行状态，电动机转速下降为零。这种制动方法是利用转子惯性转动切割磁通而产生制动转矩，把转子的能量消耗在转子回路电阻上，所以叫能耗制动。

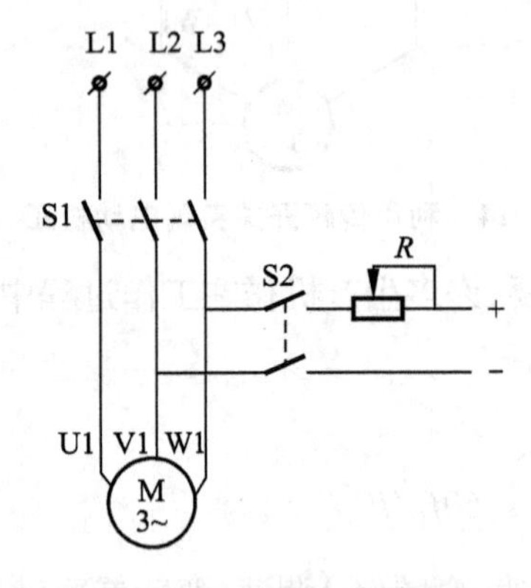

图 5－16　三相异步电动机能耗制动

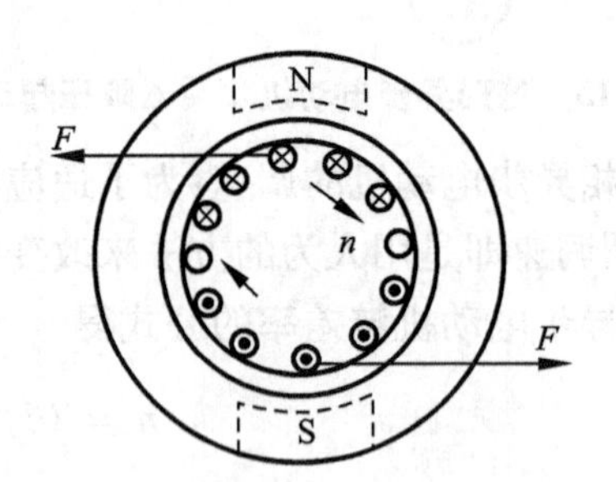

图 5－17　能耗制动原理

 任务 5.3　常用低压电器

活动 5.3.1　开关电器

1. 刀开关

刀开关（俗称闸刀开关）结构简单，由操作手柄、刀片、触电座和底板等组成。外形与结构如图 5－18 所示。在机床上刀开关主要用来接通和断开长期工作的设备电源。

安装刀开关时，手柄要向上，不得倒装或平装。如果倒装，拉闸后手柄可能因自重下落，引起误合闸而造成人身和设备安全事故。接线时，应将电源线接在上端，负载线接在下端，这样较为安全。

刀开关分单极、双极和三极，机床上常用的三极开关长期允许通过的电流有 30 A、60 A、100 A、200 A、400 A 五种，目前生产的产品常用的型号有 HD（单位）和 HS（双位）等系列型号。

负荷开关有快断刀闸的开关与熔断器组合在一起的封闭式负荷开关，常用来控制小容量异步电动机的不频繁起动和停止，常用型号有 HH4 系列。

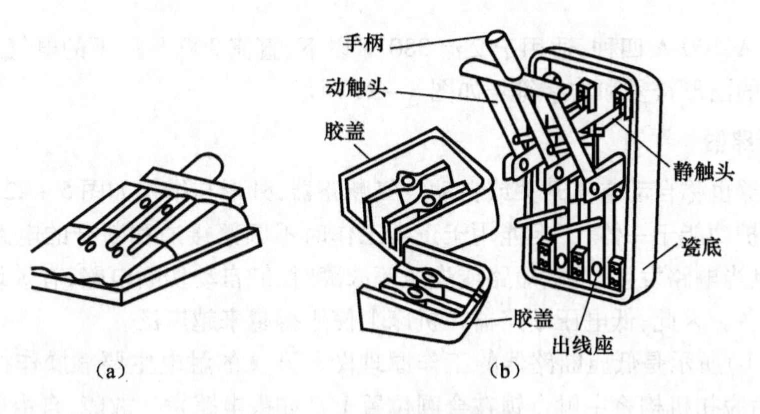

图 5-18　刀开关示意图

(a) 外形;(b) 内部结构

刀开关主要根据电源种类、电压等级、电动机容量、所需极数及使用场合来选用。若用来控制不经常起停的小容量异步电动机时,其刀开关额定电流不要小于电动机额定电流的三倍。

在电气原理图中,刀开关的图形符号及文字符号如图 5-19 所示。

2. 组合开关

组合开关又叫转换开关,它体积小,触点对数多,接线方式灵活,操作方便,主要用作电源的引入开关,所以也称电源隔离开关。组合开关的外形与结构如图 5-20 所示。它也可以起停 5 kW 以下的异步电动机,但每小时的接通次数不宜超过 15 ~20 次,开关的额定电流一般取电动机额定电流的 1.5 ~2.5 倍。

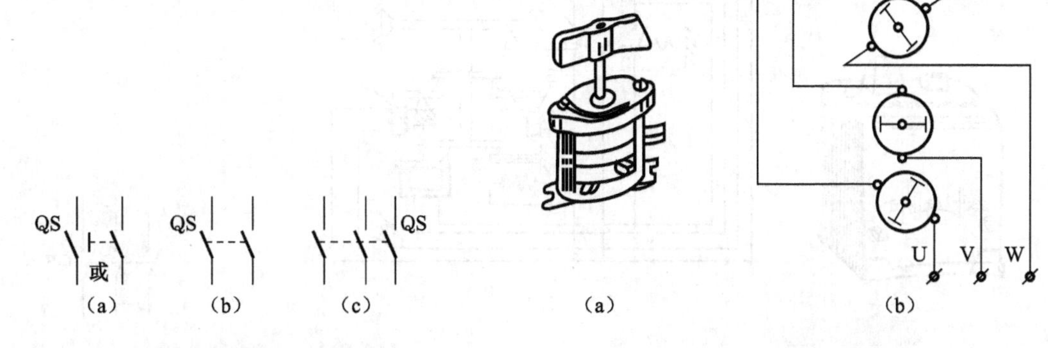

图 5-19　刀开关的图形符号及文字符号

(a) 单极;(b) 双极;(c) 三极

图 5-20　组合开关示意图

(a) 外形;(b) 结构

转换开关有单极、双极和多极之分。它是由单个或多个单极旋转开关叠装在同一根方形转轴上组成的,在开关的上部装有定位机构,它能使触片处在一定的位置上,其结构示意图如图 5-21 所示。

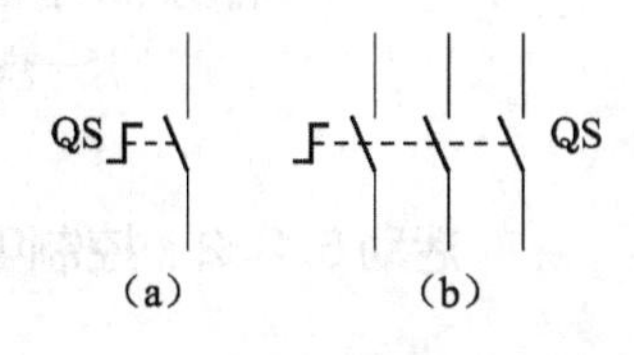

图 5-21　组合开关的图形符号和文字符号

(a) 单极;(b) 三极

转换开关主要根据电源种类、电压等级、所需触电及电动机容量进行选用。转换开关的常用产品有 HZ5、HZ10 系列。HZ5 系列额定电流有 10 A、20 A、40 A、60 A 四种。HZ10 系列额定电流有

10 A、25 A、60 A、100 A 四种，适用于交流 380 V 以下、直流 200 V 以下的电气设备中。

组合开关的图形符号和文字符号如图 5 - 21 所示。

3. 低压断路器

低压断路器也称自动空气开关或自动空气断路器，外形与结构如图 5 - 22(a)所示。它集控制和多种保护功能于一体，不但能用于正常工作时不频繁接通和断开的电路以及控制电动机的运行，而且当电路发生过载、短路或失压等故障时，能自动切断电路，有效地保护串接在它后面的电气设备。因此，低电压断路器在机床上使用得越来越广泛。

图 5 - 22(b)所示是低压断路器的工作原理图。开关的触电主要靠操作机构手动或电动合闸，并由自由脱扣机构将主触点锁在合闸位置上。如果电路发生故障，自由脱扣机构在有关脱扣器的推动下动作，使钩子脱开，于是主触点在弹簧作用下迅速分断。过电流脱扣器的线圈和热脱扣器的热元件与主电路串联，失压脱扣器的线圈与电路并联。当电路发生短路或严重过载时，过电流脱扣器的衔铁被吸合，使自由脱扣器机构动作。当电路过载时，热脱扣器的热元件产生的热量增加，使双金属片向上弯曲，推动自由脱扣机构动作。当电路失压时，失压脱扣器的衔铁释放，也使自由脱扣机构动作。分励脱扣器则作为远距离控制分断电路之用。

机床上常用的低压断路器有 DZ10、DZ5 - 20 和 DZ5 - 50 系列，适用于交流电压 500 V、直流电压 220 V 以下的电路中，作不频繁的接通和断开电路用。

在选择低压断路器时，其额定电压和额定电流应不小于电路正常工作的电压和电流。热脱扣器的整定电流与所控制的电动机的额定电流或负载额定电流一致。

低压断路器的图形符号及文字符号如图 5 - 23 所示。

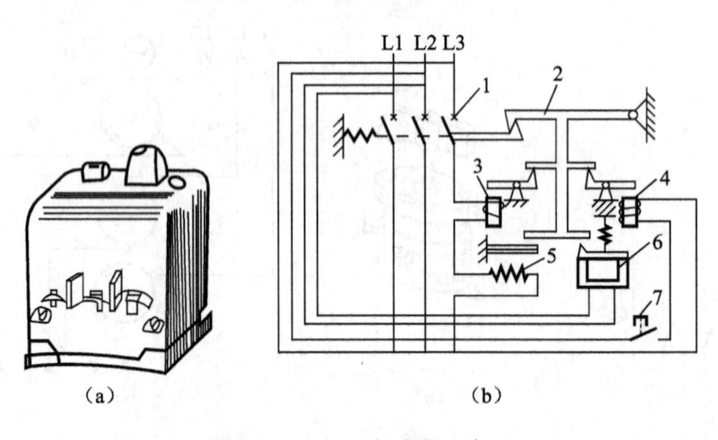

图 5 - 22　低压断路器示意图

(a) 外形；(b) 结构

1—主触头；2—自由脱扣机构；3—过电流胶扣器；4—分励脱扣器；
5—热脱扣器；6—失压脱扣器；7—按钮

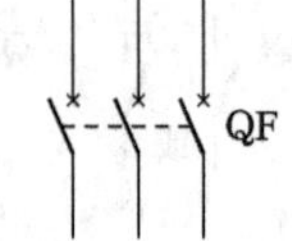

图 5 - 23　低压断路器的图形符号及文字符号

活动 5. 3. 2　控制电器

1. 按钮

按钮通常用作短时接通或断开小电流控制电路的开关。由于按钮的触点允许通过的电流较小，一般不超过 5 A，因此一般情况下它不直接控制主电路的通断，而是在控制电路中发出指令或信号去控制接触器、继电器等电器，再由它们去控制电路的通断、功能转换或电气联锁。

按钮是由按钮帽、复位弹簧、桥式触点和外壳等组成。按钮的触点按静态时的分合状态，可分为常开触点、常闭触点。通常按钮制成具有常开触点和常闭触点的复合式结构，其结构示意图如图 5－24 所示。指示灯式按钮内安装入信号灯显示信号；紧急式按钮装有蘑菇形按钮帽，以便于紧急操作。旋转式按钮是用手扭动旋转来进行操作的。

按钮的额定电压为交流 380 V、直流 220 V、额定电流 5 A。在机床上常用的有 LA2(老产品)、LA18、LA19 及 LA20 等系列。按钮帽有多种颜色，一般红色用作停止按钮，绿色用作起动按钮。按钮主要根据所需要的触点数、使用场合及颜色来选择。

按钮的图形符号及文字符号如图 5－25 所示。

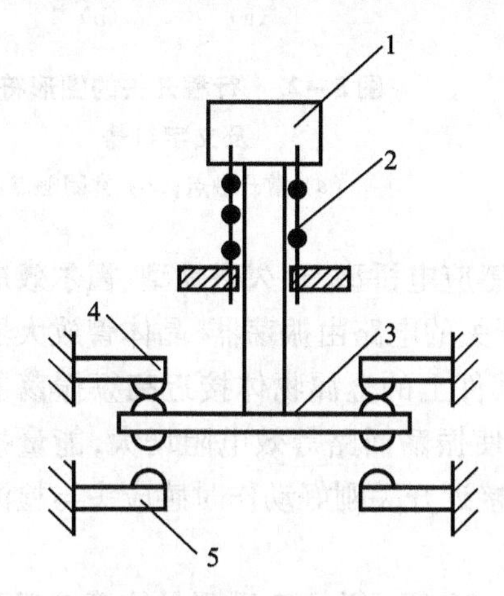

图 5－24　按钮示意图

1—按钮帽；2—复位弹簧；3—动触点；4—常闭静触点；5—常开静触点

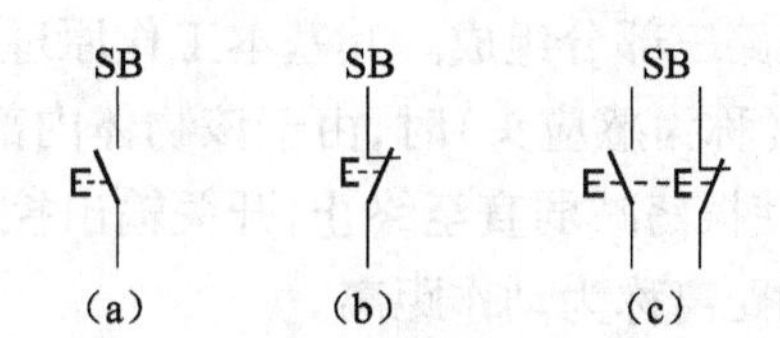

图 5－25　按钮的图形符号及文字符号

(a) 常开触点；(b) 常闭触点；(c) 复式触点

2. 行程开关

行程开关又称限位开关，是根据运动部件位置而切换电路，以控制其运动方向和行程的自动控制电器。其作用原理与按钮相同，区别在于它不是靠手指的按压而是利用生产机械运动部件的碰压使其触点动作，从而将机械信号转变为电信号，用以控制机械动作或用作程序控制。动作时，由挡块与行程开关的滚轮碰撞，使触点接通或断开，用来控制运动部件的运动方向、行程大小或位置保护。行程开关有机械式和电子式两种，机械式常见的有按钮式和滑轮式两种。机床上常用的有 LX2、LX19、JXW－11、JLXW1－11 型微动开关等。

LX19 及 JLXK1 型行程开关都备有常开、常闭两对触点，并有自动复位(单轮式)和不能自动复位(双轮式)两种类型，如图 5－26 所示。

LXW－11 及 JLXW1－11 型是微动开关，体积小，动作灵敏，在机床中使用较多。

普通行程开关允许操作频率为每小时 1 200～2 400 次，机电寿命为 1×10^6～2×10^6 次。行程开关主要根据机械位置对开关的要求及触点数目的要求来选择型号。

行程开关的图形符号及文字符号如图 5－27 所示。

3. 接近开关

行程开关是有触点开关，在操作频繁时，容易产生故障，工作可靠性较低。接近开关是无

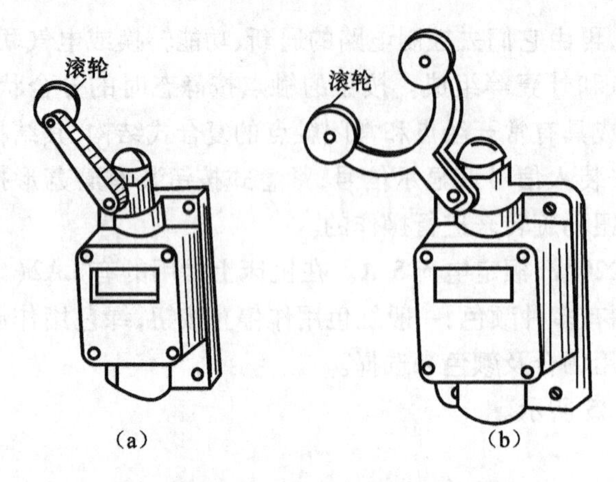

图 5－26　LX19 型行程开关外形图

(a) 单轮旋转式;(b) 双轮旋转式

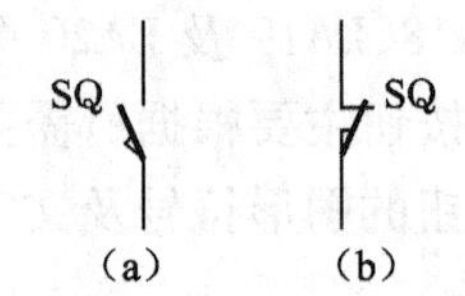

图 5－27　行程开关的图形符号及文字符号

(a) 常开触点;(b) 常闭触点

触点开关,按工作原理来区分,有高频振荡型、电容型、感应电桥型、永久磁铁型、霍尔效应型等多种,其中以高频振荡型最为常用。高频振荡型接近开关的电路由振荡器、晶体管放大器和输出电路三部分组成。其基本工作原理是:当装在运动部件上的金属物体接近高频振荡器的线圈 L(称为感应头)时,由于该物体内部产生涡流损耗,使振荡回路等效电阻增大,能量损耗增加,使振荡减弱直至终止,开关输出控制信号。通常把接近开关刚好动作时感应头与检测体之间的距离称为动作距离。

常用的接近开关有 LJ1、LJ2 和 JXJ0 系列。如图 5－28 所示为 LJ2 系列晶体管接近开关电路原理图。此开关的振荡器是由晶体管 V_1、振荡线圈 L 和电容 C_1、C_2 和 C_3 组成的电容三点式振荡器。振荡器的输出加到晶体管 V_2 的基极上,经 V_2 放大及二极管 VD_1、VD_2 整流电路有电压输出,V_3 导通,故 V_4 截止,V_5 导通,V_6 截止,开关无输出。当金属物体靠近开关感应头到达动作距离时,致使振荡回路的振荡减弱至终止振荡,这时 VD_1、VD_2 整流电路无输出电压,则 V_3 截止,使 V_4 导通,V_5 截止,V_6 导通并有信号输出。

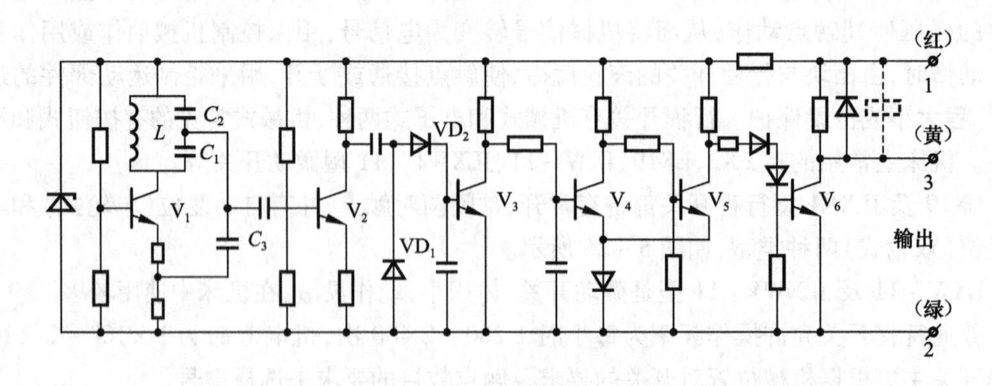

图 5－28　LJ2 系列晶体管接近开关电气原理图

接近开关因具有工作稳定可靠、使用寿命长、重复定位精度高、操作频率高、动作迅速等优点,故应用越来越广泛。接近开关的图形符号及文字符号如图 5－29 所示。

活动5.3.3　熔断器

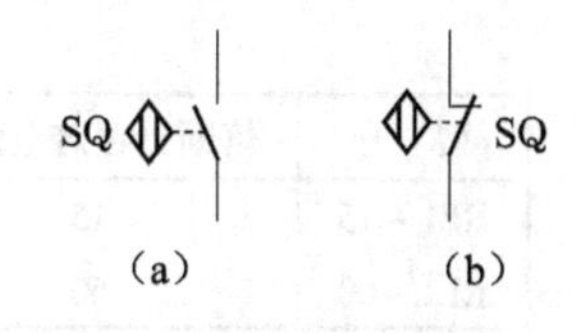

图5－29　接近开关的图形符号及文字符号

(a) 常开触头；(b) 常闭触头

熔断器广泛应用于低压配电网络和电子拖动系统中，主要用作短路保护。熔断器串接在所保护的电路中，当电路发生短路或严重过载时，它的熔体能自动迅速熔断，从而切断电路，使导线和电气设备不致损害。

熔断器主要由熔体（俗称保险丝）和安装熔体的熔管（或熔座）两部分组成。熔体一般由熔点低、易于熔断、导电性能良好的合金材料制成。在小电流的电路中，常用铅合金或锌做成的熔体（熔丝）。对大电流的电路，常用铜或银作成片状或笼状的熔体。在正常负载情况下，熔体温度低于熔断所必需的温度，熔体不会熔断。当电路发生短路或严重过载时，电流变大，熔体温度达到熔断温度而自动熔断，切断被保护的电路。熔体为一次性使用元件，再次工作时必须换成新的熔体。

熔断器的类型及常用产品有瓷插（插入）式、螺旋式和密封管式三种。机床电气线路中常用的是RL1系列螺旋式熔断器及RC1系列插入式熔断器，它们的结构如图5－30及图5－31所示。技术数据分别见表5－3及表5－4。RL1系列螺旋式熔断器主要由瓷帽、熔断管、瓷套、上接线座、下接线座及瓷座等部分组成。该系列熔断器的熔断管内，在熔丝的周围填着石英砂以增强灭弧性能，熔丝焊在瓷管两端的金属盖上，其中一端标有颜色的是色点，当熔丝熔断时，色点自动脱落，此时只需更换同规格的熔断管即可。RC1系列插入式熔断器由瓷座、瓷盖、动触点、静触点及熔丝五部分组成。该系列熔断器结构简单，更换方便、价格低廉，一般在交流50 Hz、额定电压380 V及以下、额定电流200 A及以下的低压线路末端或分支电路中使用。

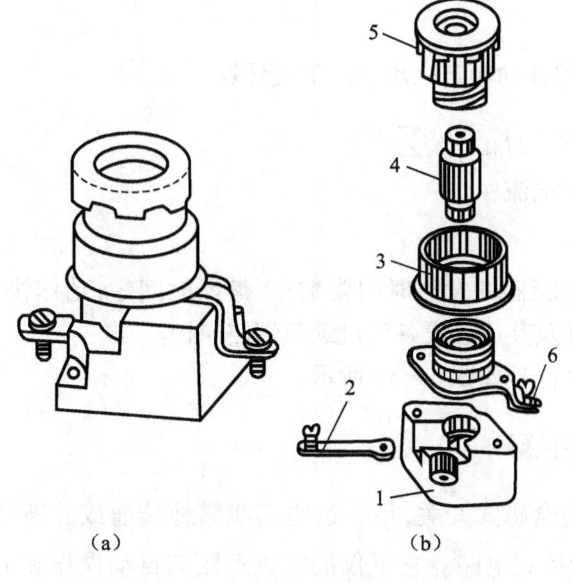

图5－30　RL1系列螺旋式熔断器

(a) 外形；(b) 结构

1—机座；2—下接线座；3—瓷套；4—熔断管；

5—瓷帽；6—上接线座

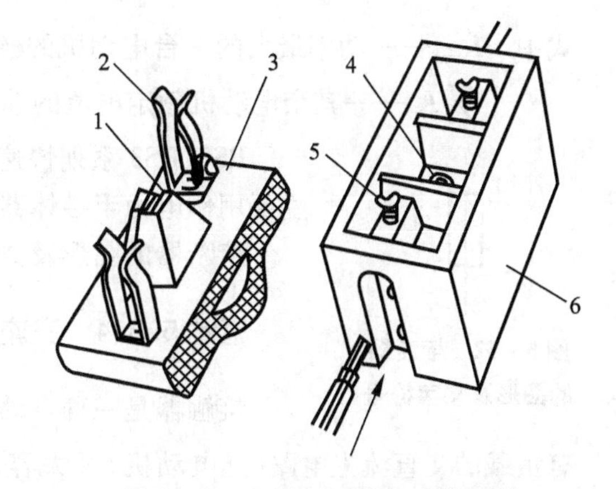

图5－31　RC1系列插入式熔断器

1—熔丝；2—动触点；3—瓷盖；4—空腔；

5—静触点；6—瓷座

表 5-3　RL1 系列螺旋式熔断器的技术数据

型　号	熔断器额定电流/A	熔体额定电流/A	型　号	熔断器额定电流/A	熔体额定电流/A
RL1-15	15	2,4,6,10,15	RL1-100	100	60,80,100
RL1-60	60	20,25,30,35,40,50,60	RL1-200	200	100,125,150,200

表 5-4　RC1 系列插入式熔断器的技术数据

型　号	熔断器额定电流/A	熔体额定电流/A	型　号	熔断器额定电流/A	熔体额定电流/A
RC1-10	10	1,4,6,10	RC1-100	100	80,100
RC1-15	15	6,10,15	RC1-200	200	120,150,200
RC1-30	30	20,25,30			

选择熔断器主要是选择熔断器的类型、额定电压、额定电流及熔体额定电流。熔断器的类型应根据线路要求和安装条件来选择。熔断器的额定电压应大于或等于线路的工作电压。熔断器的额定电流应该大于或等于熔体的额定电流。熔体额定电流的选择是熔断器选择的核心,其选择方法如下。

对于照明线路等没有冲击电流的负载,应使熔体的额定电流等于或稍大于电路的工作电流,即

$$I_{fu} \geqslant I$$

式中　I_{fu}——熔体的额定电流;

I——电路的工作电流。

对于电动机类负载,应考虑起动冲击电流的影响,应按下式计算

$$I_{fu} \geqslant (1.5 \sim 2.5) I_N$$

式中　I_N——电动机额定电流。

对于多台电动机,由一个熔断器保护时,熔体的额定电流应按下式计算

$$I_{fu} \geqslant (1.5 \sim 2.5) I_{Nmax} + \sum I_N$$

式中　I_{Nmax}——功率最大的一台电动机的额定电流;

$\sum I_N$——其余电动机额定电流的总和。

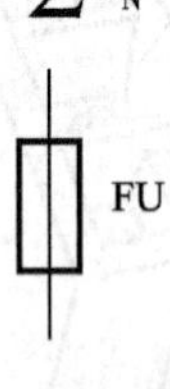

RS0、RS3 系列快速熔断器的发热时间常数小,熔断时间短,动作快,主要用作电力半导体器件及其成套设备的过载及短路保护。

熔断器的图形及文字符号如图 5-32 所示。

FU

图 5-32　熔断器的图形及文字符号

活动 5.3.4　交流接触器

接触器是一种自动的电磁式开关,用于远距离频繁地接通或分断带有负载的交直流主电路(如电动机)及大容量控制电路。它不仅能实现远距离自动操作和欠电压释放保护功能,而且具有控制容量大,工作可靠,操作频率高,使用寿命长等优点。接触器按其主触点通过电流的种类不同,分为直流、交流两种,机床上应用最多的是交流接触器,其常用型号有 CJ0、CJ10 CJ20 CJ40 CJ12 和 CJ12B 系列。

交流接触器的结构如图 5－33 所示，它是由电磁机构、触点系统、灭弧装置及其他部件等四部分组成，现分述如下。

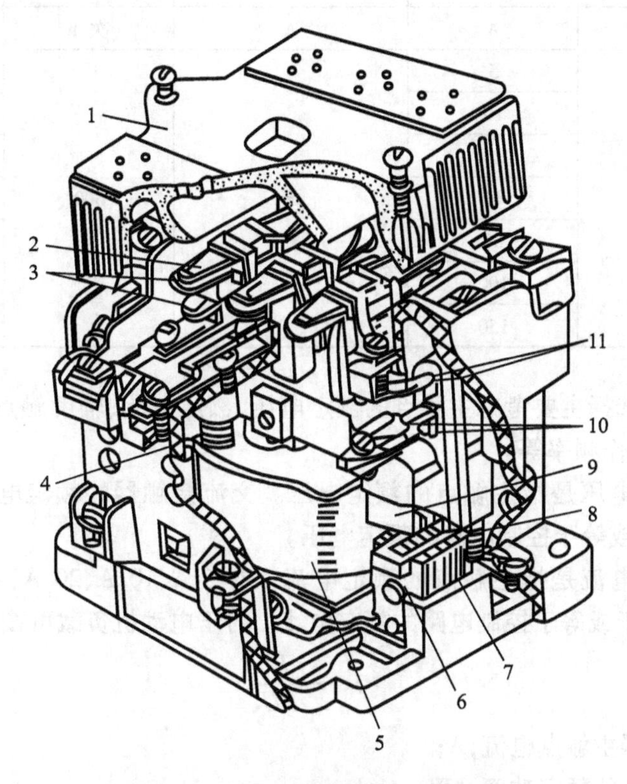

图 5－33　CJ20 系列交流接触器结构

1—灭弧罩；2—触点压力弹簧片；3—主触点；4—反作用弹簧；5—线圈；6—短路环；7—静铁芯；8—弹簧；9—动铁芯；10—辅助常开触点；11—辅助常闭触点

① 电磁机构。电磁机构由线圈、动铁芯（衔铁）和静铁芯组成。对于 CJ0、CJ10 系列交流接触器，大多采用衔铁直线运动的双 E 型直动式电磁机构，CJ20 系列 40 A 以下采用 E 型铁芯，60 A 以上的为 D 型铁芯。而 CJ12、CJ12B 系列交流接触器，采用下衔铁绕轴转动的拍合式电磁机构。

② 触点系统。包括主触点和辅助触点。主触点常为三对，构成三个长开触点，用于通断主电路。辅助触点一般常开、常闭各两对，用在控制电路中起电气自锁或互锁作用。

③ 灭弧装置。当触点断开大电流时，在动、静触点间产生强烈电弧，会烧坏触点并使切断时间拉长。为使接触器可靠工作，必须使电弧迅速熄灭，故要采用灭弧装置。容量在 10 A 以上的接触器都有灭弧装置。

④ 其他部件。包括反作用弹簧、触点压力弹簧、机构及外壳等。

交流接触器的工作原理是当线圈通电后，线圈中流过的电流产生磁场，使铁芯产生足够大的吸力，克服反作用力，将衔铁吸合。通过传动机构带动触点系统动作，使常闭触点断开，常开触点闭合。当接触器线圈断电或电压显著下降时，由于电磁吸力消失或过小，衔铁在反作用弹簧力的作用下释放，触点系统随之复位。

接触器的型号，如 CJ10－20，其中 CJ 表示交流接触器，10 表示设计序号，20 表示主触点额定电流为 20 A。CJ10 系列接触器的技术数据见表 5－5。

表 5-5　CJ10 系列交流接触器技术数据

型　号	触点额定电压	主触点额定电流	辅助触点额定电流	额定操作频率	可控制电动机功率/kW	
	V	A	A	次/h	220 V	380 V
CJ10-5	500	5	5	600	1.2	2.2
CJ10-10		10			2.5	4
CJ10-20		20			5.5	10
CJ10-40		40			11	20
CJ10-60		60			17	30
CJ10-100		100			30	50
CJ10-150		150			43	75

交流接触器的选择主要考虑主触点的额定电压、额定电流、辅助触点的数量与种类、吸引线圈的电压等级、操作频率等。

接触器的额定电压是指主触点的额定电压。交流接触器的额定电压，一般为 500 V 或 380 V 两种，应大于或等于控制电路的额定电压。

接触器的额定电流是指主触点的额定电流。有 5 A、10 A、20 A、40 A、60 A、100 A 和 150 A等几种，应大于或等于控制电路的额定电流。对于电动机负载可按下列经验公式计算

$$I_C = \frac{P_N}{KU_N}$$

式中　I_C——接触器主触点电流，A；

P_N——电动机的额定功率，kW；

K——经验系数，一般取 1~1.4 倍。

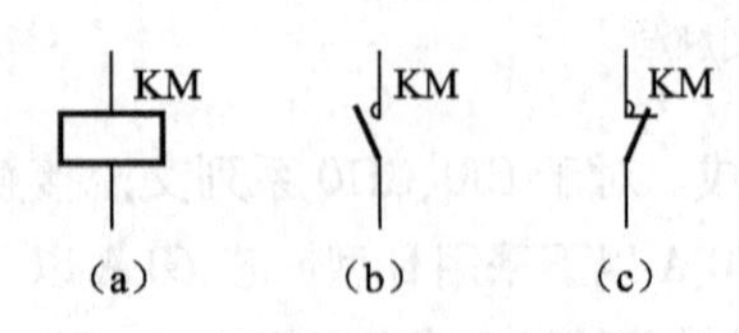

图 5-34　接触器的图形符号和文字符号

(a) 线圈；(b) 常开触点；(c) 常闭触点

当控制线路复杂，使用电器超过 5 个，接触器吸引线圈的额定电压从安全角度考虑，应选择得低一些，如 127 V。但当控制的电路简单，所用电器不多时，为了节省变压器，可选 380 V。CJ10 系列交流接触器的吸引线圈的额定电压有 36 V、110 V、(127 V)、220 V 和 380 V 四种。

接触器的触点数量和种类应满足主电路和控制线路的需要。

接触器的图形符号和文字符号如图 5-34 所示。

活动 5.3.5　继电器

继电器可根据某种输入信号的变化，接通或断开小电流电路，以实现自动控制和保护电力拖动装置。一般情况下不直接控制电流较大的主电路，而是通过接触器或其他电器对主电路进行控制。继电器的输入信号可以是电流、电压等电量，也可以是温度、速度、时间、压力等非电量，而输出通常是触点的动作。

继电器的种类多，按输入信号的性质分为：电压继电器、电流继电器、时间继电器、温度继电器、速度继电器、压力继电器等。按工作原理可分为：电磁式继电器、感应式继电器、电动式继电器、热继电器和电子式继电器等。由于电磁式继电器具有工作可靠、结构简单、制造方便、

寿命长等一系列的优点,故在电气控制系统中应用广泛。

1. 电磁式继电器

电磁式继电器按吸引线圈电流的种类不同,有直流和交流两种。其结构及工作原理与接触器相似,但因继电器一般用来接通和断开控制电路,故触点电流容量较小(一般为5A以下)。如图5-35所示为JT3系列直流电磁式继电器结构示意图,弹簧4调得越窄,则吸引电流(电压)和释放电流(电压)就越大,而吸引值不变。可通过调节螺母5与调节螺钉6来整定继电器的吸引值和释放值。

图5-36为电磁式继电器的一般图形符号。

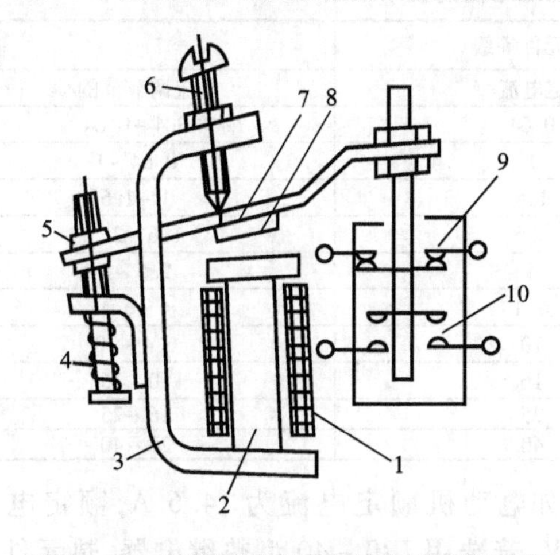

图5-35 JT3系列直流电磁式继电器结构

1—线圈;2—铁芯;3—磁轭;4—弹簧;5—调节螺母;6—调节螺钉;7—衔铁;8—非磁性垫片;9—常闭触点;10—常开触点

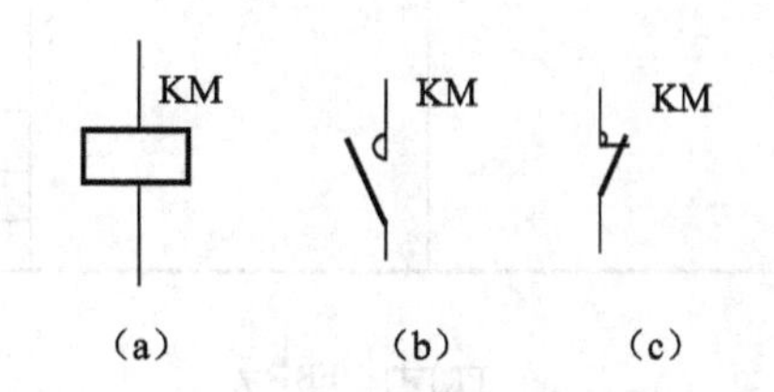

图5-36 电磁式继电器的一般图形符号

(a) 线圈;(b) 常开触点;(c) 常闭触点

2. 热继电器

热继电器是利用流过继电器的电流所产生的热效应而反时限动作的继电器。所谓反时限动作,是指电器的延时动作时间随通过电路电流的增加而缩短。热继电器主要用于电动机的过载保护、断相保护及其他电气设备发热状态的控制。

热继电器主要由热元件、动作机构和触点系统、电流整定装置、温度补偿元件和复位机构等几个部分组成,它的原理如图5-37所示。图中1是热元件,是一段电阻不大的电阻丝,接在电动机的主电路中。2是双金属片,是由两种不同线膨胀系数的金属碾压而成。图中下层金属的线膨胀系数大,上层金属的膨胀系数小。当电动机过载时,流过热元件的电流增大,热元件产生的热量使双金属片向上弯曲,经过一定时间后,弯曲位移增大,因而脱扣,扣板3在弹簧4的拉力作用下,将常闭触点5断开。触点5是串接在电动机的控制电路中的,控制电路断开使接触器的线圈断电,从而断开电动机的主电路。若要使热机电复位,则按下复位按钮6即可。

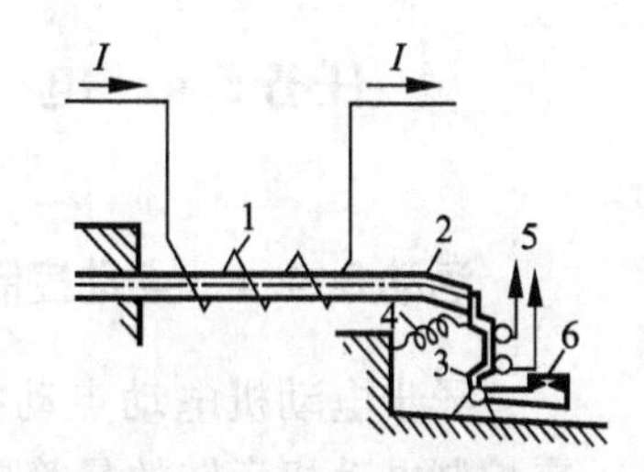

图5-37 热继电器原理

1—热元件;2—双金属片;3—扣板;4—弹簧;5—常闭触点;6—复位按钮

热继电器整定电流的大小可通过旋转电流整定旋钮来调节,旋钮上刻有整定电流值标尺。所谓热继电器的整定电流,是指热继电器连续工作而不动作的最大电流,超过整定电流,热继电器将在负载末端达到其允许的过载极限之前动作。

热继电器由于热惯性，当电路短路时不能立即动作，使电路立即断开，因此不能做短路保护。同理，在电动机起动或短时过载时不会动作，这可避免电动机不必要的停转。

常用的热继电器有 JR0 及 JR10 系列。表 5 - 6 是 JR0 - 40 型热继电器的技术数据。它的额定电压为 500 V，额定电流为 40 A，它可以配用 0.64 ~ 40 A 范围内 10 种电流等级的热元件。每一种电流等级的热元件，都有一定的电流调节范围，一般应调节到与电动机额定电流相等，以便更好地起到过载保护作用。

表 5 - 6　JR0 - 40 型热继电器的技术数据

型　号	额定电流/A	热元件等级	
		额定电流/A	电流调节范围/A
JR0 - 40	40	0.64	0.4 ~ 0.64
		1	0.64 ~ 1
		1.6	1 ~ 1.6
		2.5	1.6 ~ 2.5
		4	2.5 ~ 4
		6.4	4 ~ 6.4
		10	6.4 ~ 10
		16	10 ~ 16
		25	16 ~ 25
		40	25 ~ 40

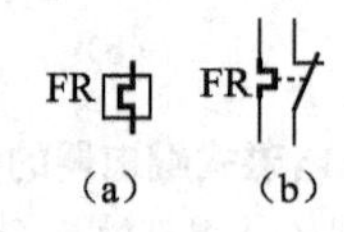

图 5 - 38　热继电器的图形符号及文字符号

(a) 热元件；(b) 常闭触点

如电动机额定电流为 14.6 A，额定电压为 380 V，若选用 JR0 - 40 型热继电器，热元件电流等级为 16 A，由表 5 - 6 可知，电流调节范围为 10 ~ 16 A，因此可将其电流整定为 14.6 A。热继电器的图形及文字符号如图 5 - 38 所示。

任务 5.4　电气控制系统

活动 5.4.1　点动控制

异步电动机电动点动控制线路是用按钮、接触器来控制电动机运转的最简单的点动控制线路。接线示意图如图 5 - 39 所示。

所谓点动控制是指：按下按钮，电动机就得电运转；松开按钮，电动机就失电停转。这种控制方法常用于电动葫芦的起重电动机控制和车床拖板箱快速移动的电动机控制。

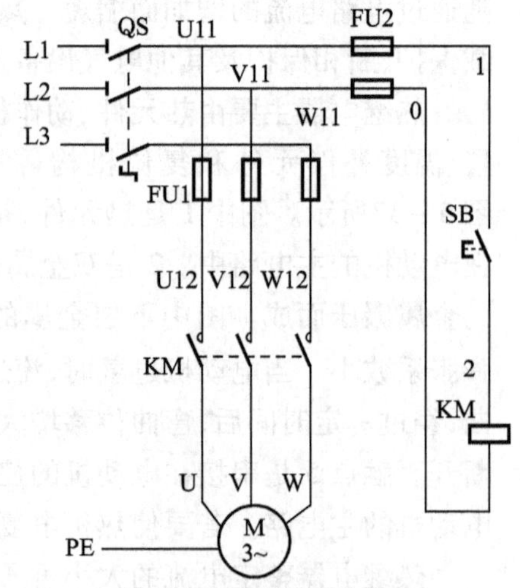

图 5 - 39　异步电动机电动点动控制线路

由图 5 - 39 可以看出，电动点动控制线路是由转换开关 QS、熔断器 FU1、熔断器 FU2、起动按钮 SB、接触器 KM 及电动机 M 组成。其中以转换开关 QS 作电源隔离开关，熔断器作短路保护，起动按钮 SB 控制接触器 KM 的线圈得电、失电,接触器 KM 主触点控制电动机 M 的起动与停止。

线路工作原理如下:当电动机 M 需要点动时,先合上转换开关 QS,此时电动机 M 尚未接通电源。按下起动按钮 SB,接触器 KM 的线圈得电,使衔铁吸合,同时带动接触器 KM 的三对主触点闭合,电动机 M 便接通电源起动运转。当电动机需要停转时,只要松开起动按钮 SB,使接触器 KM 的线圈失电,衔铁在复位弹簧作用下复位,带动接触器 KM 的三对主触头恢复断开,电动机 M 失电停转。

电动正转控制线路的工作原理可叙述如下:先合上电源开关 QS。

起动:按下起动按钮 SB→接触器 KM 线圈得电→KM 主触点闭合→电动机 M 起动运转。

停止:松开起动按钮 SB→接触器 KM 线圈失电→KM 主触点断开→电动机 M 起动停转。

停止使用时,断开电源开关 QS。

活动 5.4.2 单向运行控制

1. 接触器自锁正转控制线路

在要求电动机起动后能连续运转时,采用点动正转控制线路显然就不行了,因为要使电动机 M 连续运转,起动按钮 SB 就不能断开,这显然是不符合生产实际要求了。为实现电动机的连续运转,可采用如图 5-40 所示的接触器自锁正转控制线路。这种线路的主电路和电动控制线路的主电路相同,但在控制电路中又串接了一个停止按钮 SB2,在起动按钮 SB1 的两端并接了接触器 KM 的一对常开辅助触点。

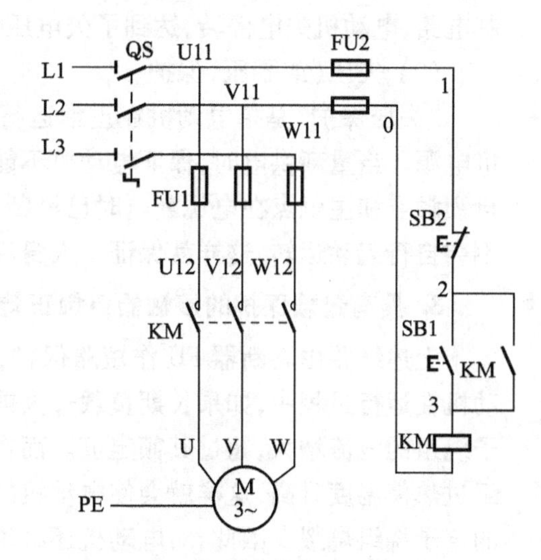

图 5-40 接触器自锁正转控制线路

线路的工作原理如下。先合上电源开关 QS;

起动:按下起动按钮SB1→KM线圈得电→KM常开辅助触点闭合、KM主触点闭合→电动机M起动连续运转

当松开 SB1,其常开触点恢复分断后,因为接触器 KM 的常开辅助触点闭合时已将 SB1 短接,控制电路仍保持接通,以使接触器 KM 继续得电,电动机 M 实现连续运转,像这种当松开起动按钮 SB1 后,接触器 KM 通过自身常开辅助触点而使线圈保持得电的作用叫作自锁。与起动按钮 SB1 并联起自锁作用的常开辅助触点叫作自锁触点。

停止:按下停止按钮SB2→KM线圈失电→KM自锁触点分断、KM主触点分断→电动机M失电停转

当松开 SB2,其常闭触点恢复闭合后,因接触器 KM 的自锁触点在切断控制电路时已分断,解除了自锁,SB1 也是分断的,所以接触器 KM 不能得电,电动机 M 也不会转动。接触器自锁控制线路不但能使电动机连续运转,而且还具有欠压和失压(或零压)的保护作用。

2. 欠压和失压(或零压)保护

(1) 欠压保护

“欠压”是指线路电压低于电动机工作时的额定电压。“欠压保护”是指当线路电压下降到某一数值时,电动机能自动脱离电源停转,避免电动机在欠压下运行的一种保护。因为当线路电压下降时,电动机的转矩随之减小,电动机的转速也随之降低,从而使电动机的工作电流增大,影响电动机的正常运行,电压下降严重时还会引起“堵转”(即电动机接通电源但不转动)的现象,以致损坏电动机,发生事故。采用接触器自锁控制线路就可避免电动机欠压运行。这时因为当线路电压下降到一定值(一般低于额定电压85%以下)时,接触器线圈两端的电压也同样下降到此值,从而使接触器线圈磁通减弱,产生的电磁吸力减小。当电磁吸力小于反作用弹簧的拉力时,动铁芯被迫释放,带动主触点,自锁触点同时断开,自动切断主电路和控制电路,电动机失电停转,达到了欠电压保护的目的。

(2) 失压(或零压)保护

“失压保护”是指电动机在正常运行中,由于外界某种原因引起断电时,能自动切断电动机电源。当重新供电时,保证电动机不能自行起动。采用接触器自锁控制线路后,由于接触器自锁触点和主触点在电源断电时已经断开,使控制电路都不能接通。所以,在电源恢复供电时不会自行起动运转,这样就保证了人身和设备的安全。

3. 具有过载保护的接触器自锁正转控制线路

上述线路由熔断器 FU 作短路保护,由接触器 KM 作欠压和失压保护,但还不够,因为电动机在运行过程中,如果长期负载过大或起动频繁,或者缺相运行等原因,都可能使电动机定子绕组的电流增大,超过其额定值。而在这种情况下,熔断器往往并不熔断,从而引起定子绕组过热使温度升高,这样就会使电动机的绝缘损坏,缩短其使用寿命,严重时甚至会使电动机的定子绕组烧毁。因此,对电动机还必须采取过载保护措施。过载保护是指当电动机出现过载时,能自动切断电动机电源使电动机停转的一种保护。最常用的过载保护是由热继电器来实现的。如图 5-41 所示为具有过载保护的自锁正转控制线路。此线路与接触器自锁正转控制线路的区别是增加了一个热继电器 FR,并把其热元件串接在电动机三相主电路上,把常闭触点串接在控制电路中。

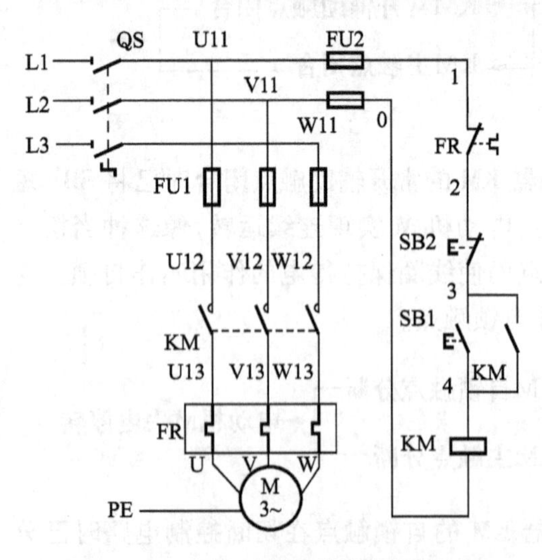

图 5-41 具有过载保护的接触器自锁正转控制线路

如果电动机在运行过程中,由于过载或其他原因使电流超过额定值,那么经过一定时间串接在主电路中的热继电器的热元件因受热发生弯曲,通过动作机构使串接在控制电路中的常闭触点断开,切断控制电路,接触器 KM 的线圈失电,其主触点、自锁触点断开,电动机 M 失电停转,达到了过载保护的目的。

在照明、电加热等一般电路里,熔断器 FU 既可以做短路保护,也可以做过载保护。但对三相异步电动机控制线路来说,熔断器只能做短路保护,这时因为三相异步电动机的起动电流很大

（全压起动时的起动电流能达到额定电流的 4 ~7 倍），若用熔断器作过载保护，则选择熔断器的额定电流约等于或略大于电动机的额定电流，这样电动机在起动时，由于起动电流大大超过了熔断器的额定电流，使熔断器在很短的时间内熔断，造成电动机无法起动。所以熔断器只能作短路保护，其额定电流应取电动机额定电流的 1.5 ~2.5 倍。

热继电器在三相异步电动机控制线路中也只能做过载保护，不能做短路保护。这时因为热继电器的热惯性大，即热继电器的双金属片受热膨胀弯曲需要一定的时间。当电动机发生短路时，由于短路电流很大，热继电器还没来得及动作，供电线路和电源设备可能已经损坏。而在电动机起动时，由于起动时间很短，热继电器还没动作，电动机已起动完毕。总之，热继电器与熔断器两者所起的作用不同，不能相互代替。

线路的工作原理与接触器自锁正转控制线路的原理相同，可自行分析。

活动 5.4.3　电动机的正反转控制

由前面的章节可知，三相异步电动机的转向取决于旋转磁场的方向，而改变旋转磁场的方向，只要改变接入定子绕组的三相交流电电源相序，即电动机任意两相绕组与交流电源接线相互对调。

1. 接触器联锁的正反转控制线路

接触器联锁的正反转控制线路如图 5－42 所示。线路中采用了两个接触器，即正转用接触器 KM1 和反转用接触器 KM2，它们分别由正转按钮 SB1 和反转按钮 SB2 控制。从主电路中可以看出，这两个接触器的主触点所接通的电源相序不同：KM1 按 L1－L2－L3 相序接线；KM2 则对调了两相的相序，按 L3－L2－L1 相序接线。相应的控制电路有两条，一条是由按钮 SB1 和 KM1 线圈等组成的正转控制电路；另一条是由按钮 SB2 和 KM2 线圈等组成的反转控制电路。

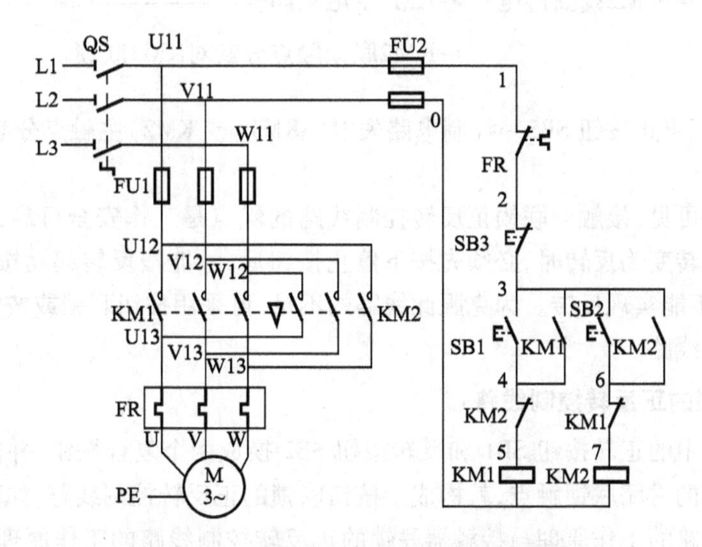

图 5－42　接触器联锁的正反转控制线路

由上述情况可知：接触器 KM1 和接触器 KM2 的主触点决不允许同时闭合，否则将造成两相电源(L1 相和 L3 相)短路事故。为了保证一个接触器得电动作时,另一个接触器不能得电动作,以避免电源的相间短路,就在正转控制电路中串接了反转接触器 KM2 的常闭辅助触点,而在反转控制电路中串接了正转接触器 KM1 的常闭辅助触点。这样,当 KM1 得电动作时,串接在反转控制电路中的 KM1 的常闭触点分断,切断反转控制电路,保证了 KM1 主触点闭合时,KM2 的主触点不能闭合。同样,当 KM2 得电动作时,其 KM2 的常闭触点分断,切断了正转控制电路,从而可靠地避免了两相电源的短路事故发生。像上述这种在一个接触器得电动作时,通过其常闭辅助触点使一个接触器不能得电动作的作用叫作联锁。实现联锁作用常闭辅助触点称为联锁触点。联锁符号用"▽"表示。

线路的工作原理如下。先合上电源开关 QS。

(1) 正转控制

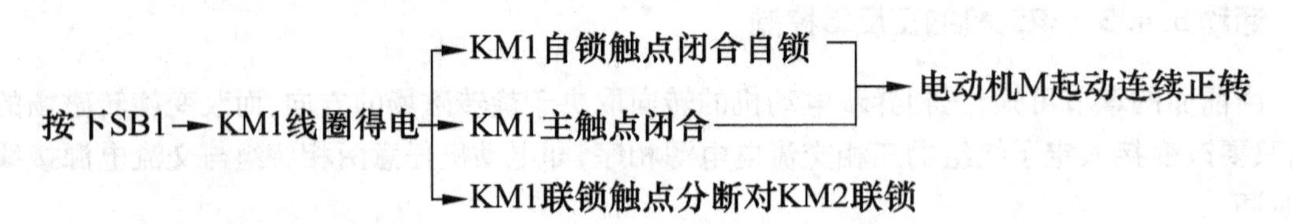

(2) 反转控制

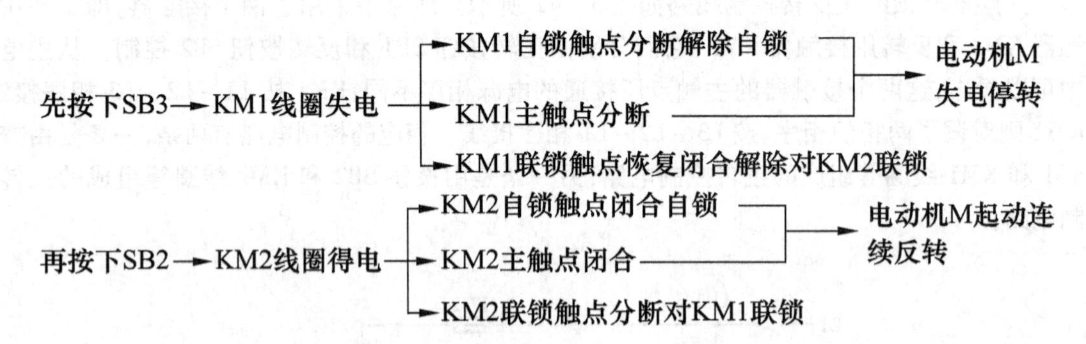

停止时,按下停止按钮 SB3→控制电路失电→KM1(或 KM2)主触点分断→电动机 M 失电停转。

从以上分析可见,接触器联锁正反转控制线路的优点是工作安全可靠,缺点是操作不便。因为电动机从正转变为反转时,必须先按下停止按钮后,才能按反转起动按钮,否则由于接触器的联锁作用,不能实现反转。为克服此线路的不足,可采用按钮联锁或按钮和接触器双重联锁的正反转控制线路。

2. 按钮联锁的正反转控制线路

把图 5-42 中的正转按钮 SB1 和反转按钮 SB2 换成两个复合按钮,并使复合按钮的常闭触点代替接触器的常闭联锁触点,就构成了按钮联锁的正反转控制线路,如图 5-43 所示。

这种控制线路的工作原理与接触器联锁的正反转控制线路的工作原理基本相同,只是当电动机从正转改变为反转时,可直接按下反转按钮 SB2 即可实现,不必先按停止按钮 SB3。因为当按下反转按钮 SB2 时,串接在正转控制电路中 SB2 的常闭触点先分断,使正转接触器 KM1 线圈失电,KM1 的主触点和自锁触点分断,电动机 M 失电惯性运转。SB2 的常闭触点分

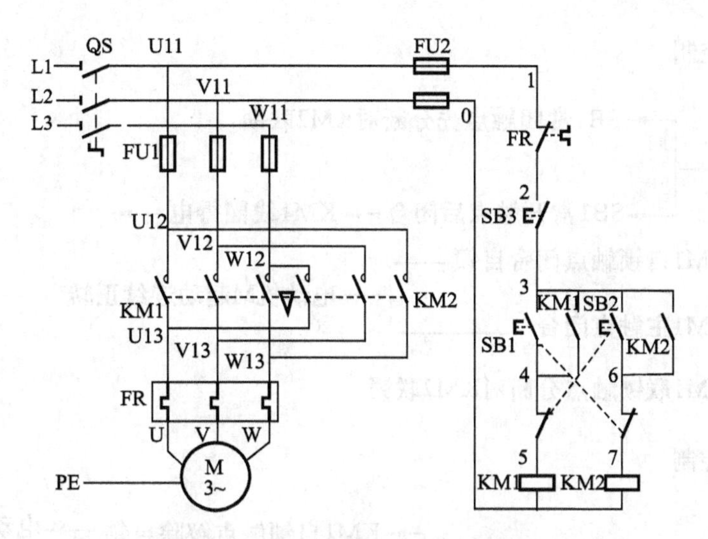

图 5－43　按钮联锁的正反转控制线路

断后，其常开触点才随后闭合，接通反转控制电路，电动机 M 便反转。这样既保证了 KM1 和 KM2 的线圈不同时通电，又可不按停止按钮而直接按反转按钮实现反转。同样，若使电动机从反转运行变为正转运行时，也只要直接按下正转按钮 SB1 即可。

这种线路的优点是操作方便。缺点是容易产生电源两相短路故障。如：当正转接触器 KM1 发生主触点熔焊或被杂物卡住等故障时，即使接触器线圈失电，主触点也分断不开，这时若直接按下反转按钮 SB2，KM2 得电动作，触点闭合，必然造成电源两相短路故障。所以此线路工作欠安全可靠，在实际工作中，经常采用的是按钮、接触器双重联锁的正反转控制线路。

3. 按钮、接触器双重联锁的正反转控制线路

图 5－44 所示为按钮、接触器双重联锁的正反转控制线路。这种线路是在按钮联锁的基础上，又增加了接触器联锁，故兼有两种联锁控制线路的优点，使线路操作方便，工作安全可靠。因此在电力拖动中被广泛应用。

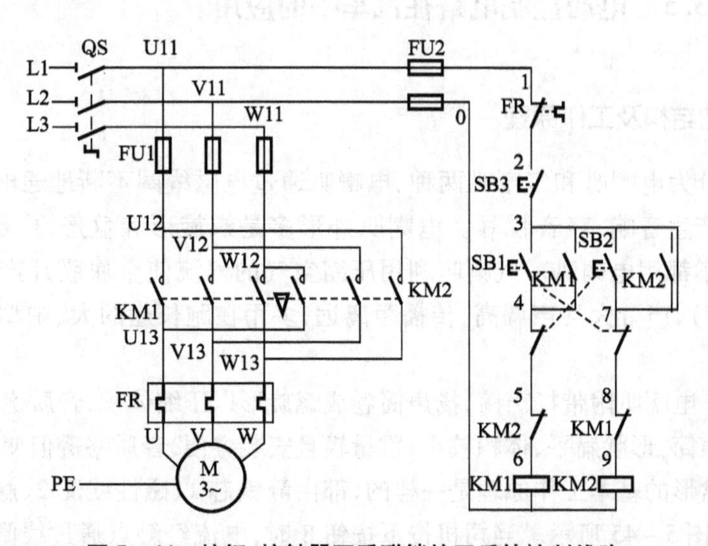

图 5－44　按钮、接触器双重联锁的正反转控制线路

（1）正转控制

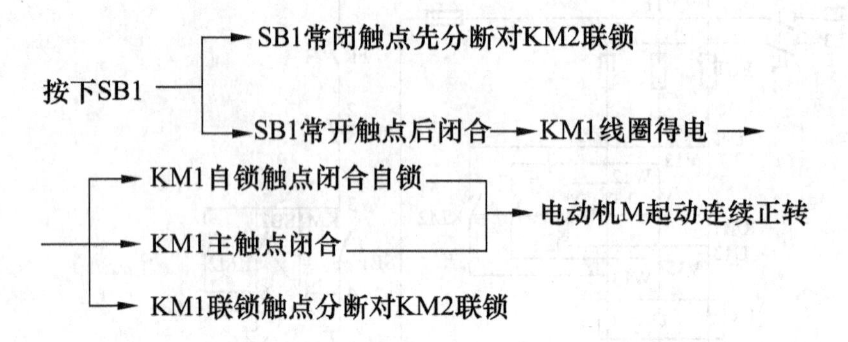

（2）反转控制

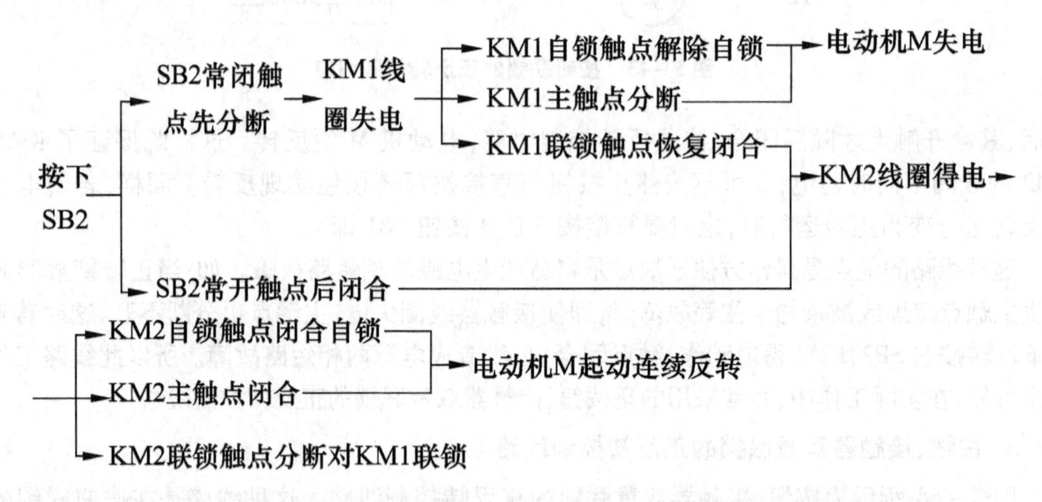

若要停止，按下 SB3，整个控制电路失电，主触点分断，电动机 M 失电停转。

任务 5.5　电动控制电路在汽车中的应用

汽车喇叭的结构及工作原理

汽车喇叭分为电喇叭和气喇叭两种，电喇叭通过电磁线圈不断地通电和断电，使金属膜片产生振动而产生音响，声音悦耳。电喇叭外形多是螺旋形和盆形，广泛应用在各种汽车上。轻型乘用车都用电喇叭。气喇叭利用压缩空气的气流使金属膜片产生振动，外形多是长喇叭形（筒形），声音大且声调高，传播距离远，多用在跑长途的大、中型汽车上，城市内是禁用的。

螺旋形汽车电喇叭附带扬声筒，扬声筒卷成螺旋形以压缩体积，音质优美响亮。盆形汽车电喇叭不带扬声筒，形状扁平，体积较小，重量轻且安装方便，音质略逊但使用广泛。

螺旋形和盆形的基本工作原理是一样的，都由静铁芯 1、磁性线圈 2、触点 6、动铁芯 5、膜片 3 等组成，如图 5－45 所示。当司机按下按钮 8 时，电流经触点通过线圈，线圈产生磁力吸下动铁芯 5，强制膜片移动，衔铁移动使触点断开，电流中断磁力消失，膜片在本身的弹性和弹簧片作用下又同动铁芯一起恢复原位,触点闭合电路接通,电流再通过触点流经线圈产生磁力,重复上述动作。如此反复循环,膜片不断振动,从而发出音响。助音腔4与膜片刚性连接,可使振动平顺发出声音更加悦耳。其中触点臂与触点的间隙小,激励频率就高;间隙大,激励频率就低,也就是调整不同的间隙,喇叭将受到不同的受迫振动频率激励而产生不同的声响。由上述分析可知,喇叭膜片的振动是受迫振动。

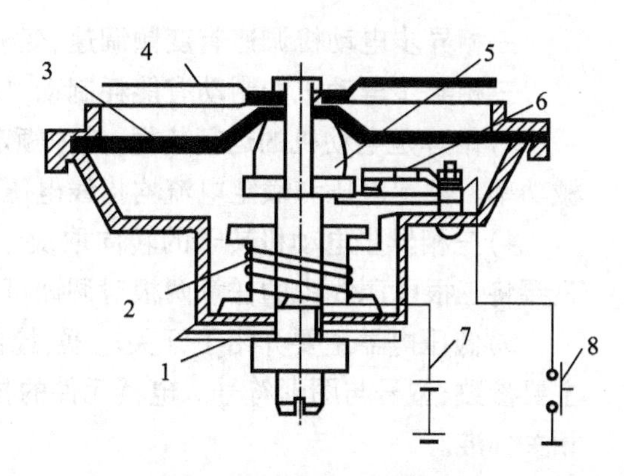

图5-45 汽车喇叭原理图

1—静铁芯;2—磁性线圈;3—膜片;4—助音腔;5—动铁芯;6—触点;7—电源;8—按钮

汽车喇叭按频率高低分为高、中、低音三种。为了使得汽车喇叭音调更加丰满,一些汽车电喇叭将高、低音调喇叭并联成一体,组成双音喇叭。但这样做电流是比较大的,将直接危及按钮触点。为了避免喇叭按钮触点被电弧火花烧坏,有些车在线路中连接一个继电器,用小电流控制大电流,使喇叭按钮只经小电流而免受损害。需要指出的是,一般汽车喇叭的正极电是经保险盒供电,喇叭按钮则是控制汽车喇叭的负极电,因此俗称喇叭按钮线为“制地”。

一般汽车电喇叭的音调和音量是可以调整的,通过调整动铁芯与静铁芯之间的间隙可调节音调,调节触点压力可调节音量,一旦调节音量,线圈电流也会随之变化。为了保持规定的音质音量,有一些电喇叭是全密封的,不允许调整,坏了就整个更换。

汽车喇叭只发出单音调,它的构造与音响喇叭(扬声器)是不同的。音响喇叭靠纸盘膜片振动发音,而汽车喇叭是靠金属膜片振动发音。

1)三相异步电动机由定子和转子两部分组成。转子按结构形式不同可分笼式和线绕式两种。

三相异步电动机的转动原理是:在三相定子绕组中通入三相交流电流产生旋转磁场,旋转磁场与转子产生相对运动,在转子绕组中感应出电流,转子感应电流与旋转磁场相互作用产生电磁转矩,驱动电动机旋转。转子的转动方向与旋转磁场的方向及三相电流的相序一致,这是三相异步电动机改变转向的原理。旋转磁场的转速即同步转速为

$$n_1 = \frac{60f_1}{P}$$

三相异步电动机旋转的必要条件是转差率的存在,即转子转速恒小于旋转磁场转速。转差率是三相异步电动机的一个重要参数,定义为:

$$s = \frac{n_1 - n}{n_1}$$

2)三相异步电动机直接起动时电流大而起动转矩小。对稍大容量的鼠笼式电动机常采用降压起动来限制起动电流,降压起动有星形-三角形换接起动和自耦变压器降压起动两种方式。

三相异步电动机调速有变频调速、变极调速、变转差率调速3种。

三相异步电动机的制动有能耗制动、反接制动和发电反馈制动3种。

3)铭牌是电动机的运行依据,其中额定功率是指在额定状态下电动机转子轴上输出的机械功率。额定电压和额定电流均指线电压和线电流。

4)三相异步电动机转子的转向取决于旋转磁场的转向,所以要使三相异步电动机反转,只要将三根电源线中的任意两根对调即可。

5)低压电器主要介绍了开关电器、控制电器、接触器及继电器的用途、结构、工作原理及主要参数、型号与图形符号。电器元件的技术参数是运用的主要依据,需要时可查有关手册及相关标准。

6)熟练掌握点动、连续运行、正反转等电动机控制的单元线路工作原理,为控制电路的故障分析打好基础。

本章习题

一、判断题

1. 旋转磁场是异步电动机工作的基础。(　　)

2. Y-△换接起动不仅能用于空载或轻载起动,而且可用于重载起动。(　　)

3. 三相异步电动机运行的必要条件是转子转速等于同步转速。(　　)

4. 三相异步电动机只需将接到电动机上的三根电源线中的任意两根对调一下,便可实现反转。(　　)

二、选择题

1. 三相异步电动机旋转磁场的旋转方向是由三相电源的________决定。

A. 相序　　B. 相位　　C. 频率　　D. 幅值

2. 电动机铭牌上的额定值是指电动机的________。

A. 运行状态　　B. 额定转速　　C. 额定转矩　　D. 额定功率

3. Y-△降压起动时,电动机定子绕组中的起动电流可以下降到正常运行时电流的________。

A. $\sqrt{3}$　　B. 1/3　　C. 3　　D. $1/\sqrt{3}$

4. 在相同条件下,若将异步电动机的磁极数增多,电动机输出的转矩________。

A. 增大　　B. 减小

C. 不变　　D. 与磁极数无关

三、简答题

1. 某人在修理三相异步电动机时,把转子抽掉,而在定子绕组上加三相额定电压,这会产生什么后果?

2. 三相笼形异步电动机可采用哪些方法调速?绕线式电动机又可采用哪些方法调速?

3. 电动机主电路中既然装有熔断器,为什么还要装热继电器?它们各起什么作用?为什么在照明电路中一般只装熔断器而不装热继电器?

4. 什么是电动控制?什么是连续运转控制?试画出既能实现电动控制又能实现连续运转的控制电路。

项目六

二极管及其在汽车中的应用

1. 了解半导体基础知识
2. 了解 PN 结的单向导电性
3. 了解二极管的结构
4. 掌握二极管的伏安特性及主要参数
5. 理解单相整流电路的原理
6. 掌握汽车交流发电机整流器电路的结构及工作原理
7. 了解滤波、稳压电路的结构及原理

任务 6.1 PN 结

二极管是电子电路中应用很广泛的一种电子元件,在这一章里将着重介绍二极管的特性、电路模型和含二极管电路的分析方法并介绍二极管在电子电路中的某些应用。本章重点以二极管在汽车发电机整流器电路中的作用为例。

为了便于讨论半导体二极管的特性,将简要地介绍半导体 PN 结的知识。

活动 6.1.1 半导体的导电情况

制造半导体器件的材料常用的有半导体单晶硅和单晶锗,这种由单一的硅(或锗)原子构成的晶体称为本征半导体。硅和锗都是四价元素,成晶体状时每一个原子外层的四个价电子都与邻近的原子形成共价键的结构。图 6-1 为硅(或锗)晶体共价键结构的示意图。

处于共价键上的某些电子在接受外界能量后可以脱离共价键的束缚成为自由电子。价电子脱离束缚成为自由电子后该电子原来位置上就会出现一个空位,这个空位称为空穴,空穴表示在该处缺少了一个电子。

丢失电子的原子显正电,称为正离子,故在分析时认为空穴是一个带正电的粒子。在本征半导体内,自由电子和空穴是成对出现的,自由电子带负电,空穴带正电,二者所带电量相等、符号相反。自由电子和空穴都是载运电荷的粒子,称为载流子。

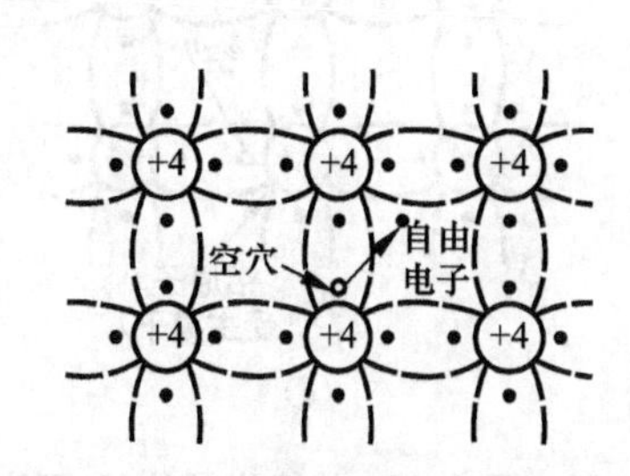

图 6-1 硅(或锗)晶体共价键结构的示意图

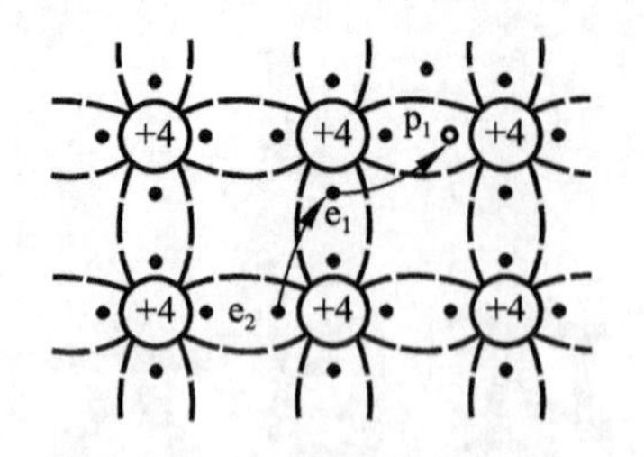

图 6－2　价电子填补空穴的运动

自由电子和空穴在电场力的作用下产生定向运动，载流子在电场力作用下的定向运动称为漂移运动。本征半导体内的电流就是由这样两种载流子的漂移运动形成的。

半导体内空穴电流也是电子定向运动产生的，但空穴电流与自由电子运动时所形成的电流不同，空穴电流是由处于共价键上的价电子不断填补空位形成的，如图 6－2 所示。在电场力的作用下，价电子 e_1 填补了空穴 p_1 的位置后，在 e_1 原来所在的位置上又出现了一个新的空位，电场力的作用使 e_2 这个电子填补 e_1 遗留下的空位。共价键上的电子在电场力的作用下逆电场方向不断填补空位，相当于空穴沿电场方向运动形成空穴电流，这就是空穴电流与自由电子流的区别。所以在本征半导体内参与导电的粒子有两种——自由电子和空穴。

在本征半导体内，脱离共价键的电子成为自由电子后也可能填补某个空穴，使离子恢复电中性，这个过程称为复合。

一般情况下本征半导体内的载流子数目有限，为增强它的导电性，可以在本征半导体内掺杂，以提高导电能力。向硅（或锗）单晶体内注入少量杂质元素后可使它的导电性能提高。例如，向硅单晶体内注入五价的砷（或磷）杂质元素后，注入的砷原子在硅单晶内取代某些硅原子的位置并与其他硅原子结成共价键。因砷原子外层有五个价电子，它只需要用四个电子与硅原子形成共价键，第五个电子很容易成为自由电子，因此每注入一个砷原子就会多余一个电子，如图 6－3（a）所示。而注入的原子失去一个电子后就成为固定在晶格中不能移动的正离子。

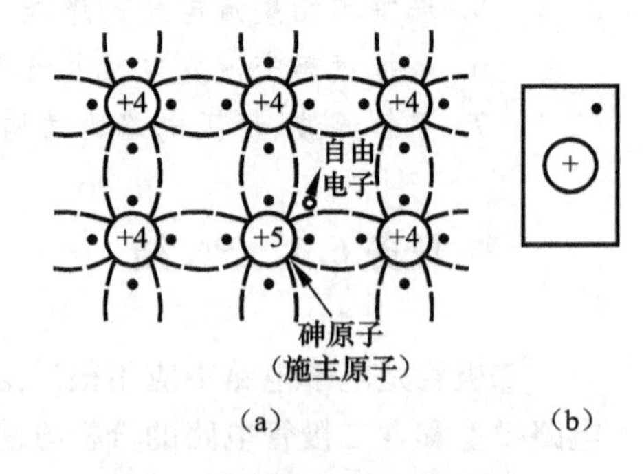

图 6－3　掺杂半导体（N 型半导体）
（a）N 型半导体结构示意图；
（b）N 型半导体符号

本征半导体注入的五价原子越多半导体内的自由电子数也就越多，导电性能得到改善。

掺入五价杂质的半导体，其自由电子的数目要比空穴数目多出许多，载流子中自由电子占多数，空穴占少数。这种多数载流子是自由电子的掺杂半导体称为 N 型半导体，用图 6－3（b）所示符号表示，符号的意思是，每注入一个五价的砷原子就会出现一个带正电的离子和一个自由电子。因此，N 型半导体从总体上看仍然是电中性的。

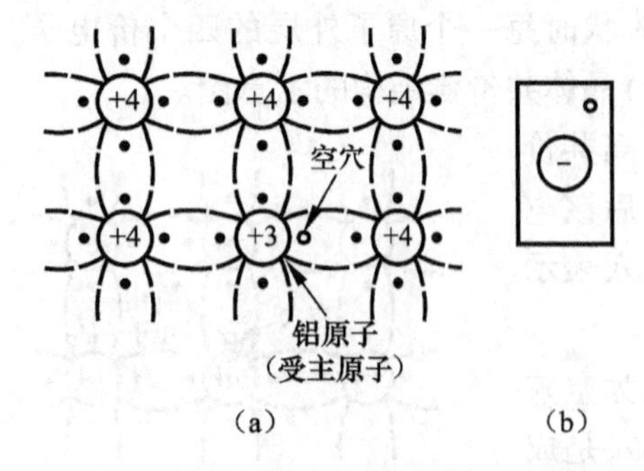

图 6－4　掺杂半导体（P 型半导体）
（a）P 型半导体结构示意图；
（b）P 型半导体符号

为增强本征半导体的导电性，也可以向它注入三价元素的铝（或硼）。注入的铝原子取代了某些硅原子的位置，如图 6－4（a）所示，每注入一个铝原子就会出现一个空穴，当邻近的价电子填补这个空穴后，使得注入的杂质原子成为带负电的离子，同时出现一个空穴。本征半导体掺入三价元素的杂质后，多数载流子是空穴。自由电子是少数、多数载流子是空穴的半导体称为 P 型半导体，P 型半导体的符号如图 6－4（b）所示，符号的意思是每注入一个三价铝原子后就会出现一个带负电的离子和一个空穴。同样P型半导体从总体看仍然是电中性的。

活动6.1.2 PN结及其单向导电性

将P型半导体与N型半导体通过物理、化学的方法有机地结为一体后，在两种半导体的交界处就形成了PN结。PN结具有非线性电阻的特性，可以制成整流元件，并且是构成多种半导体器件的基础。

PN结的形成与特性如下：当P型半导体和N型半导体共处一体后，在它们的交界处两边电子、空穴的浓度不同：N区多电子，P区多空穴，因此N型区内的电子要向P型区扩散，P型区内的空穴要向N型区扩散。扩散首先是从交界面处开始的，N型区内的电子扩散到P型区后与空穴复合，N型区减少了电子，因此在N型区的一侧出现了带正电的粒子层，这层带正电子就是处于N型半导体共价键上失去一个自由电子的原子，它们是不能移动的正离子。同样，交界面P型区一侧要出现带负电的粒子层，随着电子、空穴的扩散，交界面两侧带电层逐渐增厚形成一个空间电荷区，如图6-5所示，N型区带正电，P型区带负电。

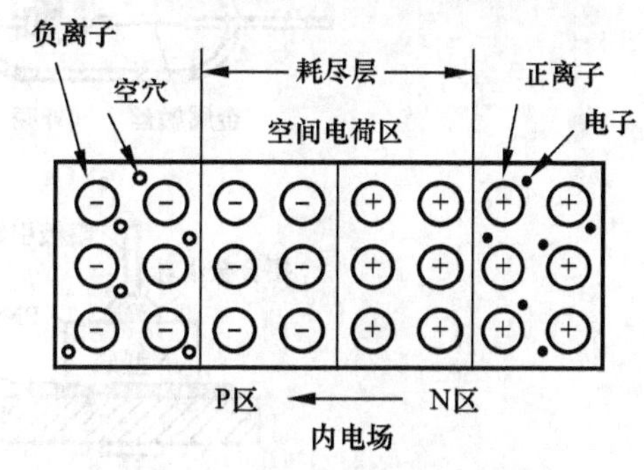

图6-5 PN结的形成过程

内电场的出现使载流子电场力的作用下要产生漂移运动，内电场使得P型区内的电子返回N型区。当空间带电区域比较薄时内电场较弱，载流子的扩散运动强于漂移运动，但随着扩散的进行，空间电荷区的厚度增加，内电场加强，使扩散运动减弱，漂移运动加强，最后将导致载流子的扩散运动与漂移运动达到动态平衡，即从N型区扩散到P型区的电子数目与从P型区漂移到N型区的空穴数相等，通过交界面的净载流子数目为零，这时空间电荷区的宽度不再增加。空间电荷区内已不存在载流子，因而又称这个空间为耗尽层。在半导体内部出现的空间电荷区产生的内电场阻止多数载流子继续扩散，称这个带电区域为阻挡层或PN结。PN结具有单向导电性。

任务6.2 晶体二极管

活动6.2.1 晶体二极管的结构、符号、类型及伏安特性

1. 晶体二极管的结构、符号

晶体二极管的核心部分是一个PN结。在PN结两端加电极引线和管壳后就制成了一个晶体二极管。二极管的结构和符号如图6-6所示。

2. 晶体二极管的类型

(1) 按结构分类

半导体二极管按其结构的不同可分为点接触型和面接触型两类。

点接触型二极管是将一根很细的金属触丝（如三价元素铝）和一块半导体（如锗）熔接后做出相应的电极引线，再外加管壳密封而成。其结构如图6-6(a)所示。点接触型二极管的

极间电容很小，不能承受高的反向电压和大的电流，往往用来作小电流整流、高频检波及开关管。

面接触型二极管的结构如图 6－6(b)所示。这种二极管的 PN 结面积大，可承受较大的电流，但极间电容也大。这类器件适用于整流，而不宜用于高频电路中。

图 6－6(c)为集成电路中的平面型二极管的结构图，图 6－6(d)为二极管的电路符号。

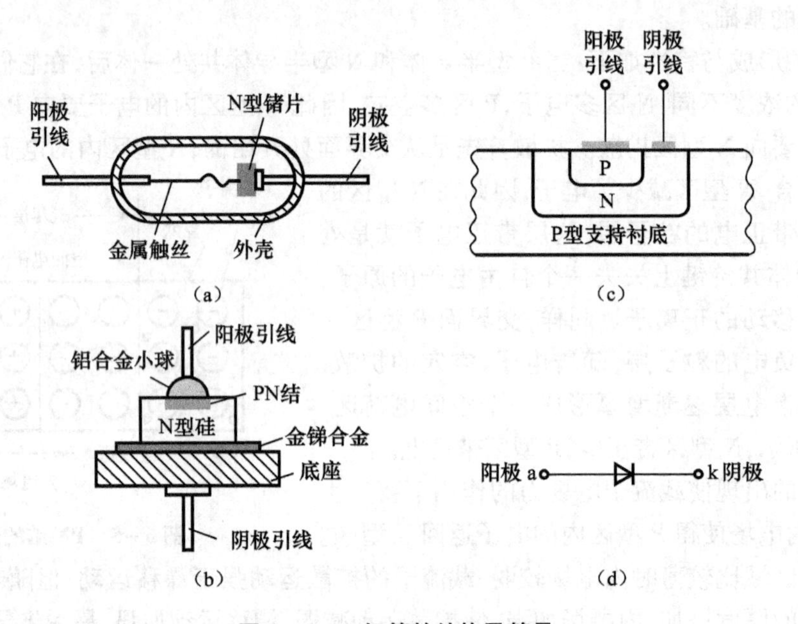

图 6－6　二极管的结构及符号

(2) 按用途分类

二极管按用途分为：晶体二极管、双向触发二极管、高频变阻二极管、变容二极管、发光二极管、肖特基二极管。

3. 二极管的伏安特性

由半导体物理的理论得出半导体二极管的电流与电压之间有如下的关系：

$$I = I_S(e^{\frac{U}{U_T}} - 1) \tag{6-1}$$

式中　I——二极管的电流；

I_S——反向饱和电流；

U——作用在二极管上的电压，正向接法时 $U>0$，反向接法时 $U<0$；

U_T——温度电压当量，在室温下 $U_T = 26$ mV。

在正向接法下，$U \gg U_T$，则 $e^{\frac{U}{U_T}} \gg 1$。正向接法下二极管的电流 $I_F \approx I_S e^{\frac{U}{U_T}}$，即二极管的正向电流与正向电压 U 成指数关系。

根据式(6－1)作出的半导体二极管正向伏安特性曲线如图 6－7 曲线①所示。但实测出的二极管伏安特性曲线如图 6－7 曲线②所示。即二极管正向导电时，必须克服一定的阈值电压(又称死区电压)后，才开始导电。正向电压阈值很小时，二极管的正向电流也是很小的。

二极管的阈值电压是由 PN 结之外的 N 型区和 P 型区半导体本身的电阻(又称体电阻)引

起的。锗二极管的阈值电压为(0.1 ~ 0.2) V,硅二极管的阈值电压为0.5 V左右。

二极管在反向接法下,若 $|U| \gg U_T$ 则 $e^{\frac{U}{U_T}} \approx 0$,因此反向 $I_B \approx I_S$。

二极管的反向电流在一定的环境温度下和一定的反向电压数值内几乎不随反向电压的变化而变化,但在实际使用中,当反向电压达到一定大小后,电场力增大到有可能将共价键上的电子拉出,使少数载流子数目大大增加从而使反向电流迅速增大,反向电压过高也会造成电子运动速度增大,高速运动的电子与原子核外层电子碰撞后产生出新的电子-空穴对,并引起连锁反应而使载流子数目大大增加,反向电流迅速增大。上述情况都是反向电压超过一定大小后发生的,这种造成反向电流迅速增加的现象称为电击穿。产生电击穿的反向电压值称为二极管的击穿电压 U_{BR}。二极管工作时若无特殊的保护措施,出现电击穿后将造成PN结损坏,使二极管丧失单向导电的作用。为防止二极管出现电击穿,允许施加于二极管的最高反向工作电压为击穿电压值的二分之一。

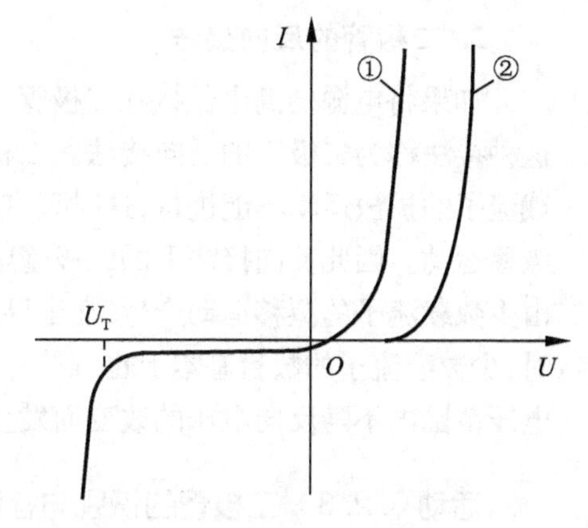

图6-7 二极管伏安特性曲线

①—理论曲线;②—实际曲线

活动6.2.2 晶体二极管的单向导电性

1. 二极管的正向接法

如果将电源的高电位接在二极管的P型区电极,低电位接在N型区电极,如图6-8(a)所示,这种接法称为二极管的正向接法。

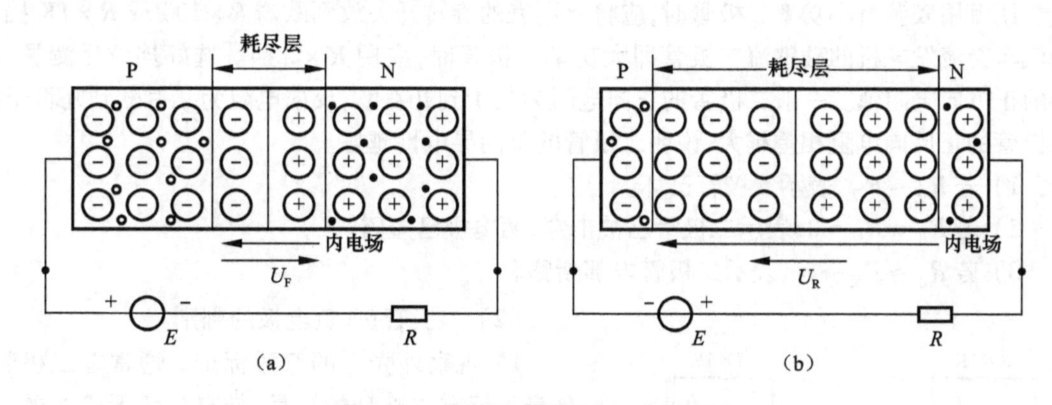

图6-8 半导体二极管的正、反向接法

(a) 正向接法;(b) 反向接法

半导体二极管在正向接法下,外电场的方向与PN结内电场方向相反,在正向电压作用下将使空间电荷区变薄,内电场减弱,这就使多数载流子的扩散运动强于漂移运动,多数载流子能不断地越过交界面,这些载流子在正向电压的作用下形成二极管的正向电流。

半导体二极管加入正向电压后内电场被削弱,因此管子的正向电压 U_F 较低,为1 V左右(大电流二极管超过1 V,小电流二极管低于1 V),正向接法时二极管电流较大,因此管子在正向导电时表现出的电阻较小。

2. 二极管的反向接法

如果将电源的高电位接在二极管 N 型区电极，低电位接在 P 型区电极，如图 6－8(b)所示，这种接法称为二极管的反向接法。二极管加反向电压后，空间电荷区会增宽，内电场增强，多数载流子的扩散运动不能进行，这时只有 P 型区和 N 型区内的少数载流子在电场力的作用下产生漂移运动。因此反向接法下的二极管电流极小，这个电流称为二极管的反向电流。此反向电流由少数载流子的漂移运动产生，在半导体内少数载流子的数目受环境温度影响，当环境温度一定时，少数载流子的数目基本上也维持一定，因此在一定的温度下，二极管反向电流在一定的反向电压范围内不随反向电压的改变而发生变化，故称二极管的反向电流为反向饱和电流 I_S。

活动 6.2.3　二极管的识别与检测

1. 识别方法

二极管的识别很简单，小功率二极管的 N 极(负极)，大多采用一种色圈标出来。有些二极管也用二极管专用符号标志为“P”“N”来确定二极管极性。发光二极管的正负极可从引脚长短来识别，长脚为正，短脚为负。

2. 测试注意事项

用数字式万用表测二极管时，红表笔接二极管的正极，黑表笔接二极管的负极，此时测试得到的阻值才是二极管的正向导通阻值，这与指针式万用表的表笔接法刚好相反，如图 6－9 所示。

(1) 故障检测

二极管的故障主要表现在开路、短路和输出不稳定。在这 3 种故障中，前一种故障表现为电源电压升高；后两种故障表现为电源电压变低到零伏或输出不稳定。

用万用表测量小功率二极管时，应将万用表的旋转开关放到欧姆 $R \times 100$ 或 $R \times 1K$ 挡，测量汽车交流发电机的硅整流二极管即大功率二极管时，应用 $R \times 1$ 挡。选好挡位后测量二极管的正方向电阻值。一般二极管的正向电阻为几十到几百欧，反向电阻为几百欧到几百千欧。二极管的正反向电阻相差越大，说明二极管的单向导电性越好。

1) 若 $R_{正} \approx R_{反}$，表示二极管已坏。

2) 若 $R_{正} \approx R_{反} \approx 0$，表示二极管已被击穿，两电极已短路。

3) 若 $R_{正} \approx R_{反} \to \infty$，表示二极管内部断路。

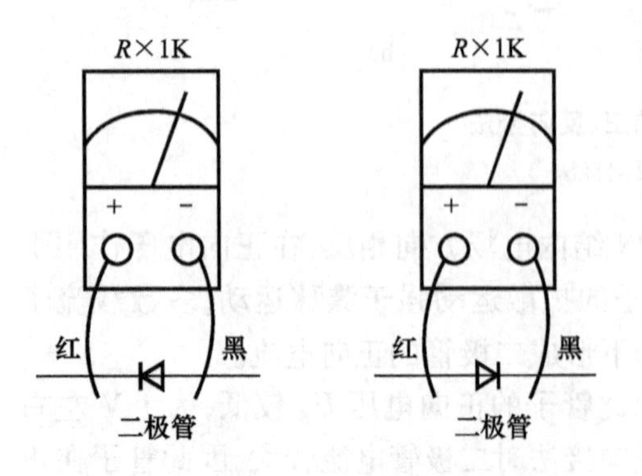

图 6－9　数字式万用表测试二极管

(2) 二极管正、负电极的判别

1) 观察外壳上的符号标记。通常在二极管的外壳上标有二极管的符号，带有三角形箭头的一端为正极，另一端为负极。

2) 观察外壳上的色点。在点接触二极管的外壳上，通常标有极性色点(白色或红色)。一般标有色点的一端即为正极。还有的二极管上标有色环，带色环的一端则为负极。

3) 以阻值较小的一次测量为准，黑表笔所接的一端为正极，红表笔所接的一端则为负极。

任务6.3 汽车交流发电机整流器电路

活动6.3.1 单相整流电路

许多电子设备都需要直流电源供电。获得直流电的方法有很多,如汽车上的蓄电池、直流发电机等。但较为经济适用的方法是利用二极管的单向导电性通过整流、滤波、稳压电路将交流电变换成直流电源。常用的整流电路有单相半波、单相全波整流电路,单相桥式整流电路及汽车上可用到的交流发电机整流器电路。

1. 单相半波整流电路

单相半波整流电路如图6-10所示,电路中只使用一只二极管。电路中的变压器用来将电源电压变换到整流负载工作所需要的电压值。

单相半波整流电路的工作原理如下:交流电压 u_2 作用在二极管D与负载 R_L 串联的电路上,在交流电压 u_2 正向电压时,二极管导通。

如果忽略二极管正向导通电压,u_o 与交流电压 u_2 的正半波相等,即正半周的电压全部作用在负载上;当交流电压 u_2 变成负半周时,二极管工作在反向电压下,二极管不导电,电路中没有电流,负载 R_L 上没有电压,交流电压 u_2 的负半周全部作用在二极管上。

如果交流电压 $u_2=\sqrt{2}U_2\sin\omega t$ V,则 u_2 负载电压 u_o 和二极管上的电压 u_D 的波形如图6-11所示。

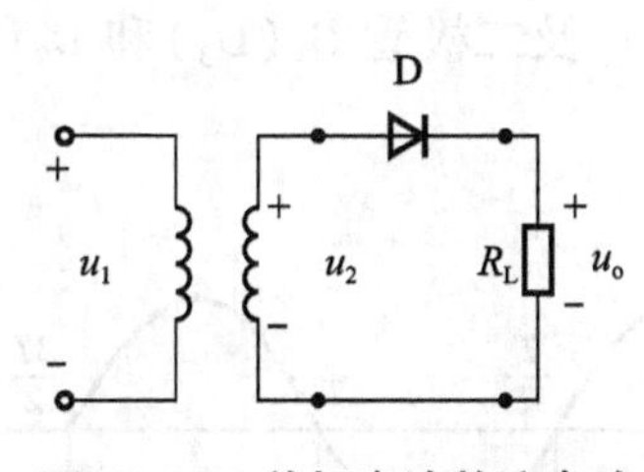

图6-10 单相半波整流电路

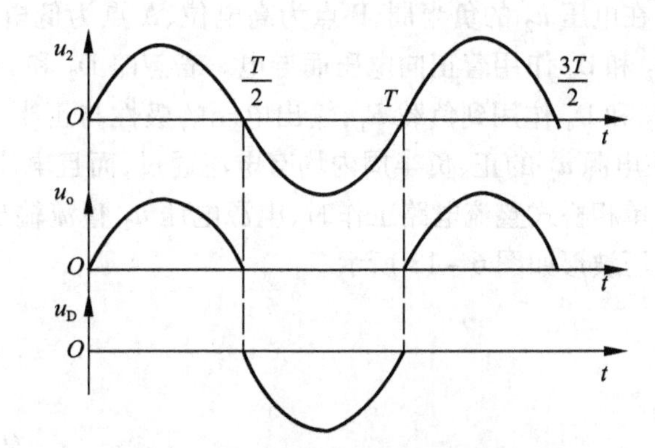

图6-11 单相半波整流电路波形

如果将二极管D视为一个理想元件,即正向导通时管压降为零、反向时电阻为无穷大,根据图6-11可以求得单相半波整流电路的整流输出电压 u_o 的平均值 U_{oAV} 为

$$\begin{aligned}U_{oAV}&=\frac{1}{2\pi}\int_0^{\pi}u_2\mathrm{d}\omega t\\&=\frac{1}{2\pi}\int_0^{\pi}\sqrt{2}U_2\sin\omega t\mathrm{d}\omega t\\&=0.45U_2\end{aligned}\qquad(6-2)$$

单相半波整流电路中作用在二极管上的最大反向电压 U_{RM} 等于被整流的交流电压 u_2 的

最大值,即

$$U_{RM} = \sqrt{2}U_2 \tag{6-3}$$

例 6-1 在图 6-10 所示电路中,负载电阻 $R_L = 200\ \Omega$,电压 $u_2 = 25\sqrt{2}\sin 314t$ V。求输出电压的平均值 U_{oAV} 及电流的平均值 I_{AV},并为该电路选一个二极管。

解:首先计算整流输出电压的平均值 U_{oAV} 和电流平均值 I_{AV}。由式(6-2)可得

$$U_{oAV} = 0.45U_2 = 0.45 \times 25 = 11.25(\text{V})$$

负载电流的平均值

$$I_{AV} = \frac{U_{oAV}}{R_L} = \frac{11.25}{200}\text{ A} = 56.3\text{ mA}$$

二极管的主要参数是正向电流的平均值和允许承受的反向工作电压。根据上式计算的结果可知通过二极管的电流平均值为 56.3 mA,二极管工作时承受的最大反向电压 $U_{RM} = 25\sqrt{2}$ V,根据这两个数值可查阅产品目录选择二极管型号,使选择的二极管电压、电流值不小于实际工作值即可。为此可选型号为 2CP11 的二极管,2CP11 的参数值 $U_{RM} = 25\sqrt{2}$ V,可以满足要求。

2. 单相桥式整流电路

单相桥式整流电路是小功率整流电路中应用最广的一种电路,电路如图 6-12 所示。

由图 6-12 可以看出,在交流电压 u_2 的正半周时,A 点为高电位,B 点为低电位,所以二极管 D_1 和 D_3 作用着正向电压而导电,二极管 D_2 和 D_4 承受反向电压,不导电。如果忽略二极管正向导通时的管压降,可以认为在 D_1、D_3 导电时,交流电压 u_2 的正半周全部作用到负载上,输出电压 $u_o = u_2$。

在电压 u_2 的负半周,B 点为高电位、A 点为低电位,这时 D_1 和 D_3 承受反向电压不导电,而 D_2 和 D_4 作用着正向电压而导电。若忽略 D_2 和 D_4 导通时的管压降,则电压 u_2 的负半周通过 D_2 和 D_4 作用到负载 R_L,输出电压的极性与正半周时相同。所以在桥式整流电路中,负载 R_L 在电源 u_2 的正、负半周内均有电流通过,而且电流方向保持不变,输出为一脉动的直流。

单相桥式整流电路工作时,电源电压 u_2 整流输出电压 u_o 及二极管 $D_1(D_3)$ 和 $D_2(D_4)$ 上的电压波形如图 6-13 所示。

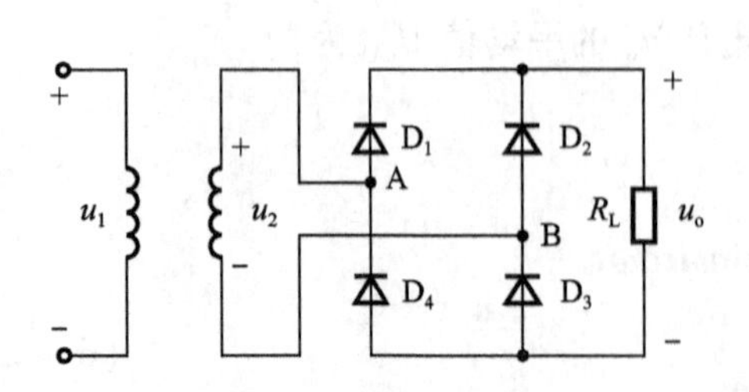

图 6-12 单相桥式整流电路

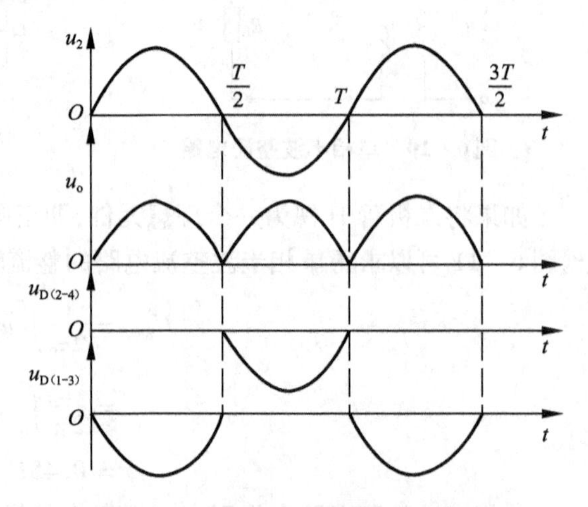

图 6-13 单相桥式整流电路波形图

单相桥式整流电路整流输出电压 u_o 的平均值 U_{oAV} 为

$$U_{oAV} = \frac{1}{2\pi}\int_0^{2\pi} | u_2 | \, d\omega t = 0.9U_2 \tag{6-4}$$

单相桥式整流电路整流输出电压的平均值比单相半波电路提高了一倍,输出电压脉动减小并改善了变压器的工作条件。因此单相桥式整流电路应用得很广泛。

单相桥式整流电路的负载在整个周期内都有电流通过,但是每只二极管都是半周导电,所以通过每只二极管的电流平均值只是负载中电流平均值的一半,即各管的电流平均值 $I_{DAV} = I_{oAV}/2$。不导电的半周,二极管承受的反向电压最大值 $U_{RM} = \sqrt{2}U_2$,与半波时相同。

例 6-2 图 6-12 所示电路中,若负载电阻 R_L 为 180 Ω,要求通过负载电流的平均值 $I_{oAV} = 1.5$ A。试计算电源电压 u_2 的有效值及选择电路所需二极管的参数。

解:首先计算交流电压 u_2 的有效值。因为 $I_{oAV} = 1.5$ A,$R_L = 180$ Ω,所以整流输出电压的平均值

$$U_{oAV} = I_{oAV}R_L = 270(\text{V})$$

由式(6-4)可计算出电压 u_2 的有效值为

$$U_2 = U_{oAV}/0.9 = 300(\text{V})$$

由于是单相桥式电路,通过二极管中的电流平均值 $I_{DAV} = I_{oAV}/2$,所以每只二极管的电流平均值为 $I_{DAV} = 0.75$ A。二极管上承受的反向电压最大值为

$$U_{RM} = \sqrt{2}U_2 = 424 \text{ V}$$

根据计算出的 I_{DAV} 和 U_{RM} 值查阅产品目录,可选型号为 2CZ1、工作电流为 1 A、反向电压为 500 V 的二极管。

活动 6.3.2 汽车交流发电机整流器电路

大功率的直流电能多数通过三相整流电路获得。使用较多的是三相桥式电路,如图 6-14 所示。

三相桥式整流电路由 6 只二极管组成,由于二极管只能在正向电压下导电,所以在某个时刻三相整流电路中哪些二极管导电,哪些不导电只要比较一下每个二极管的阳极与阴极之间的电位差是为正还是为负就可以确定。

作用在整流电路中的三相电源 u_U、u_V、u_W 的波形如图 6-15 所示。根据三相电压的波形可以看出,在一般情况下这三个电压总是有一个最高,一个最低,另一个处于中间值。二极管 D_1、D_3、D_5 是共阴极接法,二极管 D_2、D_4、D_6 是共阳极接法。如图 6-15 所示,在 $t_1 \sim t_2$ 期间,共阴极组中 U 点电位最高,D_1 导通;共阴极组中 V 点电位最低,D_4 导通,负载两端的电压为线电压 u_{UV}。在 $t_2 \sim t_3$ 期间,共阴极组中 U 点电位最高,D_1 导通;共阳极组中 W 点电位最低,D_6 导通,负载两端的电压为线电压 u_{UW}。

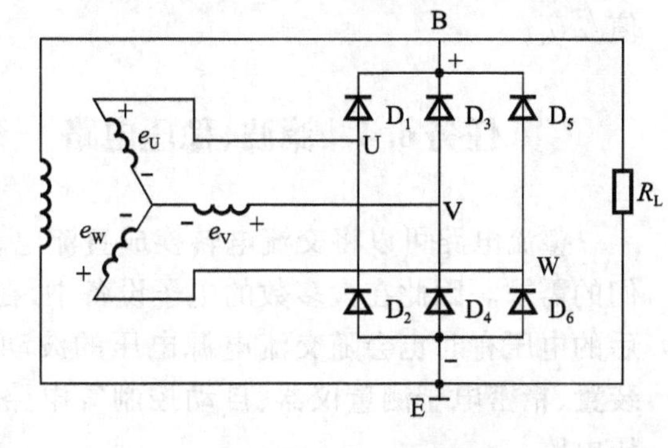

图 6-14 三相桥式整流电路

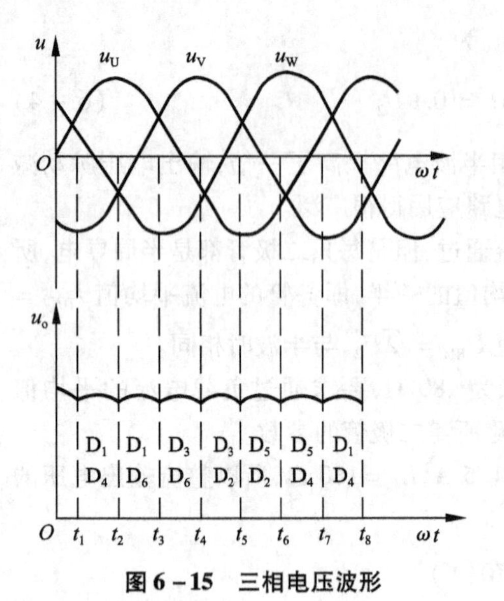

图 6-15　三相电压波形

在 $t_3 \sim t_4$ 期间，共阴极组中 V 点电位最高，D_3 导通；共阳极组中 W 点电位最低，D_6 导通，负载两端的电压为线电压 u_{VW}。在 $t_4 \sim t_5$ 期间，共阴极组中 V 点电位最高，D_3 导通；共阳极组中 U 点电位最低，D_2 导通，负载两端的电压为线电压 u_{VU}。

由此可见，在三相桥式整流电路中，整流输出电压 u_o 分别由三相电源的三个线电压轮流供电，输出电压的瞬时值始终与电源线电压相等，在一个周期内每只二极管导电时间都是 1/3 周期。

三相桥式整流电路输出电压 u_o 的波形图如图 6-16所示，在一个周期内各二极管导电时间及次序如图所标注。

三相桥式整流电路输出电压的平均值

$$
\begin{aligned}
U_{oAV} &= \frac{6}{2\pi}\int_{\frac{\pi}{3}}^{\frac{2\pi}{3}} u_{UV}\mathrm{d}(\omega t) \\
&= \frac{3}{\pi}\int_{\frac{\pi}{3}}^{\frac{2\pi}{3}} \sqrt{2}U_{UV}\sin\omega t\mathrm{d}(\omega t) \\
&= \frac{3\sqrt{2}}{\pi}U_{UV}(-\cos\omega t)\Big|_{\frac{\pi}{3}}^{\frac{2\pi}{3}} \\
&= 1.35U_{UV} = 2.34U_P
\end{aligned}
$$

三相桥式整流电路整流输出电压的平均值 U_{oAV} 等于被整流的三相交流线电压 U_L 的 1.35 倍（或相电压 U_P 的 2.34 倍），整流输出电压提高了，而且输出电压的脉动减小了（见图 6-16）。

三相桥式整流电路中每只二极管导电时间为 1/3 电源电压周期，所以通过二极管的电流平均值 I_{DAV} 等于负载电流平均值的 1/3。每只不导电的二极管承受的最大反向电压 U_{RBE} 等于线电压的最大值 $\sqrt{2}U_{UV}$。

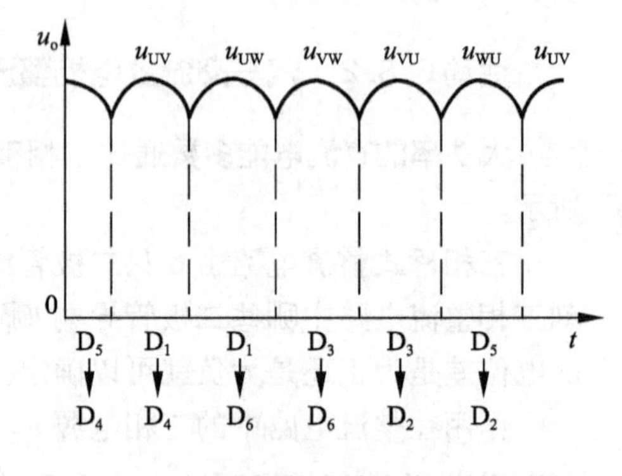

图 6-16　三相整流输出电压的波形

任务 6.4　滤波、稳压电路

整流电路可以将交流电转换成直流电，但输出的电压均有较大的脉动成分，满足不了我们的需求。因此在大多数的电子设备中，在整流器电路中都要接有滤波器。经整流和滤波后的电压有时也会随交流电源电压的波动和负载的变化而变化。电压不稳定会引起控制装置、精密电子测量仪器、自动控制等电路的不稳定，甚至无法正常工作，这就要求采用稳压电路。

本节将利用电容两端电压不能突变和流过电感的电流不能突变的特点，将电容与负载电阻并联或将电感与负载电阻串联组成滤波电路，在滤波电路后加上稳压管电路，就可得到我们所需要的稳定直流电源。

活动6.4.1　滤波电路

1. 电容滤波电路

图6－17(a)所示为电容滤波电路，滤波电容容量大，因此一般采用电解电容，在接线时要注意电解电容的正、负极。电容滤波电路利用电容的充、放电作用，使输出电压趋于平滑。

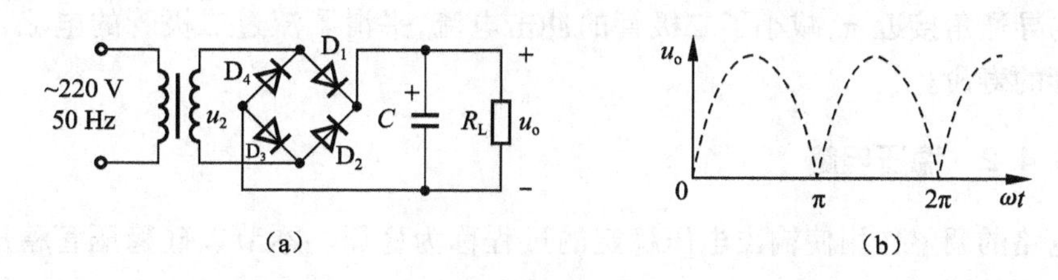

图6－17　单相桥式整流电容滤波电路及波形图

(a) 电路；(b) u_o 的波形

(1) 滤波原理

当 u_2 为正半周并且数值大于电容两端电压 u_C 时，二极管 D_1 和 D_3 管导通，D_2 和 D_4 管截止，电流一路流经负载电阻 R_L，另一路对电容 C 充电。当 $u_C > u_2$ 时，导致 D_1 和 D_3 管反向偏置而截止，电容通过负载电阻 R_L 放电，u_C 按指数规律缓慢下降。

当 u_2 为负半周幅值变化到恰好大于 u_C 时，D_2 和 D_4 因加正向电压变为导通状态，u_2 再次对 C 充电，u_C 上升到 u_2 的峰值后又开始下降；下降到一定数值时 D_2 和 D_4 变为截止，C 对 R_L 放电，u_C 按指数规律下降；放电到一定数值时 D_1 和 D_3 变为导通，重复上述过程。

(2) R_L、C 对充放电的影响

电容充电时间常数为 $r_D C$，因为二极管的 r_D 很小，所以充电时间常数小，充电速度快；$R_L C$ 为放电时间常数，因为 R_L 较大，放电时间常数远大于充电时间常数，因此，滤波效果取决于放电时间常数。电容 C 愈大，负载电阻 R_L 愈大，滤波后输出电压愈平滑，并且其平均值愈大，如图6－18所示。

2. 电感滤波电路

在大电流的情况下，由于负载电阻 R_L 很小。若采用电容滤波电路，则电容容量势必很大，而且整流二极管的冲击电流也非常大，在此情况下应采用电感滤波。如图6－19所示，由于电

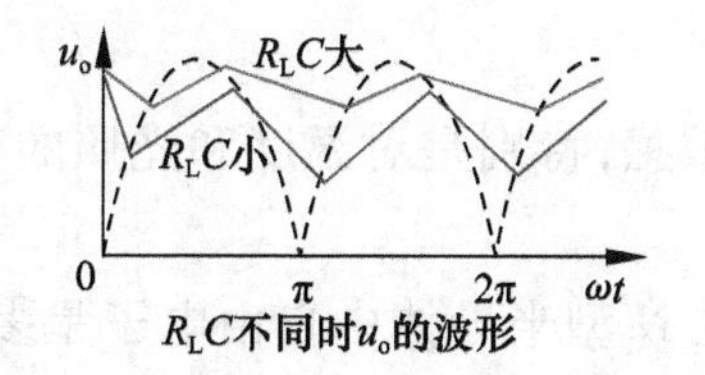

图6－18　R_L、C 对充放电的影响波形图

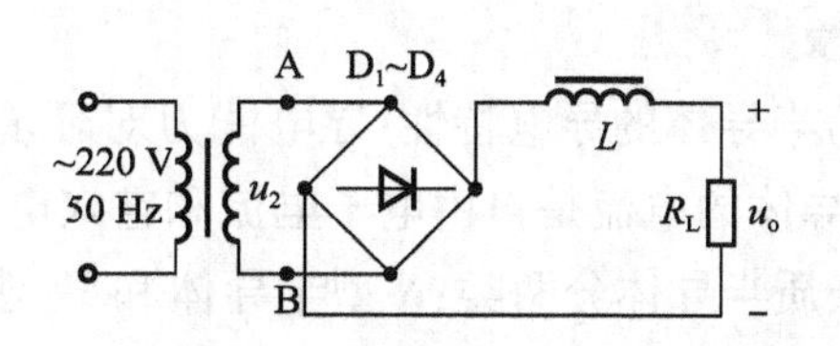

图6－19　单相桥式整流电感滤波电路及波形图

感线圈的电感量要足够大，所以一般需要采用有铁芯线圈。

当流过电感的电流变化时，电感线圈中产生的感生电动势将阻止电流的变化。当通过电感线圈的电流增大时，电感线圈产生的自感电动势与电流方向相反，阻止电流的增加，同时将一部分电能转化成磁场能存储于电感之中；当通过电感线圈的电流减小时，自感电动势与电流方向相同，阻止电流的减小，同时释放出存储的能量，以补偿电流的减小。因此经电感滤波后，不但负载电流及电压的脉动减小，波形变得平滑，而且整流二极管的导通角增大。

在电感线圈不变的情况下，负载电阻愈小，输出电压的交流分量愈小。只有在 $R_L \gg \omega L$ 时才能获得较好的滤波效果。L 愈大，滤波效果愈好。另外，由于滤波电感电动势的作用，可以使二极管的导通角接近 π，减小了二极管的冲击电流，平滑了流过二极管的电流，从而延长了整流二极管的寿命。

活动 6.4.2　稳压电路

利用电路的调整作用使输出电压稳定的过程称为稳压。本节以硅稳压管稳压电路为例，分析稳压电路的原理。

1. 硅稳压管稳压电路组成

由硅稳压管组成的简单稳压电路如图 6－20 所示。硅稳压管 D_W 与负载 R_{fz} 并联，R_f 为限流电阻。

2. 硅稳压管稳压电路原理

若电网电压升高，整流电路的输出电压 U_{sr} 也随之升高，引起负载电压 U_{sc} 升高。由于稳压管 D_W 与负载 R_{fz} 并联，U_{sc} 只要有很少一点增长，就会使流过稳压管的电流急剧增加，使得 I_1 也增大，限流电阻 R_f 上的电压降增大，从而抵消了 U_{sr} 的升高，保持负载电压 U_{sc} 基本不变。反之，若电网电压降低，引起 U_{sr} 下降，造成 U_{sc} 也下降，则稳压管中的电流急剧减小，使得 I_1 减小，R_f 上的电压降也减小，从而抵消了 U_{sr} 的下降，保持负载电压 U_{sc} 基本不变。

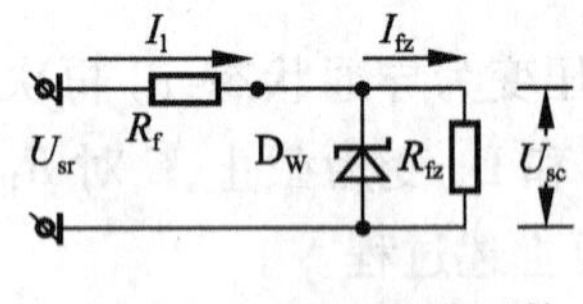

图 6－20　硅稳压管稳压电路

若 U_{sr} 不变而负载电流增加，则 R_f 上的压降增加，造成负载电压 U_{sc} 下降。U_{sc} 只要下降一点点，稳压管中的电流就迅速减小，使 R_f 上的压降再减小下来，从而保持 R_f 上的压降基本不变，使负载电压 U_{sc} 得以稳定。

综上所述可以看出，稳压管起着电流的自动调节作用，而限流电阻起着电压调整作用。稳压管的动态电阻越小，限流电阻越大，输出电压的稳定性越好。

1）半导体的导电特性：导电能力对环境的变化很敏感，特别是对温度和光照的变化最敏感；半导体的电流是自由电子电流和空穴电流之和。

杂质半导体分两类：N 型半导体和 P 型半导体。在 N 型半导体中自由电子是多子，而空穴是少子。在 P 型半导体中，空穴是多子，而自由电子是少子。

PN结是P型半导体和N型半导体交接面形成的一个空间电荷区,PN结具有单向导电性。

2)晶体二极管是由PN结加两个引出电极和管壳组成。晶体二极管的主要特点是具有单向导电性,在电路中可以起整流和检波等作用。

3)小功率整流稳压电源由变压器、整流电路、滤波电路和稳压4个环节组成。

4)单相半波整流在纯电阻负载下,输出电压的平均值 $U_o=0.45U_2$,单相桥式整流在纯电阻负载下,输出电压的平均值 $U_o=0.9U_2$。

5)整流电路加上电容滤波后,如果电容容量选择合适,则有 $U_o=U_2$(半波整流),$U_o=1.2U_2$(桥式整流)。单相桥式整流电容滤波电路在实际应用中非常普通。

本章习题

一、填空题

1. 导电性能介于________与________之间的叫半导体。
2. 将________封装起来并加上________就构成了半导体二极管。
3. 二极管加正向电压导通,加反向电压截止,这叫作二极管的________。
4. 将二极管的正向电阻与反向电阻比较,相差越________,导电性________。
5. 锗二极管的开启电压________,硅二极管的开启电压________。
6. 锗二极管的正向压降________,硅二极管的正向压降________。
7. 从二极管P区引出的电极为________,N区引出的电极为________。
8. 最常用的半导体材料有________和________。
9. 有一锗二极管正反向电阻均接近于零,表明二极管________,又有一锗二极管正反向电阻接近无穷大,表明二极管________。
10. 硅二极管的正向电阻________,锗二极管的正向电阻________。
11. 由于掺入的杂质不同,杂质半导体分为两类,一类是在本征半导体的晶体中掺入正三价的硼,称为________或________,在其中________是多数载流子,________是少数载流子;另一类是在本征半导体中掺入正五价的磷,称为________或________,在其中________是多数载流子,________是少数载流子。
12. PN结最重要的特性是________________,它是一切半导体器件的基础。
13. 稳压二极管主要工作在________区。在稳压时一定要在电路中加入________限流。

二、判断题

1. 半导体二极管都是硅材料制成的。(　　)
2. 半导体二极管具有单向导电性。(　　)
3. 半导体二极管只要加正向电压就能导通。(　　)
4. 稳压二极管工作在正向导通状态。(　　)
5. 利用二极管的正向压降也能起到稳压作用。(　　)
6. 二极管从P区引出的极是正极。(　　)
7. 二极管加反向电压一定是截止状态。(　　)
8. 二极管代替换用时,硅材料管不能与锗材料管互换。(　　)

9. 普通二极管可以替换任何特殊二极管。(　　)

10. 为了安全使用二极管,在选用时应通过查阅相关手册了解二极管的主要参数。(　　)

三、选择题

1. 把电动势为1.5 V的干电池以正向接法直接接到硅二极管两端,则________。

A. 电流为零　　B. 电流基本正常　　C. 被击穿　　D. 被烧坏

2. 二极管两端加正向电压时________。

A. 一定导通　　B. 超过死区电压才导通

C. 超过0.7 V导通　　D. 超过0.3 V才导通

3. 测量二极管反向电阻时,若用两手把管脚捏住,电阻值将会________。

A. 变大　　B. 变小　　C. 不变

4. 稳压二极管的稳压性能是利用二极管的________特性实现。

A. 单向导电　　B. 反向击穿　　C. 正向导通　　D. 反向截止

5. 如果半导体二极管正反向阻值都无穷大,说明二极管________。

A. 正常　　B. 内部短路　　C. 内部断路　　D. 性能差

6. 用万用表测量小功率二极管性能时,一定选用量程________挡。

A. $R\times1$　　B. $R\times10$

C. $R\times100$ 或 $R\times1\text{K}$　　D. $R\times10\text{K}$

7. 用万用表判断发光二极管正负极性时,一般选用电阻量程________挡。

A. $R\times1$　　B. $R\times10$

C. $R\times100$ 或 $R\times1\text{K}$　　D. $R\times10\text{K}$

四、简答题

1. 如何用万用表判断硅二极管和锗二极管?

2. 如何用万用表判断二极管好坏及正负极?

3. 如何用万用表判断稳压二极管?

五、分析与计算

1. 试画出汽车交流发电机硅整流器电路图,并叙述其原理。

2. 如图6-21所示,试分析桥式整流电路中的二极管或D_4断开时负载电压的波形?如果D_2或D_4接反结果又如何?如果D_2或D_4被击穿或烧坏,结果如何?

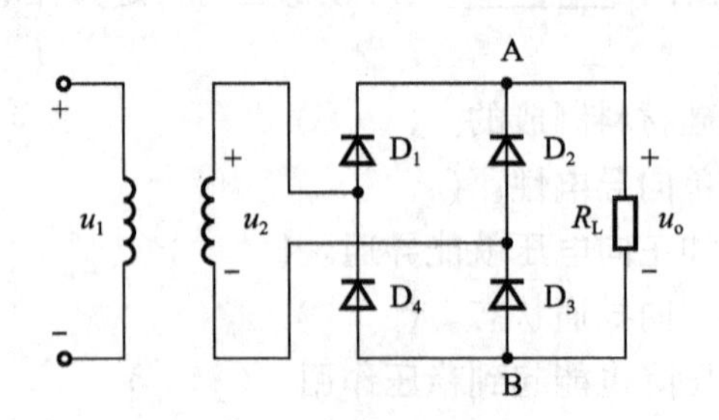

图6-21　桥式整流电路

项目七

三极管及其在汽车中的应用

1. 掌握三极管的结构与工作原理
2. 掌握共射极放大电路
3. 掌握多级放大电路
4. 掌握集成运放及放大电路中的负反馈
5. 了解放大电路在汽车电路中的应用

任务 7.1 熟悉放大电路

放大电路的作用是将微弱的电信号进行放大,它是组成各种电子电路的基础,应用十分广泛。对放大电路的主要要求有两个方面:第一是要具有一定的放大能力,放大后输出信号电压(电压放大器)或输出信号功率(功率放大器)达到要求;第二是失真要小,即放大后输出信号的波形应尽可能保持与输入信号波形一致。

放大器的种类很多,按照信号的信号频率划分,可分为低频放大器、中频放大器、高频放大器和直流放大器等。

本节通过对低频电压放大器(信号频率从 20 Hz ~ 200 kHz)的介绍,来了解放大电路的一些基础知识,并介绍简单的三极管放大电路的组成和工作原理,分析放大电路的电压放大倍数、输入电阻和输出电阻等。

活动 7.1.1 三极管

依据工作原理的不同,三极管可分为单极型三极管和双极型三极管两种。单极型三极管又称场效应管,这种三极管工作时,参与导电的载流子只有一种(电子或空穴),因此称为单极型三极管。双极型三极管工作时,电子、空穴都参与导电,因此称为双极型三极管。本项目及以后各项目内,提到三极管时指的是双极型三极管,单极型管使用场效应管这个名称。

1. 三极管的结构与符号

三极管是一个三层结构,具有两个 PN 结的元件。三极管的中间层称为基区。基区两边分别称为发射区和集电区。三极管的发射区与集电区是同类型的半导体,所以三极管就有两种形式,如图 7 - 1 所示。图 7 - 1(a)所示的三极管称为 NPN 型管,图 7 - 1(b)所示的三极管称为

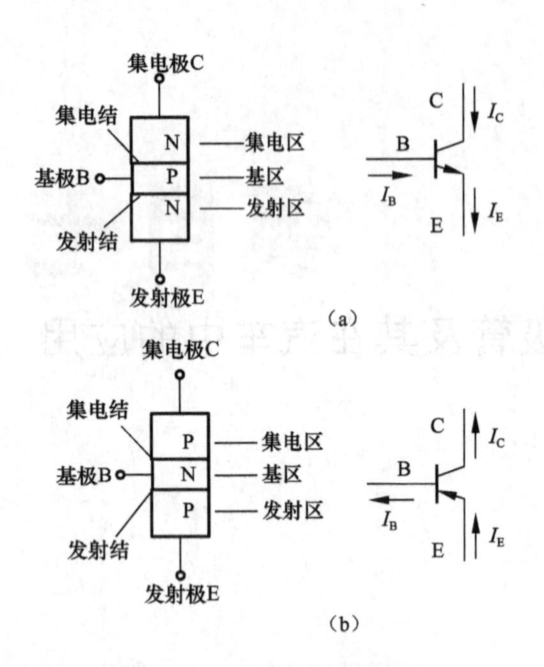

图7-1 三极管的结构及符号

(a) NPN 型;(b) PNP 型

PNP 型管,这两种三极管符号也在图7-1中示出。

三极管的基区半导体类型与发射区和集电区不同,所以在基区与发射区,基区和集电区之间分别形成 PN 结。发射区与基区之间的 PN 结称为发射结,集电区与基区间的 PN 结称为集电结。由三极管这三个区引出的电极,分别称为基极(B)、发射极(E)和集电极(C)。

在晶体管中,三个电极的电流方向是确定的,NPN 型和 PNP 型晶体管各极电流的方向是不同的。对于 NPN 型晶体管,电路符号中发射极电极形象地指出了发射极电流的流动方向是管内流向管外,而基极电流和集电极电流是流入管内的;PNP 型晶体管的情况正好相反。电流从发射极流入,由集电极和基极流出。由此可见,晶体管的电路符号指明了该管的类型,同时也指明了发射极电流的流动方向,进而可推知该管基极和集电极电流的流动方向。

2. 三极管的放大作用

二极管有两个电极,给它加一个电压(正向偏置或反向偏置)就有正向导通和反向截止的两种工作状态。而晶体管有三个电极,必须有两个外加电压,才能决定晶体管两个 PN 结的工作状态,所以有一个电极必须是共用的。按共用极的不同,晶体管电路可构成共发射极、共基极和共集电极三种接法,在后续内容中,一般以 NPN 型晶体管的共发射极接法为例分析晶体管电路的工作情况。

晶体管放大作用可按图7-2连接电路。发射极作为公共端接地,并选取 $U_{CC} > U_{BB}$。在基极回路电源 U_{BB}作用下,发射结正向偏置(即基极电位高于发射极电位),在集电极回路电源 U_{CC}作用下,集电结反向偏置(即集电极电位高于基极电位)。

适当调节电阻 R_B 的大小,观察三个电流表所监测的基极电流 I_B、集电极电流 I_C 和发射极电流 I_E 数值,可以发现:

1) 晶体管各极之间电流分配关系:$I_E = I_B + I_C$,且$I_C \gg I_B$,并且三者大小取决于发射结电压 U_{BE} 的大小(调节 R_B 可改变 U_{BE}),U_{BE}增大时,I_B 增大,I_C 和 I_E 都会随之相应地增大。

2) 基极电流 I_B 和集电极电流 I_C 的比例关系:基极电流 I_B 增大时,集电极电流 I_C 成比例增大,并且 I_C 和 I_B 的比值基本为一常数,用字母 β 表示:

$$\beta = \frac{I_C}{I_B} \text{ 或 } I_C = \beta I_B \qquad (7-1)$$

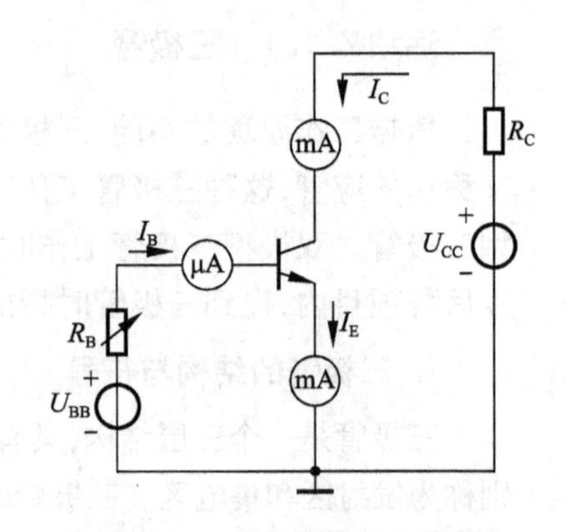

图7-2 晶体管的放大作用

β 称为晶体管的电流放大系数,即集电极电流 I_C 为基

极电流 I_B 的倍数,它体现了晶体管的电流放大能力。常用小功率晶体管的 β 值在 20 ~ 150。通常以 100 左右为宜,β 值太小,电流放大作用差;β 值太大,温度对它的稳定性影响又太大,会影响放大电路的性能。这种情况下晶体管工作于放大状态。

3）增大 R_B 阻值使发射结电压在 0.5 V 以下时,集电极电流 I_C 和发射极电流 I_E 都基本为零。这种情况下晶体管工作于截止状态。

4）减小 R_B 阻值使基极电流 I_B 增加到一定数值时,就会发现集电极电流 I_C 不随基极电流 I_B 增大而增大。这种情况下晶体管工作于饱和状态。

综上所述,晶体管具有电流放大能力,它能将基极电流 I_B 放大 β 倍而形成集电极电流 I_C,就其本质而言,这种“放大”是一种控制,是以较小的电流 I_B 控制较大的电流 I_C。

3. 三极管的三种工作状态

晶体管工作状态的不同是由其集电结和发射结偏置不同造成的,它可以分成放大状态、饱和状态及截止状态。这些不同工作状态表现出来的特性是不同的,所以将被应用于不同的场合。

(1) 放大状态

处于放大状态的晶体管,各极之间电流关系为 $I_E = I_B + I_C$,并且 $I_C = \beta I_B$,即

$$I_E = I_B + \beta I_B = (1+\beta) I_B \tag{7-2}$$

晶体管处于放大状态的条件是发射结正向偏置,集电结反向偏置。图 7-3 所示为处于放大状态的晶体管电流和电压示意图。

图 7-3(a)所示电路采用一个电源供电,它是在图 7-2 电路基础上,将电阻 R_B 接到 U_{BB} 正极的一端改接到 U_{CC} 的正极上,这样可以省去 U_{BB}。为了进一步简化电路,图 7-3(a)中电源 U_{CC} 省去未画,只标出它对地电位值和极性。

图 7-3(a)中,基极电流 I_B 增大时,集电极电流 I_C 也会按 β 倍关系增大;基极电流 I_B 减小时,集电极电流 I_C 也会按 β 倍关系减小。放大状态的这个重要特征是集电极电流 I_C 受基极电流 I_B 的控制作用。实质上我们所说的放大就是这种以较小的 I_B 控制较大的 I_C,其控制量是 β 倍。

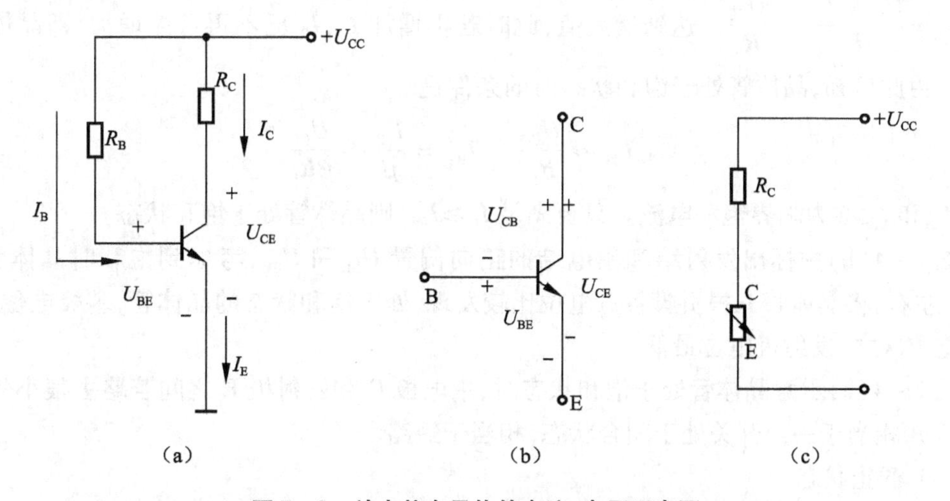

图 7-3　放大状态晶体管电流、电压示意图

图 7-3(b)中标出发射结的正向偏置电压 U_{BE} 和集电结的反向偏置电压 U_{CB},由于发射极接地,所以集电极与发射极之间电压 U_{CE} 为上正下负,即 C 点电位比 E 点电位高,U_{CE} 的数值大

小可由图 7－3(a)所示电路求得,$U_{CE}=U_{CC}-I_CR_C$。将晶体管三极引脚各点电位比较发现,处于放大状态的晶体管,集电极电位最高,基极电位次之,最低的是发射极电位。

图 7－3(c)示意晶体管处于放大状态时,集电极 C 和发射极 E 之间相当于通路,用一个变化的电阻表示其间电压降。变化情况可认为是受基极电流控制的。

(2) 饱和状态

处于饱和状态的晶体管,基极电流 I_B 增大时,集电极电流 I_C 增大很小或不再增大,基极电流 I_B 失去对集电极电流 I_C 的控制作用,因而晶体管饱和时没有放大作用。

晶体管处于饱和状态的条件是发射结正向偏置,集电结也是正向偏置。图 7－4 所示为处于饱和状态晶体管电流和电压示意图。

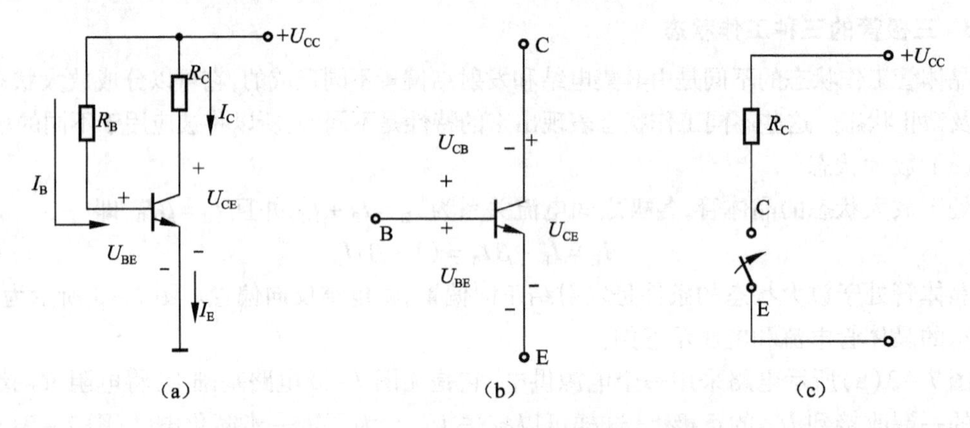

图 7－4 饱和状态晶体管电流、电压示意图

图 7－4(a)中,若减小 R_B,使发射结正向电压 U_{BE} 增加,这一阶段晶体管还是工作在放大状态,基极电流 I_B 对集电极电流 I_C 仍然有控制作用,并且 I_B 增加,I_C 也增加,$U_{CE}(=U_{CC}-I_CR_C)$减小。当 U_{CE}减小到接近为零时(硅管约 0.3 V,锗管约 0.1 V,称为饱和压降),集电极电流 $I_C=\dfrac{U_{CC}-U_{CE}}{R_C}\approx\dfrac{U_{CC}}{R_C}$已达到最大值,此时若再增加 I_B,I_C 已不再可能增加,即晶体管已经饱和。由此可知,晶体管处于饱和状态时的条件是

$$I_{CS}\approx\frac{U_{CC}}{R_C},\quad I_{BS}=\frac{I_{CS}}{\beta}\approx\frac{U_{CC}}{\beta R_C}$$

式中 I_{CS}和 I_{BS}称为临界饱和电流。只要满足 $I_B\geqslant I_{BS}$,则晶体管处于饱和状态。

图 7－4(b)中标出发射结和集电结的正向偏置 U_{BE} 和 U_{CB},考虑到饱和时晶体管 $U_{CE}\approx$ 0.3 V 左右,将晶体管三根引脚各点电位比较发现,处于饱和状态的晶体管,基极电位最高,集电极电位次之,发射极电位最低。

图 7－4(c)示意晶体管处于饱和状态时,集电极 C 和发射极 E 之间若略去很小的电压降(0.3 V),相当于一个开关处于闭合状态,相当于短路。

(3) 截止状态

处于截止状态的晶体管,各极电流(I_B、I_C 和 I_E)都为零或极小。因而晶体管截止时没有放大作用。

晶体管处于截止状态的条件是发射结反向偏置,集电结也是反向偏置。图 7－5 所示为处

于截止状态晶体管电流和电压示意图。

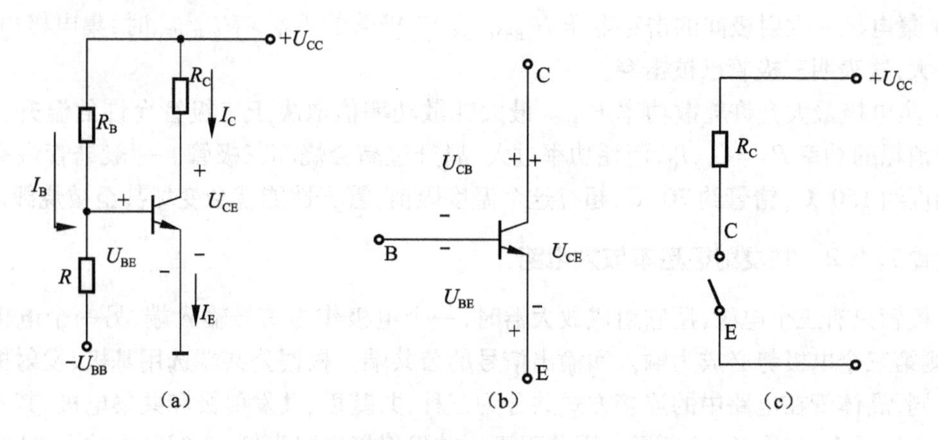

图 7-5　截止状态晶体管电流、电压示意图

图 7-5(a)中,由于发射结和集电结都反向偏置,基极电流和集电极电流 $I_B=0$ 所以 $I_C=0$ 那么集电极电阻 R_C 上就没有电压降。晶体管集电极 C 和发射极 E 之间电压

$$U_{CE}=U_{CC}-I_CR_C=U_{CC} \tag{7-3}$$

图 7-5(b)中标出了发射结和集电结的反向偏置电压 U_{BE} 和 U_{CB},考虑到在截止时 $U_{CE}=U_{CC}$,将晶体管三极引脚各点电位比较发现,处于截止状态的晶体管,集电极电位最高,发射极电位次之,基极电位最低。

图 7-5(c)示意晶体管处于截止状态时,集电极 C 和发射极 E 之间电压降为电源电压,相当于一个开关处于断开状态,相当于开路。

晶体管三种状态各有其特点,一般情况下,在模拟电子电路中,晶体管主要工作在放大状态,避免其工作在饱和或截止状态,否则会使被放大的交流信号出现失真。在数字电子电路中,晶体管主要工作在饱和与截止两种状态,起开关作用。

4. 三极管的主要参数

三极管的参数用来表明它的性能及适用范围,为使用三极管提供依据。三极管的参数很多,主要的有以下几项。

(1) 电流放大系数 β

三极管制成之后,β 值也就确定了。因此同一型号的三极管,β 值不可能相同。一般三极管 β 值范围很大,通常使用的三极管 β 值在 20 到 100 之间(大功率三极管 β 值较低,一般 β 值只有 20~30)。三极管的 β 值太小,电流放大作用差,但 β 值过高(高于 100 以上),管子性能受环境温度影响较大,性能不稳定,三极管 β 值过高或过低均不适用。

(2) 穿透电流 I_{CEO}

穿透电流的大小是衡量三极管质量的一个指标。穿透电流过大,三极管不受控制的电流成分增大,管子的性能下降。穿透电流受环境温度变化影响很大,若温度升高,I_{CEO} 增大。

(3) 极限参数

1) 集电极最大允许电流 I_{CM}。三极管在使用时、集电极电流 I_C 过大会损坏三极管,即使管子没烧毁,三极管的 β 值也会大大下降。通常将 β 值下降到额定值的 2/3 时所对应的集电极电流 I_C 之值称为集电极最大允许电流 I_{CM}。一般小功率三极管 I_{CM} 为数十毫安,大功率三极

管的 I_{CM} 可达数安以上。

2）集电极－发射极间的击穿电压 $U_{(BR)CEO}$。三极管的 $U_{CE} > U_{(BR)CEO}$ 时，集电极电流 I_C 会突然增大，这表明三极管已被击穿。

3）集电极最大允许耗散功率 P_{CM}。最大耗散功率值取决于三极管允许的温升。三极管工作时消耗的功率 $P_C = U_{CE}I_C$，消耗功率过大、温升过高会烧坏三极管。一般硅管最高允许使用的温度约 150 ℃，锗管约 70 ℃，超过这个温度限值，管子性能就会变坏甚至被烧毁。

活动 7.1.2　共发射极基本放大电路

三极管只有三个电极，用它组成放大器时，一个电极作为信号输入端，另一个电极作为输出端，则第三个电极势必成为输入和输出信号的公共端。根据公共端选用基极、发射极或集电极的不同，晶体管在电路中的连接方式共分为三种：共基极、共发射极和共集电极，其中共发射极电路应用最多，如图 7－6 所示。因此下面以共发射极电路为例，介绍基本放大电路的组成、工作原理等。

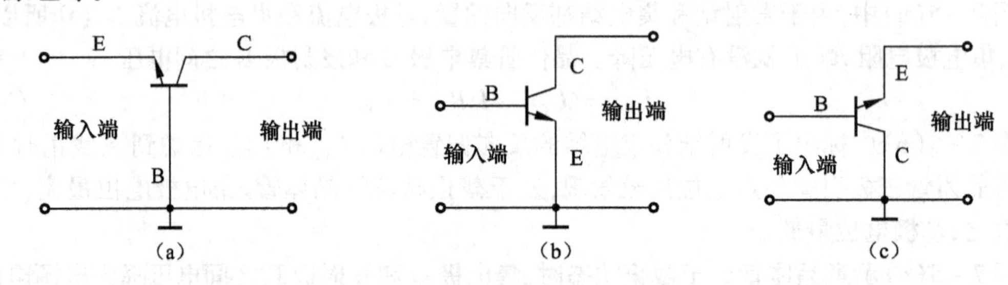

图 7－6　晶体管在电路中的三种接法

(a) 共基极；(b) 共发射极；(c) 共集电极

1. 电路的组成

图 7－7 所示是简单的单管共发射极放大电路。电路左边 ab 两点间为输入端，要放大的输入交流信号 u_i 加于输入端；右边 cd 两点间为输出端，输出放大后的交流信号 u_o 到外接负载 R_L。电路以发射极作为输入和输出的公共电极，所以属于共发射极电路。

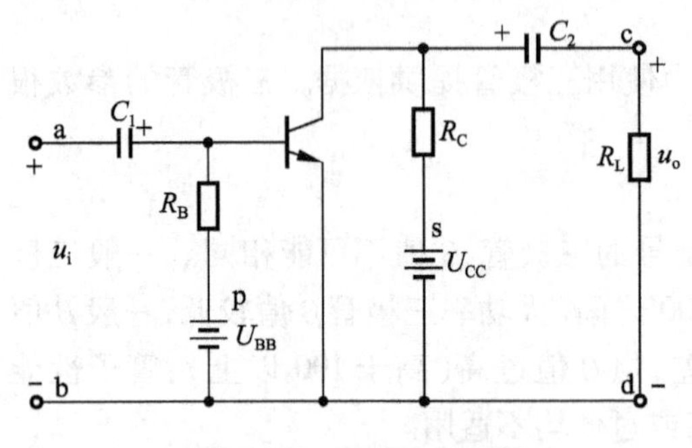

图 7－7　单管放大电路

(1) 电路元件的作用

1）三极管。它是放大电路的核心元件，利用它的电流放大作用可放大输入信号。

2）基极电源和偏置电阻 R_B。电压为 U_{BB} 的基极电源通过 R_B 给三极管发射结加正向偏置电压。在 U_{BB} 一定时，R_B 的作用是保证三极管处于合适的直流工作状态，即通过调节 R_B 的数值，可使在无输入信号（$u_i = 0$）时，加于三极管发射结的直流电压 U_{BE} 和直流电流 I_B 达到合适的数值。所以 R_B 又常称为偏置电阻。

3）集电极电源和集电极电阻 R_C。电压为 U_{CC} 的集电极电源通过 R_C 给集电结加反向偏置电压，U_{CC} 一定时，R_C 可以在无输入信号时，使三极管的集电极直流电压 U_{CE} 达到合适的数值。此外，R_C 还将集电极电流的变化量转换为集电极电压的变化量，也就是通过 R_C 把三极管的电流放大特性转化为电压放大特性。

4）耦合电容 C_1、C_2。

C_1 和 C_2 分别接于放大电路的输入端和输出端，它们有两点作用，一是隔断直流，即隔断放大电路与信号源、放大电路与负载的直流通路，使电路的直流工作状态不受信号源和负载的影响。二是耦合交流，即输入的交流信号 u_i 可以通过 C_1 加于三极管基极到发射极之间；输出交流信号 u_o 可以通过 C_2 输出给负载电阻 R_L。

（2）电路简化和习惯画法

图 7－7 所示电路总用两个直流电源（U_{CC} 和 U_{BB}）供电，这在实用上是不方便的。由于 U_{CC} 和 U_{BB} 的负极是连在一起的，所以可以用一个电源供电。在图 7－7 中，当选用 U_{CC} 等于 U_{BB} 时，则 p、s 两点等电位，将 p、s 两点进行连接，即可省去一组电源，如图 7－8 所示。U_{BB} 提高到 U_{CC} 的数值后，只需相应提高 R_B 的数值，就可以使发射结获得合适的正向偏压。

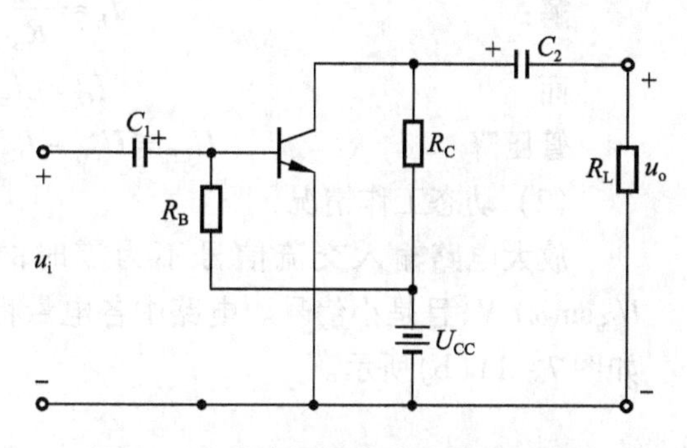

图 7－8　单电源供电的单管放大电路

在电路中，通常还把输入回路和输出回路的公共端称为"地"，并把"地"当作零电位点，作为电路中其余各点电压的参考点。电路中各点的电位无特殊表明，都是指该点对"地"电位。

在图 7－8 中 U_{CC} 负极接地，所以在图中可以只标出它的极性和大小，不再画出电源的符号，如图 7－9 所示。这是电子电路的习惯画法，后面将经常采用这种画法。

2. 工作原理

（1）静态工作情况

放大电路在输入交流信号为零时，由于直流电源 U_{CC} 的存在，电路中各处已经存在直流电压和直流电流，电路这时的工作状态就称为静态。静态时，晶体管的 I_B、I_C、U_{CE} 值称为该放大电路的静态工作点。按直流信号在电路中流通的路径可画出电路的直流通路。方法：电容视为开路，电感视为短路。图 7－9 电路的直流通路如图 7－10 所示。

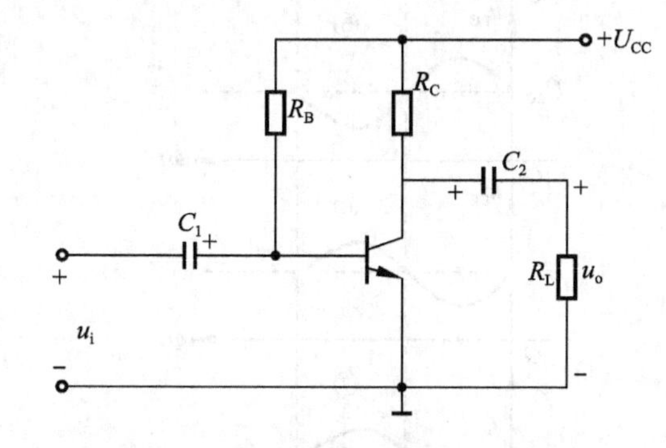

图 7－9　单管放大电路的习惯画法

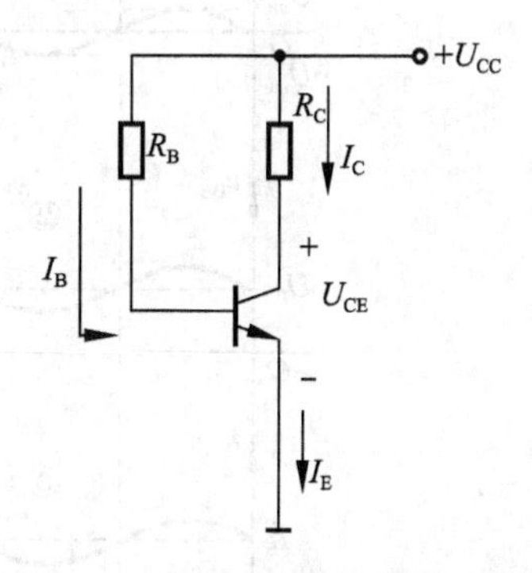

图 7－10　共发射极放大电路的直流通路

按照直流通路的结构，可计算出电路的静态工作点：

$$I_B = \frac{U_{CC} - U_{BE}}{R_B} \approx \frac{U_{CC} - 0.7\text{V}}{R_B}$$

由于 $U_{CC} \gg U_{BE}$，则

$$I_B \approx U_{CC}/R_B \tag{7-4}$$

$$I_C = \beta I_B \tag{7-5}$$

$$U_{CE} = U_{CC} - I_C R_C \tag{7-6}$$

例 7-1 如图 7-10 所示电路，若 $U_{CC}=12\ \text{V}$，$R_B=300\ \text{k}\Omega$，$R_C=4\ \text{k}\Omega$，$\beta=50$，求电路的静态工作点。

解： $I_B \approx \dfrac{U_{CC}}{R_B} = \dfrac{12\ \text{V}}{300\ \text{k}\Omega} = 40\ \mu\text{A}$

而 $I_C = \beta I_B = 50 \times 40 = 2\ \text{mA}$

管压降 $U_{CE} = U_{CC} - I_C R_C = 12\ \text{V} - 2 \times 4\ \text{V} = 4\ \text{V}$

(2) 动态工作情况

放大电路输入交流信号不为零时的工作状态称为动态。若电路输入交流信号 $u_i = U_{im}\sin\omega t$ V，且是小信号。电路中各电量将在原静态值上叠加一个交流分量，各相关点的波形如图 7-11(b) 所示。

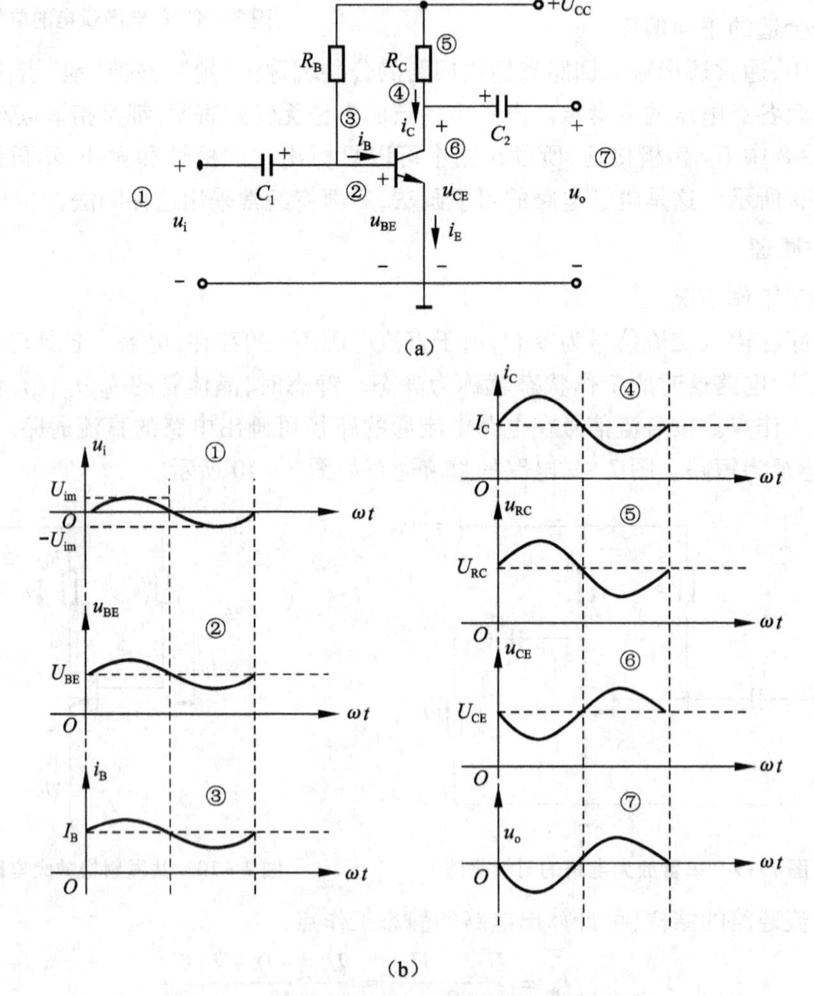

图 7-11 放大电路加入交流信号前、后的波形

(a) 放大电路；(b) 放大状态时的波形

输入信号 u_i 经过耦合电容 C_1 加在晶体管基极和发射极之间，只要输入信号频率不是很低，一般 C_1 对交流可视为短路。这样，u_i 和 U_{BE} 相叠加，得到 u_{BE}（$u_{BE}=U_{BE}+u_i$）的波形（图中波形②）。由波形②注意到：u_{BE} 是在一个较大的直流电压 U_{BE}（约0.6 V）上叠加上一个较小的交流信号 u_i，以使 u_{BE} 不产生负值，避免出现失真。u_{BE} 电压的变化引起基极电流 i_B（$i_B=I_B+i_b$）的变化（图中波形③），只要晶体管处在放大状态，i_C（$i_C=I_C+i_c$ 的波形（图中波形④））受 i_B 的控制（因 $i_C=\beta i_B$），u_{RC}（$=i_cR_C$）（图中波形⑤）随 i_C 变化而变化，u_{CE}（$u_{CE}=U_{CC}-u_{RC}$）（图中波形⑥）则随 i_C 变化而作相反的变化，经过 C_2（具有隔直通交）后得到 u_o（图中波形⑦）波形。u_o 和 u_i 比较发现，二者相位相反，说明这种电路具有反相作用。

3. 静态工作点的选择

由上面的分析知道，加入交流信号后，晶体管各极电压、电流是交直流叠加值。因此，静态工作点的选择对放大电路有很大的影响，选择不当，容易引起失真。

工作点设置太低时，在交流信号的负半周，晶体管因发射结反偏进入截止状态，没有放大作用，使输出波形出现失真，如图7－12所示。这种因晶体管进入截止区而产生的失真称为截止失真。截止失真的特征是输出电压波形的正半周被削去一部分。增大静态工作点的数值（如减小 R_B）可减小这种失真。

工作点设置太高时，在交流信号的正半周，随输入信号增大，集电极电流 i_C 因受最大值 I_{CM} 的限制而不能相应地增大，i_B 失去对 i_C 的控制，晶体管进入饱和区，使输出波形产生失真，如图7－13所示。这种因晶体管进入饱和区而产生的失真称为饱和失真。饱和失真的特征是输出电压波形的负半周被削去一部分。降低静态工作点的数值（如增大 R_B）可减小这种失真。

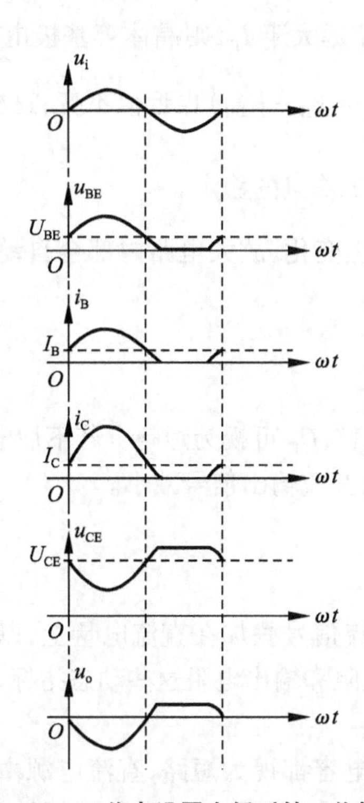

图7－12　工作点设置太低时的工作情况

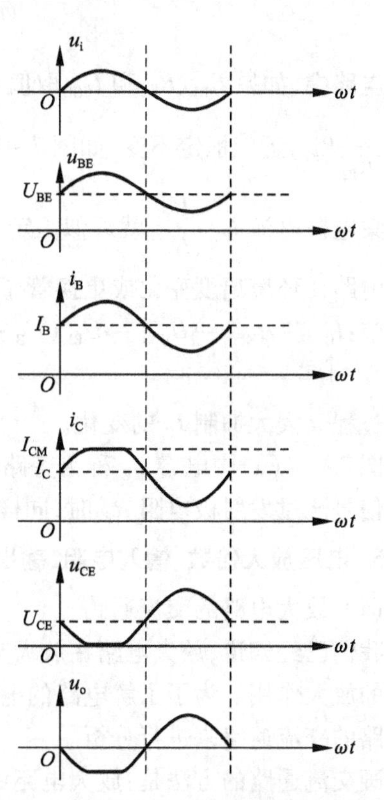

图7－13　工作点设置太高时的工作情况

静态工作点设置的恰当性，随输入信号变化。输出信号正负半周都能达到最大值而不出现失真，这个工作点是放大电路的最佳工作点。任何状态下，不失真的最大输出称为放大电路的动态范围。显然，最佳工作点下，电路的动态范围最大。还需指出的是，在保证输出信号不失真的前提下，降低电路的静态工作点，有利于减小放大电路的损耗。

4. 静态工作点的稳定

设置了合适的静态工作点，还希望它在工作时能稳定。但由于晶体管的参数受温度影响很大，晶体管参数的离散性也很大。这样，在环境温度变化或更换管子等情况下，都会引起原来工作点的变化，影响放大电路的正常工作。因此，需要在电路结构上采取一定的措施来稳定工作点。如图 7－14 所示为分压式放大电路，是一种应用最广泛的稳定工作点的电路。

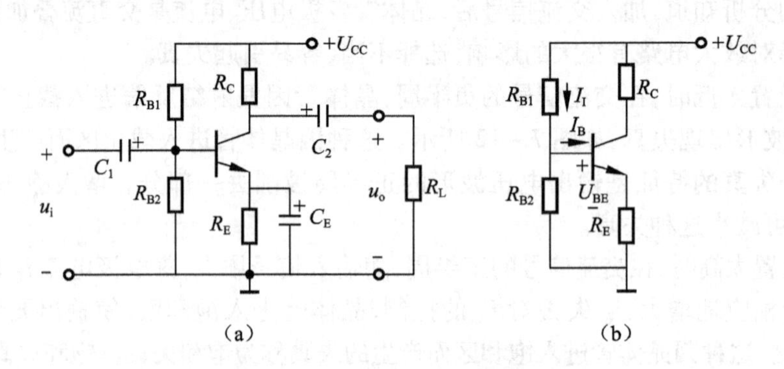

图 7－14　分压式放大电路

(a) 放大电路；(b) 直流通路

电路中，如果 R_{B1}、R_{B2} 和 U_{CC} 取值合适，使 R_{B1} 上的电流远大于 I_B，则晶体管基极电位 $V_B=\dfrac{U_{CC}}{R_{B1}+R_{B2}}R_{B2}$，近似恒定不变，如图 7－14(b)所示。$U_E$（$U_E=V_B-U_{BE}$）也近似不变，这样，晶体管的集电极电流 $I_C\approx\dfrac{U_E}{R_E}$，就近似恒定不变，从而实现电路工作点的稳定。

电路在环境温度变化或更换管子的情况下，使 I_C 发生变化，放大电路内部会自动进行如下调节：$I_C\uparrow\rightarrow I_E\uparrow\rightarrow U_E\uparrow\rightarrow U_{BE}(U_B-U_E)\downarrow\rightarrow I_B\downarrow\rightarrow I_C\downarrow$

这个过程会大大抑制 I_C 的变化。

图 7－14(a)中电容 C_E 称为旁路电容，对交流信号而言，C_E 可视为短路。若不加电容 C_E，交流信号流过发射极电阻 R_E 时，同样会产生电压降，导致交流输出信号减小。

5. 电压放大倍数、输入电阻、输出电阻

(1) 放大电路的交流通路

我们已经知道，放大电路在放大交流信号时，是把交流信号叠加在直流电量上，以实现不失真的放大作用。为了了解电路的电压放大倍数、输入电阻和输出电阻这些动态指标，常通过画电路的交流通路来进行分析。

画交流通路的方法是：放大电路中的耦合电容、旁路电容都视为短路；直流电源由于内阻很小，对交流信号也视为短路。

根据上述方法，可画出图 7－9 所示基本放大电路的交流通路，如图 7－15 所示。

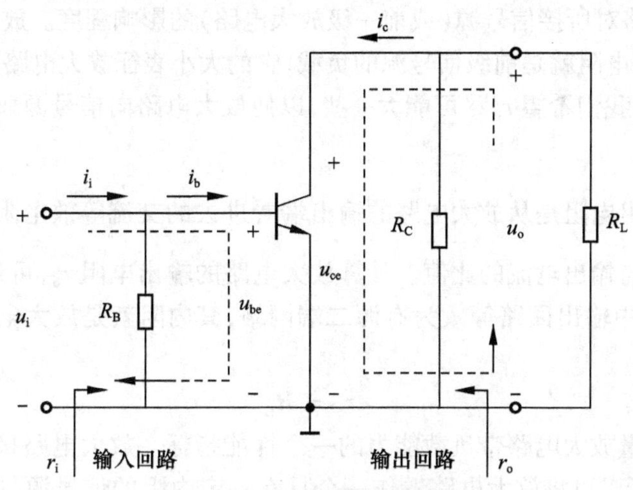

图 7－15　放大电路的交流通路

（2）电压放大倍数 A_u

电压放大倍数反映了放大电路对电压的放大能力，定义为输出电压与输入电压之比，用 A_u 表示。即

$$A_u = \frac{u_o}{u_i}$$

在图 7－15 输出回路中

$$u_o = -i_c R'_L = -\beta i_b R'_L$$

式中 $R'_L = R_C // R_L$。

在图 7－15 输入回路中

$$u_i = i_b r_{be}$$

式中　r_{be}——晶体管基极和发射极间的动态电阻。

在小信号放大电路中 $r_{be}\left(r_{be} = \frac{u_{be}}{i_b}\right)$ 通常为 1 kΩ 左右。电压放大倍数为

$$A_u = \frac{u_o}{u_i} = \frac{-\beta i_b R'_L}{i_b r_{be}} = -\frac{\beta R'_L}{r_{be}}$$

式中，"－"号表示输出、输入信号反相。放大电路输出端未接负载时 $R'_L = R_C$，电压放大倍数为：

$$A_u = -\frac{\beta R_C}{r_{be}} \tag{7－7}$$

因 $R_C > R'_L (R'_L = R_C // R_L)$，所以放大电路接上负载后，电压放大倍数将下降，也即输出电压将减小。

（3）输入电阻 r_i 和输出电阻 r_o

放大电路的输入电阻是从放大电路的输入端看进去的交流等效电阻，它等于放大电路输入电压与输入电流的比值，即

$$r_i = \frac{u_i}{i_i}$$

由图 7－15 可得

$$r_i = R_B // r_{be} \approx r_{be} \tag{7-8}$$

r_i 反映放大电路对所接信号源(或前一级放大电路)的影响程度。放大电路和信号源相接后,放大电路的输入电阻就是前级信号源的负载,它的大小表征放大电路向信号源取用信号量的多少。一般来说,我们希望 r_i 尽可能大一些,以使放大电路向信号源取用的电流尽可能小,以减少前级的负担。

放大电路的输出电阻是从放大电路的输出端看进去的交流等效电阻,即 $r_o = \dfrac{u_o}{i_o}$。它等于放大电路输出电压与输出电流的比值。计算放大电路的输出电阻 r_o,可运用电工技术中戴维南定理将图 7-15 中输出回路等效为有源二端网络,其内阻就是放大电路的输出电阻,对于图 7-15 可得

$$r_o = R_C \tag{7-9}$$

输出电阻是衡量放大电路带负载能力的一个性能指标。放大电路接上负载后,要向负载(后级)提供能量,所以可将放大电路看作一个具有一定内阻的信号源,这个信号源的内阻就是放大电路的输出电阻。当负载变化时,为了使输出电压恒定,则要求 r_o 要小,r_o 越小,放大电路带负载的能力越强。

例 7-2 在图 7-9 电路中,已知 $r_{be} = 1\ \text{k}\Omega$,其他参数与例 7-1 一致。试求放大电路的 A_u、r_i、r_o。

解: 电压放大倍数 A_u

$$A_u = -\frac{\beta R'_L}{r_{be}} \quad \text{其中} \quad R'_L = \frac{R_C R_L}{R_C + R_L} = \frac{4\times 4}{4+4}\ \text{k}\Omega = 2\ \text{k}\Omega$$

$$A_u = -\frac{\beta R'_L}{r_{be}} = -\frac{50\times 2}{1} = -100$$

若放大电路未带负载,则有 $A_u = -\dfrac{\beta R_C}{r_{be}} = -\dfrac{50\times 4}{1} = -200$

输入电阻 r_i

$$r_i = R_B // r_{be} \approx r_{be} = 1\ \text{k}\Omega$$

输出电阻 r_o

$$r_o = R_C = 4\ \text{k}\Omega$$

任务 7.2 多级放大器

活动 7.2.1 多级放大器的组成

实际应用的放大器通常都是多级的,即把几个单级放大器适当连接起来构成的放大器。这是因为要把一个微弱的信号放大到能够推动负载(电动机的转动、扬声器发声等),靠一级放大是不够的。图 7-16 所示是一个完整的多级放大器的方框图。

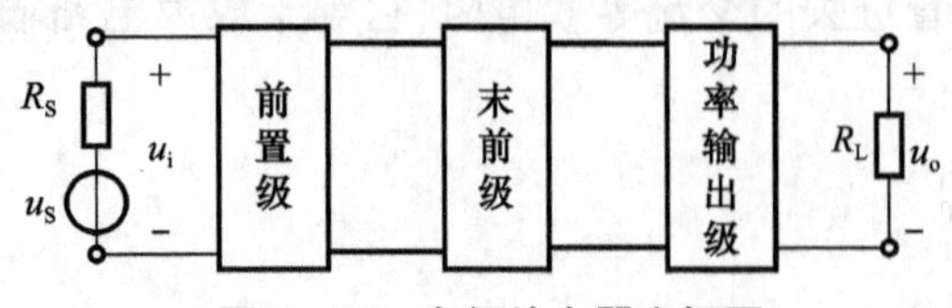

图 7-16 多级放大器方框图

多级放大器的末级,也称为功率输出级,

它的任务是输出足够大的信号功率去推动负载。前置级的作用是把微弱的信号加以放大(一般是电压放大),有时前置级由几级组成。末前级(又称推动级或激励级)的作用是:如果负载要求信号功率较大,那么功率输出级的输入功率(或称推动功率)也较大,前置级直接推动末级有困难,所以用末前级把前置级的信号加以放大后,再去推动末级。前置级属于小信号放大,末前级和功率输出级,尤其是功率输出级工作于大信号情况。

活动 7.2.2　级间耦合方式

多级放大器中,级与级之间的连接称为级间耦合。对级间耦合电路的要求如下:

① 必须保证放大器各级有合适的静态工作点。

② 必须保证被放大的信号顺利地由前级传送到后级。

电子技术中,常用到的级间耦合方式有:阻容耦合、变压器耦合和直接耦合。

1. 阻容耦合

所谓阻容耦合,就是利用电阻和电容元件将两个单级放大器连接起来组成多级放大器,如图 7-17 所示。阻容耦合方式的优点如下:

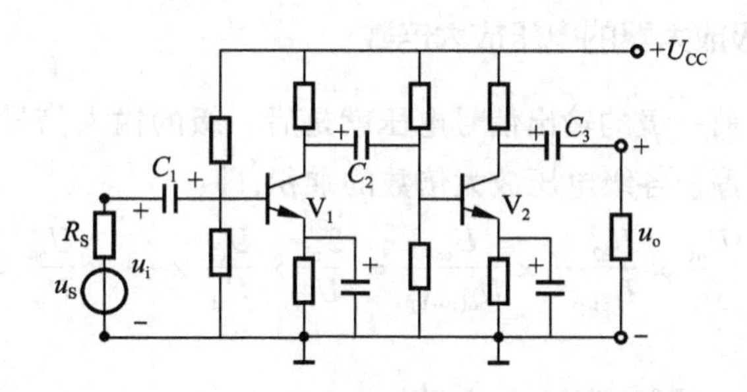

图 7-17　两级阻容耦合放大电路

1）前级的输出信号通过电容耦合给后一级,适当地选取电容数值,可以保证交流信号顺利耦合到下一级。

2）电容具有隔直作用,所以各级直流通路互不相通,各级的静态工作点是彼此独立的,因此静态工作点的设计计算比较简单。

3）电容体积小、质量小,成本低。由于具有以上优点,所以阻容耦合电路等到广泛的应用。但是,阻容耦合方式不适合传送变化极为缓慢的信号,因为这种信号通过电容会受到较大的损耗,而且直流信号根本不能通过耦合电容。

2. 变压器耦合

图 7-18 所示为变压器耦合两级放大电路。输入交流信号 u_i 经第一级 V_1 放大后,交流信号电流 i_{c1} 通过变压器 T_1 的互感作用,在次级感应出信号电压并加到 T_2 的输入端,经第二级放大后由输出变压器 T_2 传送到负载 R_L。由于变压器不传送直流量,所以各级静态工作点也是独立的。变压器耦合方式的一个重要特点是具有阻抗变换作用,例如通过变压器可以方便地将负载电阻变换成放大器所需求的最佳负载值。

变压器耦合的缺点是质量和体积较大,成本较高,也不能传送变化缓慢的信号或直流信号。

3. 直接耦合

直接耦合方式是不经过电抗元件，将前级的输出端和后级的输入端直接（或经过电阻）连接起来的电路，如图 7－19 所示。直接耦合放大电路，不仅能放大交流信号，也能放大直流信号。但是，直接耦合方式各级的直流电路互相沟通，各级的静态工作点互相影响。

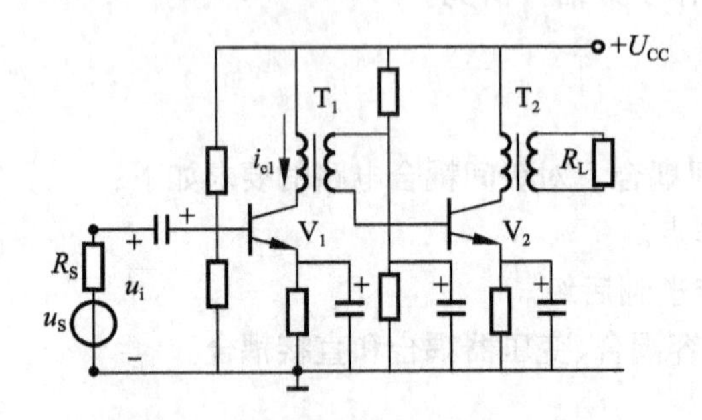

图 7－18　变压器耦合两级放大电路

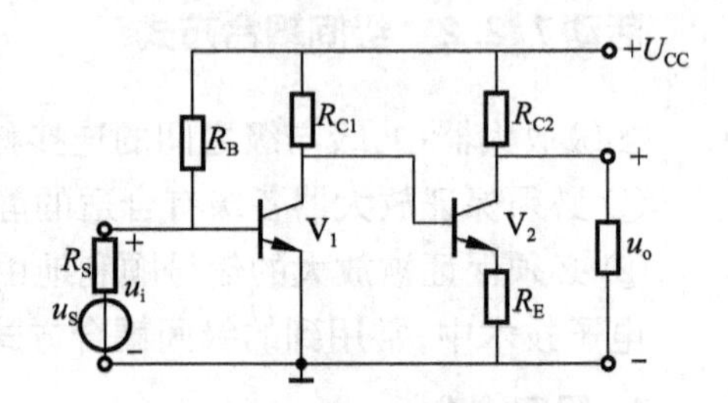

图 7－19　直接耦合方式

直接耦合电路适宜于集成化产品，其应用领域越来越广泛。

活动 7.2.3　多级放大器的电压放大倍数

在多级放大器中，前一级的输出信号电压就是后一级的输入信号电压，因此，多级放大器的总电压放大倍数 A_u 等于各级电压放大倍数的乘积，即：

$$A_u = \frac{U_o}{U_i} = \frac{U_{o1}}{U_i} \times \frac{U_{o2}}{U_{o1}} \cdots \times \frac{U_{on}}{U_{o(n-1)}} = \frac{U_{o1}}{U_i} \times \frac{U_{o2}}{U_{i1}} \times \cdots \times \frac{U_{on}}{U_{in}} = A_{u1}A_{u2}\cdots A_{un} \quad (7-10)$$

任务 7.3　集成运算放大电路

运算放大器是具有高开环放大倍数并带有深度负反馈的多级直接耦合放大电路。它首先应用于电子模拟计算机上，作为基本运算单元，可以完成加、减、乘、除、积分和微分等数学运算。早期的运算放大器是用电子管组成的，后来被晶体管分立元件运算放大器取代。随着半导体集成工艺的发展，自从 20 世纪 60 年代初第一个集成运算放大器问世以来，才使运算放大器的应用远远地超出模拟计算机的界限，在信号运算、信号处理、信号测量及波形产生等方面获得广泛应用。

活动 7.3.1　集成运算放大器的简介

1. 集成运算放大器的组成

集成运算放大器的种类很多，电路也各不相同，但基本结构一般都由以下三个部分组成，如图 7－20 所示。

输入级是提高运算放大器质量的关键部分，要求其输入电阻能减小零点漂移和抑制干扰信号。输入级大都采用差动放大电路。

中间级的主要作用是使集成运放具有较强的放大能力，通常由多级共射（或共源）放大器构成，并经常采用复合管做放大器。

输出级与负载相接，要求其输出电阻低，带负载能力强，能输出足够大的电压和电流，一般由互补对称电路或射极输出器构成。

2. 集成运算放大器的符号

集成运算放大器的符号如图 7-21 所示，图中"▷"表示放大器，三角形所指的方向为信号传输方向，"∞"表示开环增益极高。运放有"+"和"-"两个输入端。当在"+"端输入信号 u_i 时输出信号 u_o 与 u_i 的极性相同，故"+"端称为同相端。当在"-"端输入信号 u_i 时，输出信号 u_o 与 u_i 的极性相反，故"-"端称为反相端。

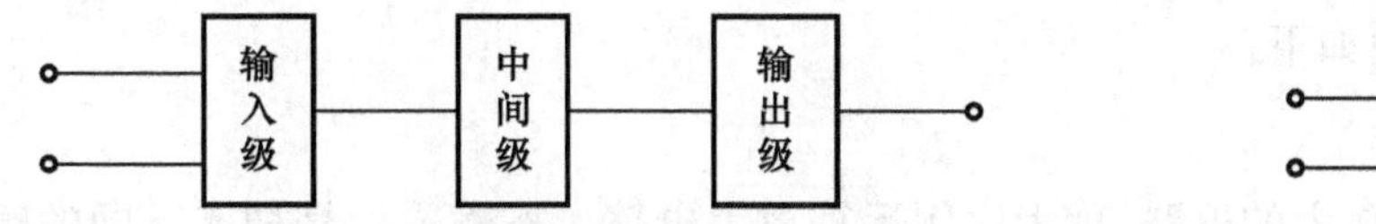

图 7-20　集成运算放大器的组成

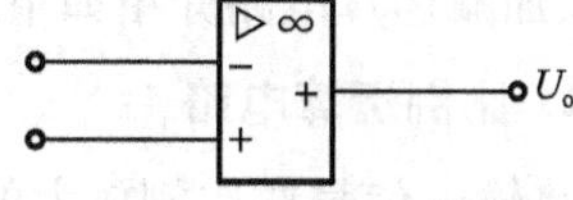

图 7-21　集成运算放大器的符号

3. 集成运算放大器的电压传输特性

集成运放的输出电压与输入电压（即同相输入端与反相输入端之间的差值电压）之间的关系曲线称为电压传输特性。对于正、负两路电源供电的集成运放，其电压传输特性如图 7-22 所示。曲线分线性区（图中斜线部分）和非线性区（图中斜线以外的部分）。在线性区输出电压 $u_o = A_{uo}(u_+ - u_-)$，其中 A_{uo} 为开环电压放大倍数。但在非线性区，$u_o = \pm U_{OM}$（最大输出电压）。由于外电路没有引入负反馈，集成运放的开环增益非常高，只要加很微小的输入电压，输出电压就会达到最大值 $\pm U_{OM}$，所以集成运放电压传输特性中的线性区非常窄。

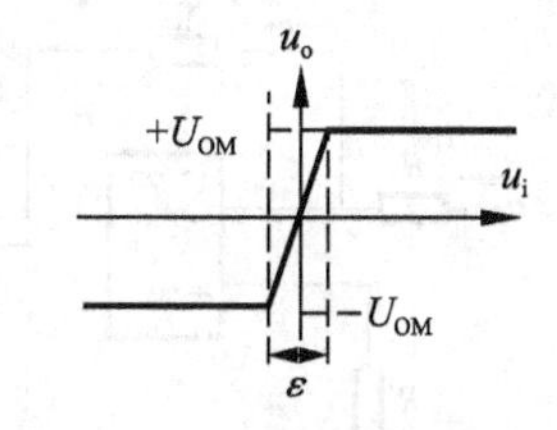

图 7-22　集成运算放大器的电压传输特性

4. 集成运算放大器的工作特点

（1）集成运算放大器的理想特性

在分析运算放大器时为了便于分析和计算，一般可将它视为一个理想运算放大器。其主要条件如下：

① 开环差模电压放大倍数

$$A_{uo} \to \infty$$

② 差模输入电阻

$$r_{id} \to \infty$$

③ 输出电阻

$$r_o \to 0$$

④ 共模抑制比

$$K_{MRR} \to \infty$$

（2）理想集成运算放大器线性区的特点

① 因为理想运算放大电路的输入偏置电流为零和输入电阻为无穷大，该电路不会向外部电路索取任何电流，所以流入放大器反相输入端和同相输入端的电流为零。也就是说，集成运算放大电路是与电路相连接的，但输入电流又近似为零，相当于断开一样，故通常称为"虚断"。

② 因为开环差模电压放大倍数为无穷大，所以当输出电压为有限值时，差模输入电压 $u_+ -$

$u_- = u_o/A_{uo} = 0$，即 $u_+ = u_-$。也就是说，集成运算放大器两个输入端对地的电压总是相等的。二者不接地，但电位又总相等，相当于短路，通常称为“虚短”。如果同相输入端接地（或通过电阻接地）即 $u_+ = 0$，则反相输入端电位也为零，但又不接地，则称为“虚地”。

一般实际的集成运算放大器工作在线性区时，其参数很接近理想条件，因此工作在线性区的实际集成运算放大器，也基本上具备这两个特点。

活动 7.3.2 基本运算电路

运算放大器能完成比例、加减、积分与微分、对数与反对数以及乘除等运算，现将比例运算电路、加减运算电路介绍如下。

1. 比例运算电路

将输入信号按比例放大的电路，称为比例运算放大电路。按输入信号加入不同的输入端的方式不同，可分为反相输入比例运算放大器和同相输入比例运算放大器。

(1) 反相输入比例运算电路

反相输入比例运算放大器的原理图如图 7-23 所示。输入信号 u_i 从反相端输入，所以 u_o 与 u_i 相位相反。输出电压经过 R_f 反馈到反相输入端，构成电压并联负反馈电路。因为输出信号与输入信号的相位相反，因此该电路也称为反相放大器。R_f 称为反馈电阻，R_1 称为输入电阻，R' 称为输入平衡电阻。选择参数时应使 $R' = R_1 /\!/ R_f$，让集成运算放大器两个输入端的外接电阻相等，确保其处于平衡对称的工作状态。

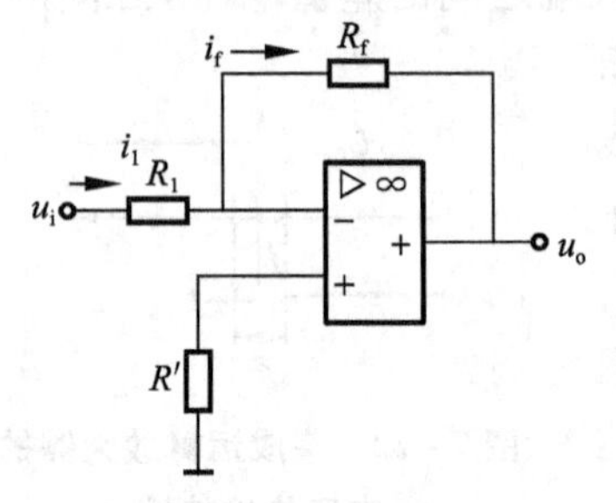

图 7-23 反相比例运算放大器

根据分析集成运算放大电路的两个重要特点（“虚短”与“虚断”）可知：

因为 $u_+ = u_- = 0$（因为 $u_+ = 0$，所以“虚地”），$i_1 = i_f = 0$，所以

$$i_1 = \frac{u_i - u_-}{R_1} = \frac{u_i}{R_1}$$

$$i_f = \frac{u_- - u_o}{R_f} = -\frac{u_o}{R_f}$$

$$u_o = -i_f R_f = -\frac{R_f}{R_1} u_i \qquad (7-11)$$

即闭环电压放大倍数为

$$A_{uf} = \frac{u_o}{u_i} = -\frac{R_f}{R_1} \qquad (7-12)$$

可以看出：u_o 与 u_i 是比例关系，改变比例系数，即可改变 u_o 的数值。负号表示输出电压与输入电压极性相反，即该电路实现了对反相端输入信号的反相比例运算功能，故称为反相比例运算放大电路。

在反相输入运算放大器中，如果 $R_f = R_1$，则 $A_{uf} = -R_f/R_1 = -1$，即输出电压与输入电压大小相等、相位相反，这种电路称为反相器。

例 7-3 电路如图 7-23 所示。

① 若 $R_1=1\ \text{k}\Omega$，$u_i=0.1\ \text{V}$，$u_o=-3\ \text{V}$，求 R_f

② 若 $u_o=-2\ \text{V}$，$R_f=100\ \text{k}\Omega$，$u_i=0.2\ \text{V}$，求 R_1。

解：

$$R_f=-\frac{u_o}{u_i}R_1=-\frac{-3}{0.1}\times 1=30(\text{k}\Omega)$$

$$R_1=-\frac{u_i}{u_o}R_f=-\frac{0.2}{-2}\times 100=10(\text{k}\Omega)$$

（2）同相输入比例运算电路

同相输入比例运算放大器的原理图如图 7－24 所示。输入信号 u_i 经 R' 加到同相输入端，输出信号经 R_f 和 R_1 分压后反馈到反相输入端。

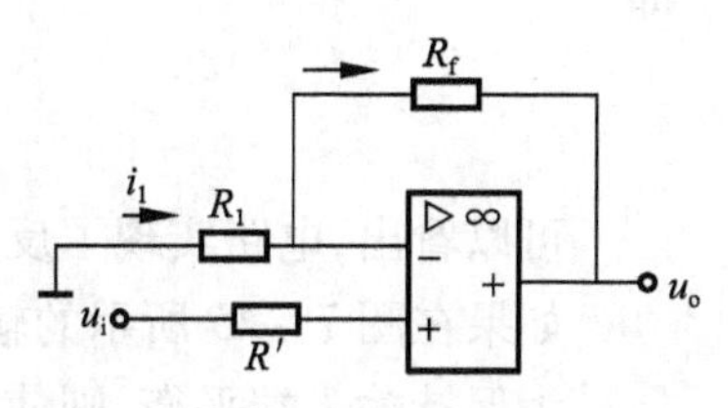

图 7－24　同相比例运算放大器

因为输出信号与输入信号的相位相同，所以该电路也称为同相放大器。为保持输入端平衡，使平衡电阻 $R'=R_1/\!/R_f$，根据分析集成运算放大电路的两个重要特点（"虚短"与"虚断"）可知：

因为 $u_+=u_-=u_i$（"虚短"，但不是"虚地"），$i_+=i_-=0$，所以

$$\frac{u_i}{R_1}=\frac{u_o-u_i}{R_f}$$

则

$$u_o=\left(1+\frac{R_f}{R_1}\right)u_i \tag{7-13}$$

即闭环电压放大倍数为

$$A_{uf}=\frac{u_o}{u_i}=1+\frac{R_f}{R_1} \tag{7-14}$$

可以看出：u_o 与 u_i 是比例关系，改变比例系数，即改变 R_f/R_1，即可改变 u_o 的值，由于输入、输出电压的极性相同且有比例关系，故称为同相比例运算放大电路。

同相输入运算放大器中，当 $R_f=0$ 或 $R_1=\infty$ 时，$A_{uf}=1+(R_f/R_1)=1$，即输出电压与输入电压大小相等，相位相同，这种电路称为电压跟随器。

例 7－4　电路如图 7－24 所示。

① 若 $R_1=5.1\ \text{k}\Omega$，$R_f=100\ \text{k}\Omega$，当 $u_o=1\ \text{V}$ 时，$u_i=?$，

② 若 $R_f=100\ \text{k}\Omega$，$A_{uf}=20$ 时，$R_1=?$。

解：

$$u_i=\frac{R_1}{R_1+R_f}u_o=\frac{5.1}{100+5.1}\times 1=0.049(\text{V})$$

$$R_1=\frac{R_f}{A_{uf}-1}=\frac{100}{20-1}=5.26(\text{k}\Omega)$$

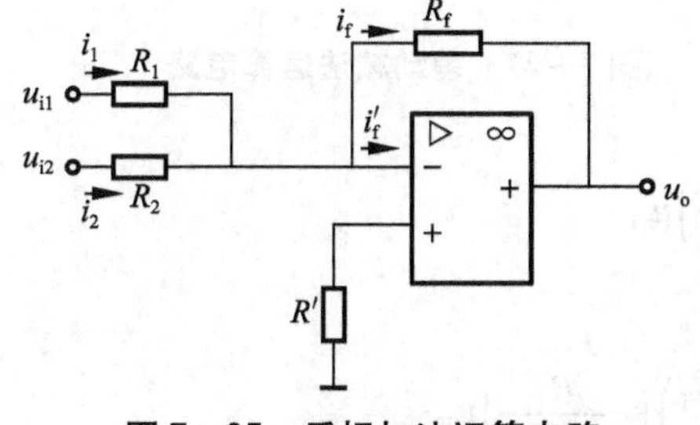

图 7－25　反相加法运算电路

2. 加法与减法运算电路

（1）加法运算电路

加法运算又叫求和运算，在反相比例运算放大器的基础上增加若干个输入支路便组成了反相加法运算电路，也称为反相加法器，如图 7－25 所示。

根据分析集成运算放大器的两个重要特点（"虚短"与"虚断"）可知：

$$i_1 = \frac{u_{i1}}{R_1}, \quad i_2 = \frac{u_{i2}}{R_2}$$

$$i_f = i_1 + i_2$$

又因为反相输入端为虚地，故有

$$u_o = -i_f R_f$$

即

$$u_o = -\left(\frac{u_{i1}}{R_1} + \frac{u_{i2}}{R_2}\right) R_f \tag{7-15}$$

可以看出，电路实现了反相加法运算，式中的负号表明输出电压与输入电压的相位相反。如果在图 7－25 所示的输出端再接一级反相器，可消去负号，从而实现常规的加法运算。为保持输入端平衡，则使得平衡电阻 $R' = R_1 // R_2 // R_f$。

例 7－5　在图 7－26 所示的加法运算电路中，已知 $u_{i1} = 0.2$ V，$u_{i2} = -0.3$ V，$u_{i3} = 0.4$ V，$R_1 = 20$ kΩ，$R_2 = 10$ kΩ，$R_3 = 5$ kΩ，$R_f = 20$ kΩ，试求输出电压 u_o 和电阻 R' 之值。

解：

$$u_o = -\left(\frac{u_{i1}}{R_1} + \frac{u_{i2}}{R_2} + \frac{u_{i3}}{R_3}\right) R_f = -\left(\frac{0.2}{20} - \frac{0.3}{10} + \frac{0.4}{5}\right) \times 20 = -1.2(\text{V})$$

$$R' = R_1 // R_2 // R_3 // R_f = \frac{1}{\frac{1}{20} + \frac{1}{10} + \frac{1}{5} + \frac{1}{20}} = 2.5(\text{k}\Omega)$$

（2）减法运算电路

减法运算电路是实现若干个输入信号相减功能的电路，常用差动输入方式来实现，如图 7－27 所示。输入信号 u_{i1}、u_{i2} 分别加到运算放大器的反相输入端和同相输入端上。

下面利用叠加原理来进行分析。当 u_{i1} 单独作用时

$$u_{o1} = -\frac{R_f}{R_1} u_{i1}$$

当 u_{i2} 单独作用时

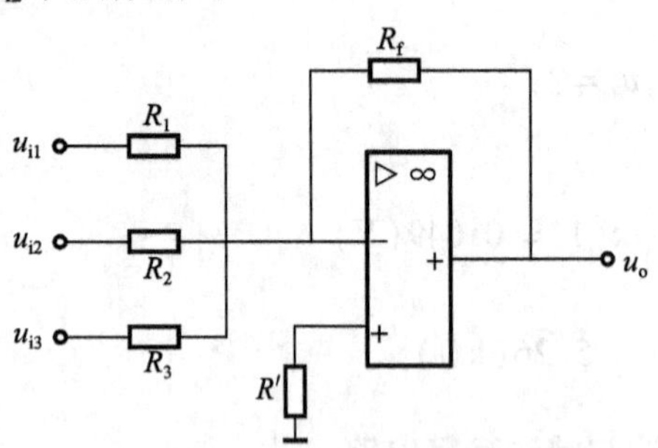

图 7－26　例 7－5 的图

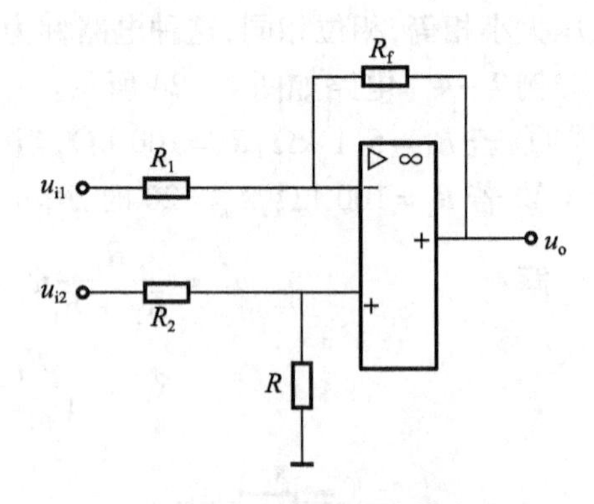

图 7－27　差动减法运算电路

$$u_{o2} = \left(1 + \frac{R_f}{R_1}\right)\left(\frac{R}{R + R_2}\right) u_{i2}$$

所以

$$u_o = u_{o1} + u_{o2} = -\frac{R_f}{R_1} u_{i1} + \left(1 + \frac{R_f}{R_1}\right)\left(\frac{R}{R + R_2}\right) u_{i2}$$

当 $R_1 = R_2, R_f = R$ 时，则

$$u_o = -\frac{R_f}{R_1}(u_{i1} - u_{i2}) \tag{7-16}$$

由此可见，输出电压正比于两个输入电压之差。这种运算电路实现了差值运算，因此又称为差动输入比例运算放大电路。如果取 $R_1 = R_f$，则 $u_o = u_{i2} - u_{i1}$，这时电路就称为减法运算电路。由于信号电压同时从反相输入端和同相输入端输入，电路存在共模电压，为了保证运算精度，要选用共模抑制比高的集成运放电路。

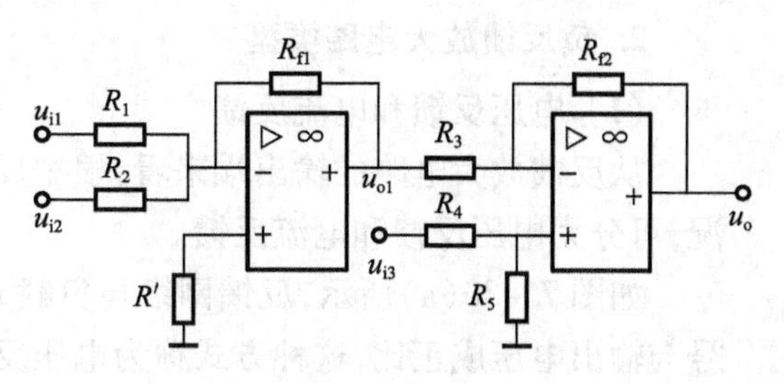

图 7－28　例 7－6 的图

例 7－6　电路如图 7－28 所示。已知 $u_{i1} = 0.2$ V，$u_{i2} = -0.3$ V，$u_{i3} = 0.4$ V，$R_1 = 20$ kΩ，$R_2 = 25$ kΩ，$R_3 = 50$ kΩ，$R_4 = 50$ kΩ，$R_5 = 100$ kΩ，$R_{f1} = R_{f2} = 100$ kΩ，$R' = 10$ kΩ。求 u_{o1} 和 u_o。

解：

$$u_{o1} = -\left(\frac{u_{i1}}{R_1} + \frac{u_{i2}}{R_2}\right)R_{f1} = -\left(\frac{0.2}{20} - \frac{0.3}{25}\right) \times 100 = 0.2\ (\text{V})$$

$$u_o = -\frac{R_{f2}}{R_3}(u_{o1} - u_{i3}) = -\frac{100}{50} \times (0.2 - 0.4) = 0.4(\text{V})$$

任务 7.4　放大电路中的负反馈

当放大电路中引入负反馈时，则能够改善放大电路的一系列性能。本节主要讨论负反馈。

活动 7.4.1　负反馈的基本概念

1. 什么叫反馈

将放大电路输出信号（电压或电流）的一部分或全部，通过一定的方式（反馈电路）送回到放大电路输入端，使放大电路的输入量不仅受输入信号的控制，而且还受放大电路输出量的影响，就叫反馈。反馈的概念可由图 7－29 所示的框图来描述。图中箭头表示信号流动的方向，x_i 表示来自信号源的输入信号，x_o 表示放大电路的输出信号，x_f 表示反馈信号，x_i'表示放大电路的净输入信号，符号⊕表示比较环节，输入信号 x_i 和反馈信号 x_f 在此相叠加（比较），产生放大电路的净输入信号 x_i'。

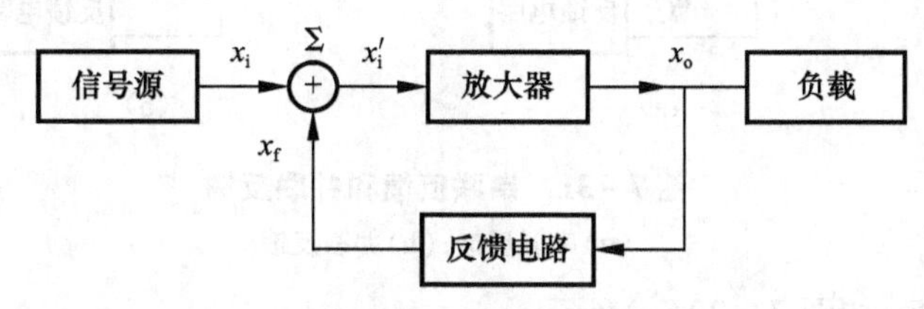

图 7－29　反馈放大电路的一般方框图

如果送回输入回路的信号（称为反馈信号）有削弱原来输入信号的作用，使放大器的净输入信号减小，导致放大电路的放大倍数减小，这种反馈称为负反馈；反之，反馈信号起加强原输

入信号作用，使放大电路的净输入信号增大，则称正反馈。

负反馈虽然使放大电路的放大倍数减小，但换来了放大电路性能的改善。正反馈可以提高放大电路的放大倍数，但放大电路中的其他性能则往往因引进正反馈而变坏，所以正反馈在放大电路中很少使用。

2. 负反馈放大电路类型

(1) 电压反馈和电流反馈

从反馈放大电路的输出端来看，根据反馈网络的输出回路与负载 R_L 是并联还是串联的情况，可分为电压反馈和电流反馈。

如图 7－30(a)所示，反馈网络与负载 R_L 并联，反馈信号取自输出电压 u_o，或者说反馈信号与输出电压成正比，这种方式称为电压反馈。

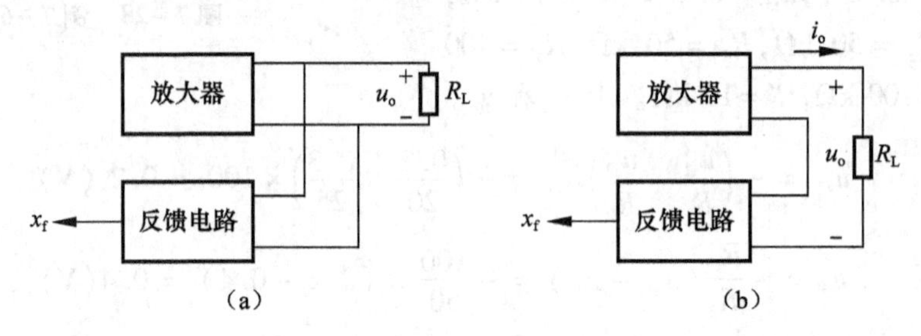

图 7－30 电压反馈和电流反馈

(a)电压反馈；(b)电流反馈

若反馈电路与负载 R_L 串联，反馈信号取自输出电压 i_o，或者说反馈信号与输出电流成正比，这种方式称为电流反馈。如图 7－30(b)所示。

(2) 并联反馈和串联反馈

从反馈放大电路的输入端看，根据反馈网络在输入回路与信号源是并联还是串联的情况，可分为并联反馈和串联反馈。

如图 7－31(a)所示，若反馈网络与输入信号源串联，反馈电压 u_f 与输入电压 u_i 共同作用于基本放大电路的输入端，这种连接方式称为串联反馈。

归纳起来，负反馈的四种基本类型，即：

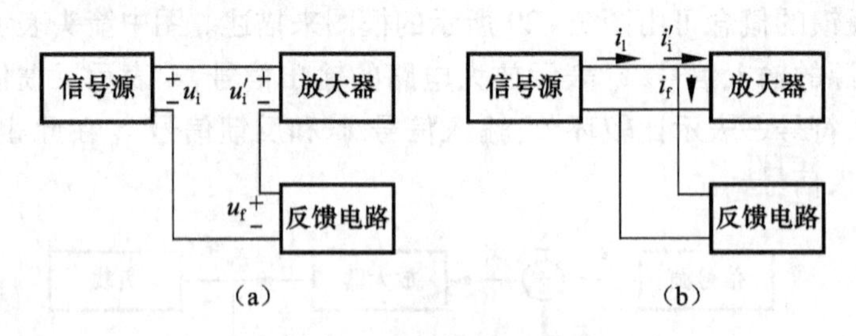

图 7－31 串联反馈和并联反馈

(a)串联反馈；(b)并联反馈

电压串联负反馈，如图 7－32(a)所示；

电压并联负反馈，如图 7－32(b)所示；

电流串联负反馈，如图 7－32(c)所示；

电流并联负反馈，如图 7－32(d)所示。

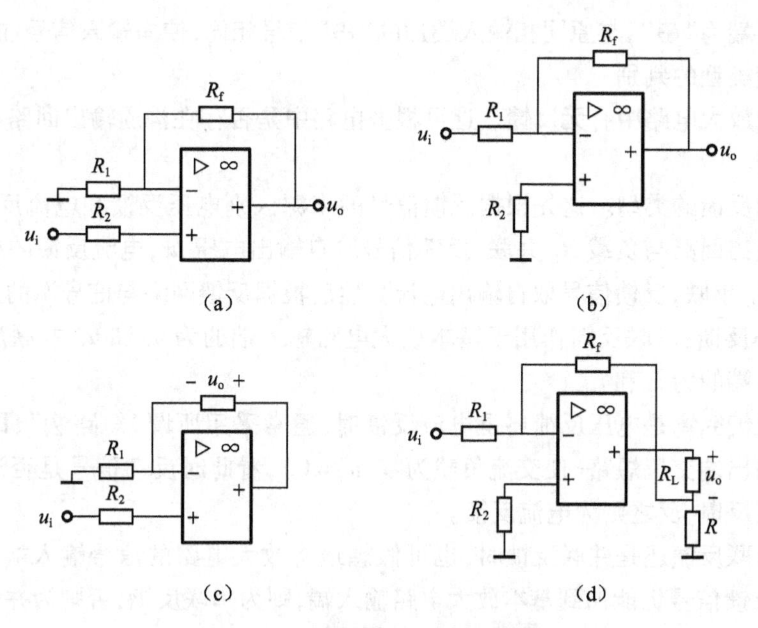

图 7-32　负反馈的四种基本类型

(a) 电压串联负反馈；(b) 电压并联负反馈；(c) 电流串联负反馈；(d) 电流并联负反馈

3. 反馈的判别

不同类型的反馈对放大电路的影响是不同的，因此要掌握反馈的性质（正反馈还是负反馈）和类型的判断方法，才能正确分析和合理使用负反馈电路。

(1) 反馈性质的判别

识别电路反馈的极性通常采用瞬时极性法。其方法是将反馈信号与放大电路输入端的连接断开，假想从放大电路的输入端加入某种瞬时极性的输入信号（即信号的变化趋势，用符号"+"表示增加，用符号"-"表示减小）。根据放大电路的结构，推想各相关点电压瞬时极性的变化，再推得通过反馈电路送回输入回路的反馈信号极性的变化，如果反馈信号与输入信号的极性相同为正反馈，否则为负反馈。

例 7-7　试用瞬时极性法识别图 7-33 所示电路的反馈极性。

解：① 在图 7-33(a)电路中，先断开反馈支路，给反相输入端加"⊕"瞬时信号，集成运放放大后输出端为"⊖"信号（倒相作用），经反馈电阻 R_f 引回到同相输入端为"⊖"，与原反相输入端加的"⊕"信号相反，使净输入信号削弱，为负反馈。

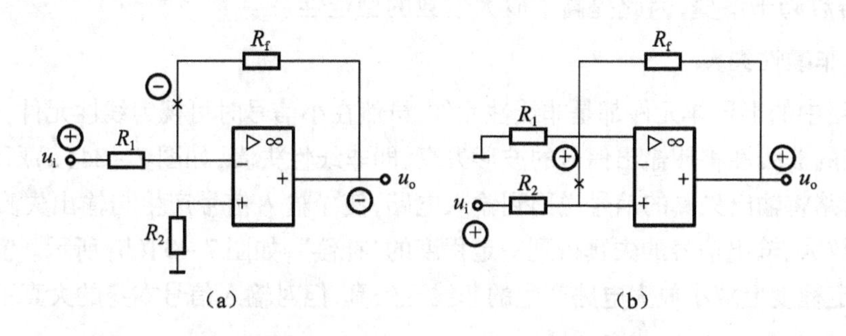

图 7-33　用瞬时极性法判别反馈极性

② 在图 7-33(b)电路中，若给同相输入端加"⊕"信号，运放输出端为"⊕"信号，经反馈

引回同相输入端为“⊕”,与原同相输入端加的“⊕”信号相同,使净输入信号加强,为正反馈。

(2) 反馈类型的判别

首先判定放大电路中有无反馈。这可根据电路中是否存在沟通输出回路与输入回路的中间环节来确定。

其次判别反馈的类型。这先根据反馈信号的来源区别电压反馈和电流反馈:电压反馈的反馈网络在输出回路与负载 R_L 并联,反馈信号取自输出电压 u_o,电流反馈的反馈网络在输出回路与负载 R_L 串联,反馈信号取自输出电流。然后根据反馈网络与信号源的连接形式区别串联反馈和并联反馈:串联反馈作用于基本放大电路输入端的为 u_i 和 u_f;并联反馈作用于基本放大电路输入端的为 i_i 和 i_f。

在判断反馈究竟是电压反馈还是电流反馈时,通常采用所谓“短路法”,即假想地把反馈放大电路的输出端交流短路(使交流负载为零,$u_o=0$),看此时反馈信号是否消失。如果反馈消失则为电压反馈,反之则为电流反馈。

在判断串联反馈还是并联反馈时,也可假想地将放大电路的信号输入端短路(即使 $u_i=0$)。若此时反馈信号仍能加到基本放大电路输入端,则为串联反馈,否则为并联反馈。

活动 7.4.2 负反馈对放大电路的影响

负反馈对放大器性能的影响是多方面的。不同组态的负反馈,不仅能稳定输出电压、输出电流和改变输入电阻、输出电阻。对于交流负反馈,不论是什么组态,都能稳定放大倍数、减小非线性失真、抑制放大器内部的噪声等。但是,所有性能的改善都是以降低放大倍数为代价换来的。

1. 降低放大倍数

从负反馈的定义可知,反馈信号与输入信号比较,使净输入信号减小,而基本放大电路的放大倍数不变,负反馈作用导致输出信号减小。因此,具有负反馈的放大器的放大倍数比不加负反馈时要低。为了能获得所需要的放大倍数,又要改善放大器的性能,在工程技术中常常有意识地把基本放大电路(未加负反馈的放大电路)的放大倍数设计得比较高,然后再根据实际需要引入不同类型的负反馈。这样既能满足所需放大倍数,又能获得负反馈带来的各种优点。

2. 提高放大倍数的稳定性

当外界条件变化(如负载电阻、晶体管 β 值变化等),即使输入信号一定,都将引起输出信号变化,即放大倍数变化。引入负反馈后,由于它的自动调节作用,使输出信号的变化得到遏制,使放大倍数趋于不变,因此提高了放大倍数的稳定性。

3. 减小非线性失真

放大电路中的半导体元件都是非线性元件,虽然在小信号时可视为线性元件,但是在大信号时,元件固有的非线性将使输出信号的波形失真,即非线性失真,如图 7-34(a)所示。引入负反馈后,反馈电路将输出失真的信号送回到输入电路,使净输入信号产生与输出失真相反的“预失真”信号,经放大,输出信号的失真得到一定程度的“补偿”,如图 7-34(b)所示。需要指出,负反馈只能在一定程度上减小放大电路产生的非线性失真,但对输入信号本身的失真不能减小。

4. 改变放大电路的输入、输出电阻

负反馈对放大电路输入、输出电阻的影响与放大电路的反馈组态有关。由前分析可知,电压负

反馈减小输出电阻,电流负反馈增大输出电阻;并联反馈减小输入电阻,串联反馈增大输入电阻。

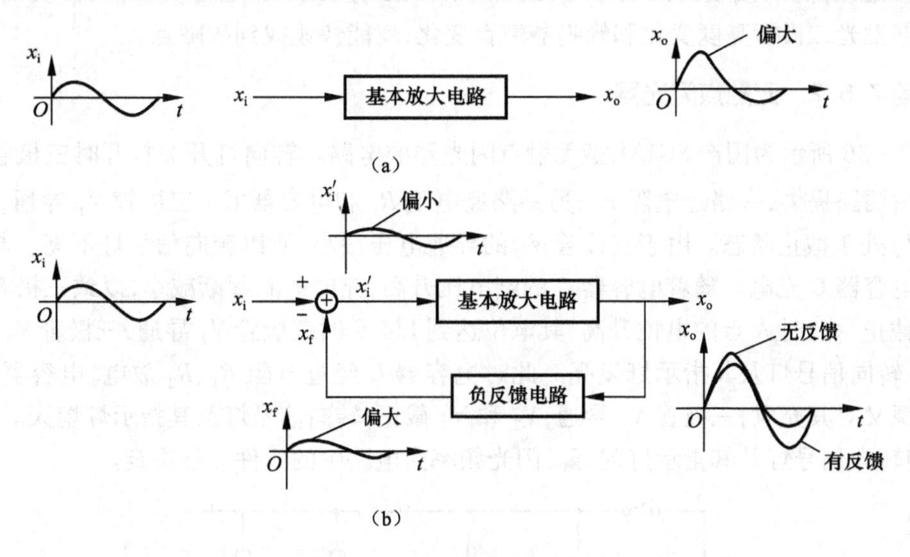

图 7-34　负反馈减小非线性失真

任务 7.5　放大电路在汽车中的应用

活动 7.5.1　汽车电气线路接地探测器

汽车在行驶的过程中,由于颠簸、振动等原因,电气线路与车体发生摩擦而造成绝缘层损坏,出现接地(短路)故障,这就需要及时地发现并发出声光报警信号,以提醒驾驶人员注意,避免发生更大的事故。图 7-35 就是一种为适应接地故障的快速检测而制作的故障探测电路,它由传感器、两级放大电路、声光报警装置及直流电源等组成。

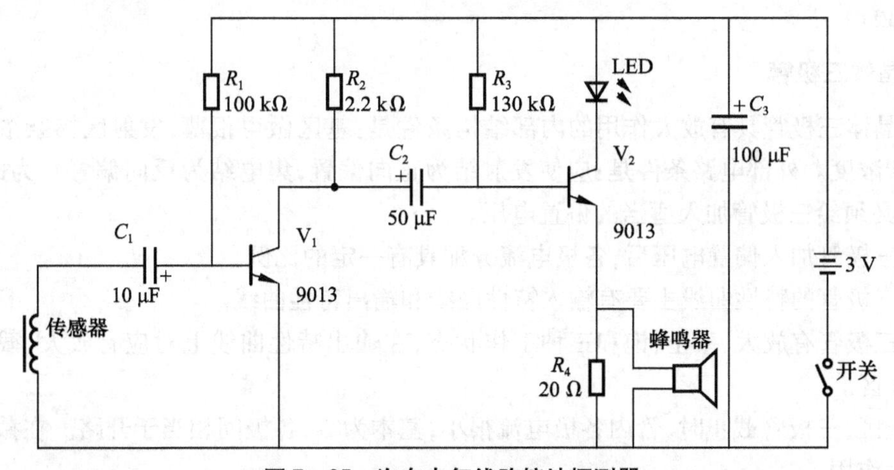

图 7-35　汽车电气线路接地探测器

探测器工作原理为:当导线接地后,在接地点就会产生短路电流,短路点就会向周围发出高频电磁信号,这个信号就被由线圈和铁芯构成的传感器接收到,并转换成交流电信号输出,交流信号很微弱,经过晶体管 V_1 放大后,在它的集电极就会得到放大了的交流信号,再送入 V_2 的基极放大,使接在 V_2 集电极的发光二极管闪烁发光,接在发射极的蜂鸣器发出声响。传感器越接近故障点，接收到的信号越强，经过放大后，发光二极管越亮，蜂鸣器发出的声响越强。根据发光二极管亮度变化和蜂鸣器声音变化，就能快速找到故障点。

活动7.5.2 无触点闪光器

图7-36所示为国产SG131型无触点闪光器的电路。转向灯开关打开时三极管 V_1 的基极电流由两路提供，一路经电阻 R_2；另一路经电阻 R_1 和电容器 C。三极管 V_1 导通，复合三极管 V_2，V_3 处于截止状态。由于三极管 V_1 的导通电压很小，所以转向信号灯不亮。与此同时，电源对电容器 C 充电。随着电容器 C 的端电压升高，充电电流逐渐减小，以致三极管 V_1 由导通变为截止。此时A点的电位升高，其电位达到1.4 V时三极管 V_2 导通，三极管 V_3 也随之导通，于是转向信号灯及其指示灯发亮。此时电容器 C 经过电阻 R_1、R_2 放电，电容器放完电后电源又对其充电，三极管 V_1 导通，V_2 和 V_3 截止，转向信号灯及其指示灯熄灭。如此反复循环，使转向信号灯及其指示灯闪烁。闪光频率由电路中的元件参数决定。

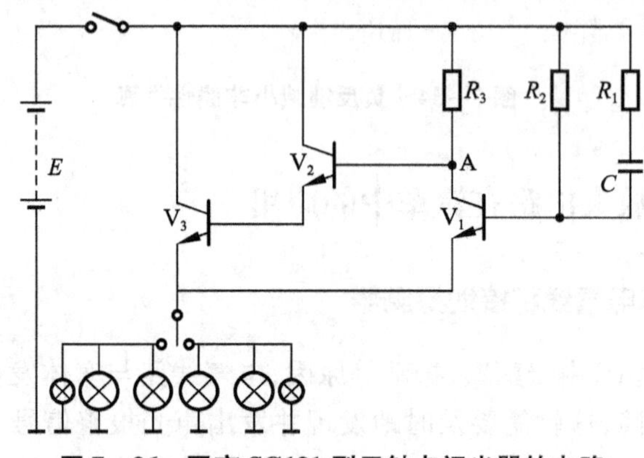

图7-36 国产SG131型无触点闪光器的电路

1. 晶体三极管

1）晶体三极管具有放大作用的内部结构条件是：基区做得很薄，发射区掺杂浓度远大于基区掺杂浓度。外部电路条件是：应使发射结为正向偏置，集电结为反向偏置。为此，在放大电路中，必须给三极管加入适当的偏置电压。

2）三极管加入偏置电压后，各极电流分配具有一定的比例。

3）三极管的特性曲线主要有输入特性曲线和输出特性曲线。

4）三极管有放大、截止、饱和三种工作状态，在输出特性曲线上对应有放大、截止和饱和三个工作区。

截止区：三极管截止时，管内各极电流很小，基本为零，各极间相当于开路。在截止区三极管无放大作用。

放大区：在放大区，发射结正向偏置，集电结反向偏置，此时三极管具有电流放大作用，通过 I_B 的变化，控制 I_C 按 I_B 的 β 倍变化。

饱和区：在饱和区，发射结和集电结都正向偏置，此时三极管的 I_B 对 I_C 失去控制作用，随着 I_B 增加，I_C 增加很少，呈现饱和现象，即三极管没有放大作用。

5）三极管的特性曲线是正确运用三极管的主要依据。

2. 放大电路

1）放大电路由三极管、直流电源、电阻和电容等元件组成。组成原则是直流电源应保证三极管发射结正偏、集电结反偏，处于放大状态。同时必须设置合适的静态工作点，保证在整个信号周期内三极管导通，以减小失真。

2）放大电路定量分析的主要任务是：静态分析，确定放大电路的静态工作点；动态分析，确定电压放大倍数、输入电阻和输出电阻等。

3. 多级放大器

1）多级放大器级间耦合方式有阻容耦合、变压器耦合和直接耦合三种。

2）多级放大器的放大倍数等于各级放大倍数的乘积。

4. 集成运算放大器

1）集成运算放大器是一种高放大倍数的直接耦合放大器，通常将实际运放理想化，理想运放在线性工作时的重要特点是“虚短”和“虚断”。

2）运放的主要应用有：反相比例运算、同相比例运算、加法运算和减法运算。

5. 负反馈

1）负反馈的概念是将输出信号的一部分回送输入端，从而使静输入信号减小的控制环节。由负反馈的引入不同，可构成四种基本电路类型：电压串联负反馈、电流串联负反馈、电压并联负反馈、电流并联负反馈。

2）负反馈能有效地改善电路的性能，如提高放大倍数的稳定性、减少非线性失真、改善输入与输出电阻等。

本章习题

一、填空题

1. 三极管的输出特性曲线可分为三个区域，即________区、________区和________区。当三极管工作在________区时，关系式 $I_C=\beta I_B$ 才成立；当三极管工作在________区时，$I_C=0$；当三极管工作在________区时，$U_{CE}\approx 0$。

2. NPN 型三极管处于放大状态时，三个电极中电位最高的是_______，_______极电位最低。

3. 晶体三极管有两个 PN 结，即________和________，在放大电路中________必须正偏，________反偏。

4. 硅三极管发射结的死区电压约为________ V，锗三极管发射结的死区电压约为________ V，晶体三极管处在正常放大状态时，硅三极管发射结的导通电压约为________ V，锗三极管发射结的导通电压约为________ V。

5. 输入电压为 20 mV，输出电压为 2 V，放大电路的电压放大倍数为________。

6. 当半导体三极管的________正向偏置，________反向偏置时，三极管具有放大作用，即________极电流能控制________极电流。

7. 为了保证不失真放大，放大电路必须设置静态工作点。对 NPN 管组成的基本共射放大电路，如果静态工作点太低，将会产生________失真，应调节 R_B，使其________，则 I_B ________，这样可克服失真。

8. 共发射极放大电路电压放大倍数是________与________的比值。

9. 三极管的电流放大原理是________电流的微小变化控制________电流的较大变化。

10. 某三极管 3 个电极电位分别为 $V_E = 1$ V，$V_B = 1.7$ V，$V_C = 1.2$ V。可判定该三极管是工作于________区的________型的三极管。

11. 已知一放大电路中某三极管的三个管脚电位分别为①3.5 V，②2.8 V，③5 V，试判断：

a. ①脚是________，②脚是________，③脚是________（E，B，C）；

b. 管型是________（NPN，PNP）；

c. 材料是________（硅，锗）。

12. 晶体三极管实现电流放大作用的外部条件是________，________，电流分配关系是________。

13. 表征电压放大器中晶体管静态工作点的参数是________、________和________。

14. 射极输出器的________极为输入回路和输出回路的公共端，所以它是一种________放大电路。

二、选择题

1. 下列数据中，对于 NPN 型三极管属于放大状态的是________。

A. $U_{BE} > 0, U_{BE} < U_{CE}$时　　B. $U_{BE} < 0, U_{BE} < U_{CE}$时

C. $U_{BE} > 0, U_{BE} > U_{CE}$时　　D. $U_{BE} < 0, U_{BE} > U_{CE}$时

2. 工作在放大区域的某三极管，当 I_B 从 20 μA 增大到 40 μA 时，I_C 从 1 mA 变为 2 mA，则它的 β 值约为________。

A. 10　　B. 50　　C. 80　　D. 100

3. NPN 型和 PNP 型晶体管的区别是________。

A. 由两种不同的材料硅和锗制成的　　B. 掺入的杂质元素不同

C. P 区和 N 区的位置不同　　D. 管脚排列方式不同

4. 三极管各极对公共端电位如图 7－37 所示，则处于放大状态的硅三极管是________。

A. −0.1 V（基极），12 V（集电极），0 V（发射极）

B. 0.5 V（基极），5 V（集电极），0.3 V（发射极）

C. −2.3 V（基极），2 V（集电极），−3 V（发射极）

D. 3.7 V（基极），3.3 V（集电极），3 V（发射极）

图 7－37　选择题 4 的图

5. 当晶体三极管的发射结和集电结都反偏时，则晶体三极管的集电极电流将________。

A. 增大　　B. 减少　　C. 反向　　D. 几乎为零

6. 为了使三极管可靠地截止，电路必须满足________。

A. 发射结正偏，集电结反偏　　B. 发射结反偏，集电结正偏

C. 发射结和集电结都正偏　　D. 发射结和集电结都反偏

7. 对放大电路中的三极管进行测量，各极对地电压分别为 $V_B=2.7\ V, V_E=2\ V, V_C=6\ V$，则该管工作在________。

A. 放大区　　B. 饱和区　　C. 截止区　　D. 无法确定

8. 某单管共射放大电路在处于放大状态时，三个电极 A、B、C 对地的电位分别是 $V_A=2.3\ V, V_B=3\ V, V_C=0\ V$，则此三极管一定是________。

A. PNP 硅管　　B. NPN 硅管　　C. PNP 锗管　　D. NPN 锗管

9. 测得三极管 $I_B=30\ \mu A$ 时，$I_C=2.4\ mA$；$I_B=40\ \mu A$ 时，$I_C=1\ mA$，则该管的交流电流放大系数为________。

A. 80　　B. 60　　C. 75　　D. 100

10. 用直流电压表测得放大电路中某晶体管电极 1、2、3 的电位各为 $V_1=2\ V, V_2=6\ V, V_3=2.7\ V$，则________。

A. 1 为 E 极　2 为 B 极　3 为 C 极　　B. 1 为 E 极　3 为 B 极　2 为 C 极

C. 2 为 E 极　1 为 B 极　3 为 C 极　　D. 3 为 E 极　1 为 B 极　2 为 C 极

11. 晶体管共发射极输出特性常用一族曲线表示，其中每一条曲线对应一个特定的________。

A. i_C　　B. u_{CE}　　C. i_B　　D. i_E

12. 某晶体管的发射极电流等于 1 mA，基极电流等于 20 μA，则它的集电极电流等于________。

A. 0.98 mA　　B. 1.02 mA　　C. 0.8 mA　　D. 1.2 mA

13. 如图 7－38 所示为三极管的输出特性。该管在 $U_{CE}=6\ V, I_C=3\ mA$ 处电流放大倍数 β 为________。

A. 60　　B. 80　　C. 100　　D. 10

14. 三极管各个极的电位如下，处于放大状态的三极管是________。

A. $V_B=0.7\ V, V_E=0\ V, V_C=0.3\ V$

B. $V_B=-6.7\ V, V_E=-7.4\ V, V_C=-4\ V$

C. $V_B=-3\ V, V_E=0\ V, V_C=6\ V$

D. $V_B=2.7\ V, V_E=2\ V, V_C=2\ V$

15. 晶体管放大电路如图 7－39 所示。若要减小该电路的静态基极电流 I_B，应使________。

A. R_B 减小　　B. R_B 增大　　C. R_C 减小　　D. R_C 增大

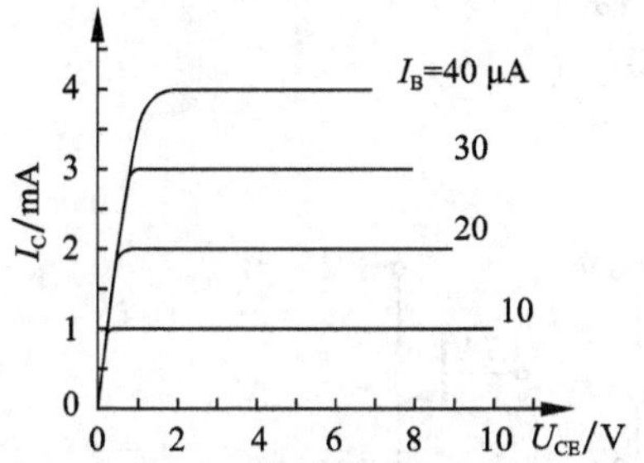

图 7－38　选择题 13 的图

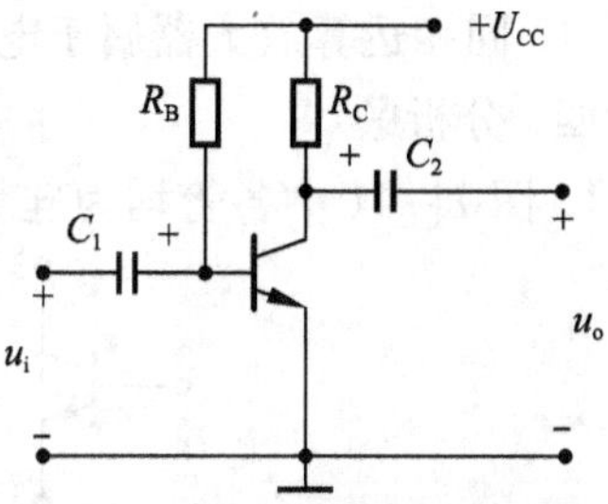

图 7－39　选择题 15 的图

16. 放大器的基本性能是放大信号的能力，这里的信号指的是________。

A. 电压　　B. 电流　　C. 电阻　　D. 功率

17. 三极管工作在饱和区状态时，它的两个 PN 结必须是________。

A. 发射结和集电结同时正偏　　B. 发射结和集电结同时反偏

C. 发射极和集电极同时正偏　　D. 发射极和集电极同时反偏

18. 测得三极管三电流方向、大小如图 7－40 所示，则可判断三个电极为________。

A. ①基极 B、②发射极 E、③集电极 C

B. ①基极 B、②集电极 C、③发射极 E

C. ①集电极 C、②基极 B、③发射极 E

D. ①发射极 E、②基极 B、③集电极 C

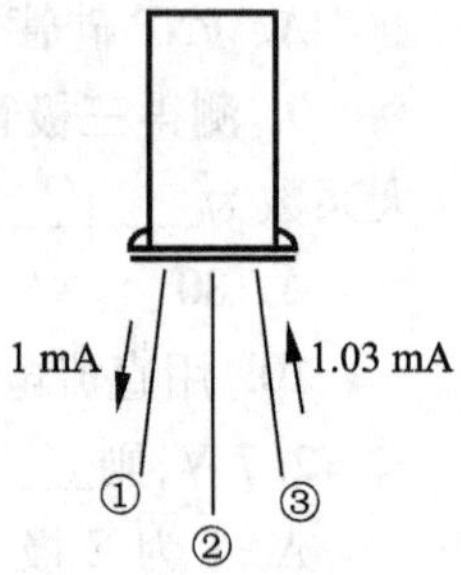

1 mA　1.03 mA　①　②　③

图 7－40　选择题 18 的图

19. 在晶体管电压放大电路中，当输入信号一定时，静态工作点设置太低将可能发生________。

A. 饱和失真　　B. 截止失真　　C. 交越失真

20. 直接耦合放大电路________。

A. 只能放大直流信号

B. 只能放大交流信号

C. 既能放大直流信号，又能放大交流信号

三、判断题

1. 三极管由两个 PN 结组成，所以能用两个二极管反向连接起来充当三极管。(　　)

2. 发射结处于正向偏置的晶体管，其一定是工作在放大状态。(　　)

3. 既然晶体管的发射区和集电区是由同一种类型的半导体(N 或 P)构成，故 E 极和 C 极可以互换使用。(　　)

4. 设置静态工作点的目的，是为了使信号在整个周期内不发生非线性失真。(　　)

5. 放大器的放大作用是针对电流或电压变化量而言的，放大倍数是输出信号与输入信号的变化量。(　　)

6. 多级阻容耦合放大电路各级的静态工作点独立，互不影响。(　　)

7. 阻容耦合放大器只能放大交流信号，不能放大直流信号。(　　)

8. 既然负反馈使放大电路的放大倍数降低，因此一般放大电路都不会引入负反馈。(　　)

9. 负反馈是指反馈信号和放大器原来的输入信号相位相反，会削弱原来的输入信号，在实际中应用较少。(　　)

10. 反相运算放大器属于电压并联负反馈放大电路。(　　)

11. 同相运算放大器属于电压串联负反馈放大电路。(　　)

四、分析题

1. 图 7－41 中各管均为硅管，试判断其工作状态。

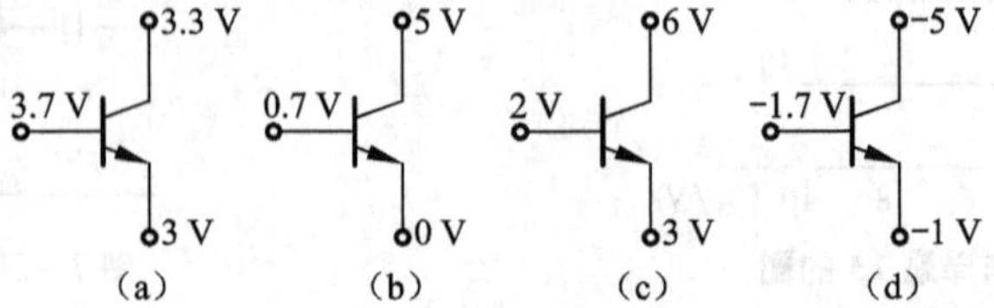

(a) 3.3 V　3.7 V　3 V

(b) 5 V　0.7 V　0 V

(c) 6 V　2 V　3 V

(d) －5 V　－1.7 V　－1 V

图 7－41　分析题 1 的图

2. 画出图 7－42 的直流通路和交流通路。

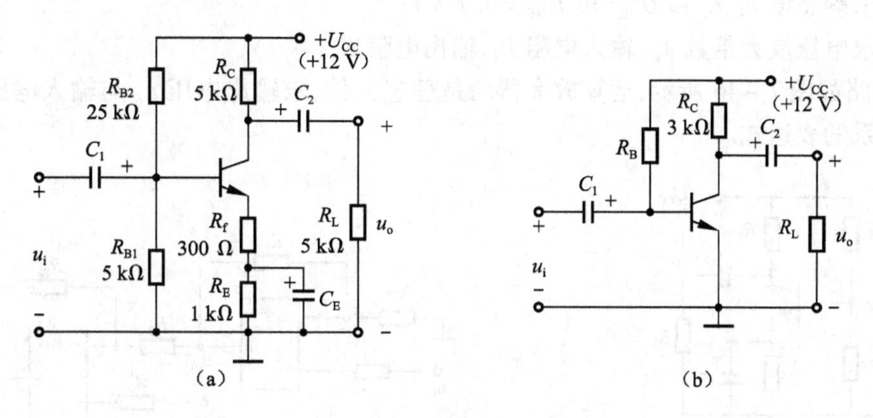

图 7－42　分析题 2 的图

3. 在一个放大电路中，三只三极管三个管脚①、②、③的电位分别如表 7－1 所示，将每只管子所用材料（Si 或 Ge）、类型（NPN 或 PNP）及管脚为哪个极（E、B 或 C）填入表内。

表 7－1

管　号		V_1	V_2	V_3	管　号		V_1	V_2	V_3
管脚电位/V	①	0.7	6.2	3	电极名称	①			
	②	0	6	10		②			
	③	5	3	3.7		③			
材料					类型				

五、计算题

1. 放大电路如图 7－43 所示，已知三极管的 $\beta=40$，$U_{BE}=0.7$ V。

（1）估算静态工作点 I_C、I_B、U_{CE}。

（2）用流程图说明温度升高时，稳定静态工作点的过程。

2. 已知如图 7－44 所示电路中，三极管均为硅管（$U_{BE}=0.7$ V），且 $\beta=50$，试估算静态值 I_B、I_C、U_{CE}。

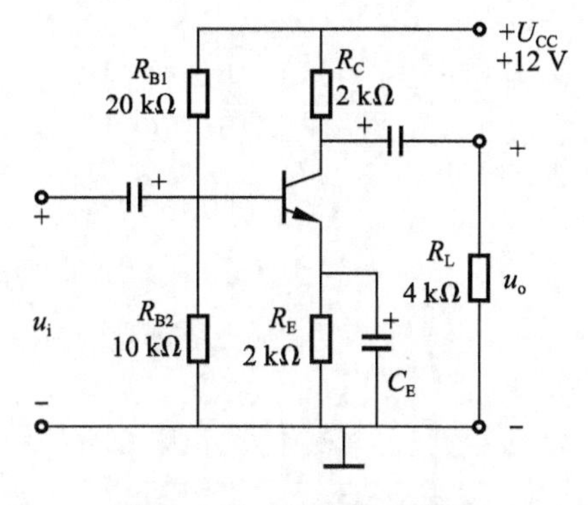

图 7－43　计算题 1 的图

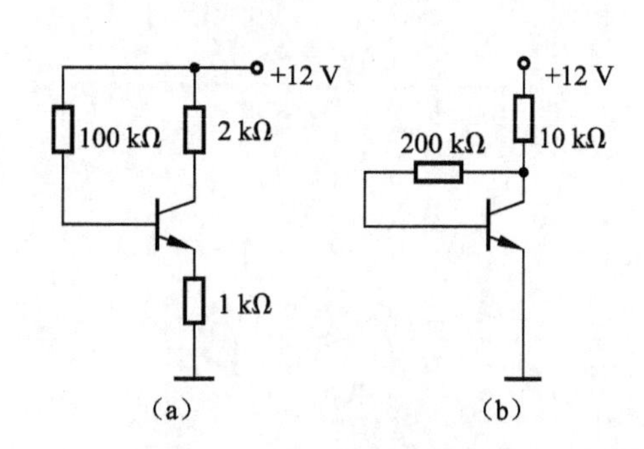

图 7－44　计算题 2 的图

3. 放大电路如图 7－45 所示，已知：$U_{CC}=12$ V，$R_S=10$ kΩ，$R_{B1}=120$ kΩ，$R_{B2}=39$ kΩ，

$R_C=3.9\ \text{k}\Omega$，$R_E=2.1\ \text{k}\Omega$，$R_L=3.9\ \text{k}\Omega$，电流放大系数$\beta=50$，电路中电容容量足够大，要求：

（1）求静态值I_B、I_C和U_{CE}（设$U_{BE}=0.7\ \text{V}$）；

（2）求电压放大倍数A_u，输入电阻R_i，输出电阻R_o。

4. 电路如图7－46所示，运算放大器均是理想元件，求输出电压u_o与输入电压u_{i1}、u_{i2}之间运算关系的表达式。

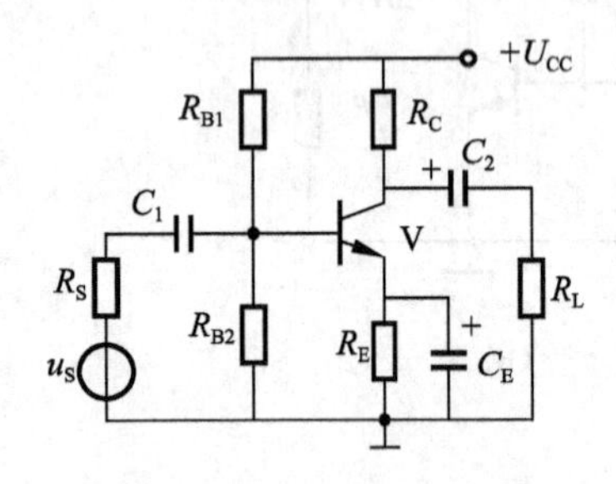

图7－45　计算题3的图

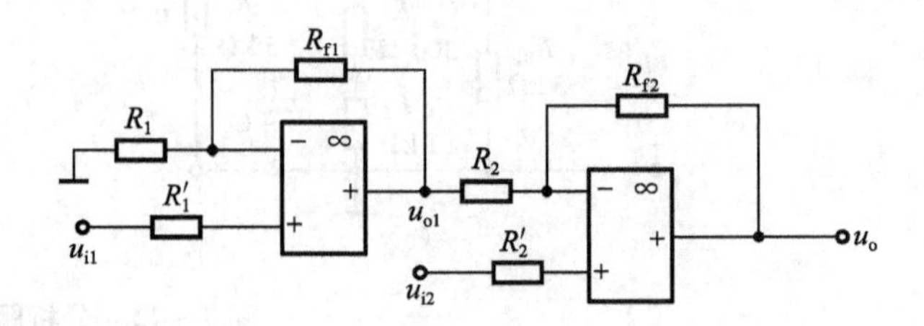

图7－46　计算题4的图

项目八

数字电路及其在汽车中的应用

1. 理解三种基本逻辑关系
2. 掌握“与门”“或门”“非门”等基本门电路的逻辑功能
3. 了解 TTL、CMOS 门电路的特点
4. 掌握逻辑代数的基本运算法则
5. 了解组合逻辑电路的特点
6. 了解基本 RS 触发器、D 触发器、JK 触发器的功能
7. 了解汽车尾灯电路的工作原理

任务8.1　概述

活动8.1.1　数字信号

数字信号是脉冲信号，持续时间短暂。在数字电路中，最常见的数字信号是矩形波和尖顶波，如图8－1所示。实际的波形并不是那么理想，图8－2所示为实际的矩形波。以矩形波为例，数字信号即脉冲的基本参数如下。

1）脉冲幅度 A：脉冲信号变化的最大值。

2）脉冲上升时间 t_r：从脉冲10%的幅度上升到90%所需的时间。

3）脉冲下降时间 t_f：从脉冲90%的幅度下降到10%所需的时间。

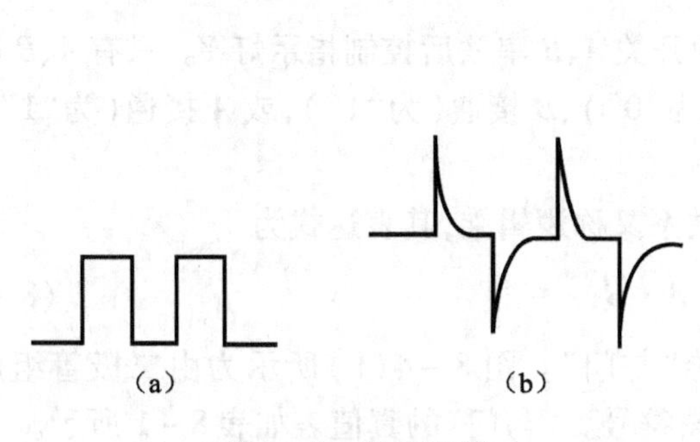

图8－1　数字信号

(a) 矩形波；(b) 尖顶波

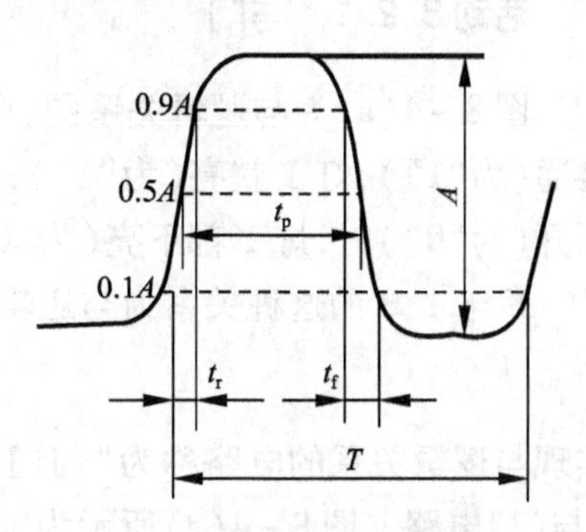

图8－2　实际的矩形波

4）脉冲宽度 t_p：从上升沿 50% 幅度到下降沿 50% 幅度所需时间。

5）脉冲周期 T：周期性脉冲信号前后两次出现的间隔时间。

6）脉冲频率 f：单位时间内的脉冲数，$T=\frac{1}{f}$。

7）数字电路中没有脉冲信号时的状态称为静态，静态时的电压值可以为正、负或零（一般在 0 V 左右）。脉冲出现时电压大于静态电压值的称为正脉冲，小于静态电压值的称为负脉冲，如图 8－3 所示。

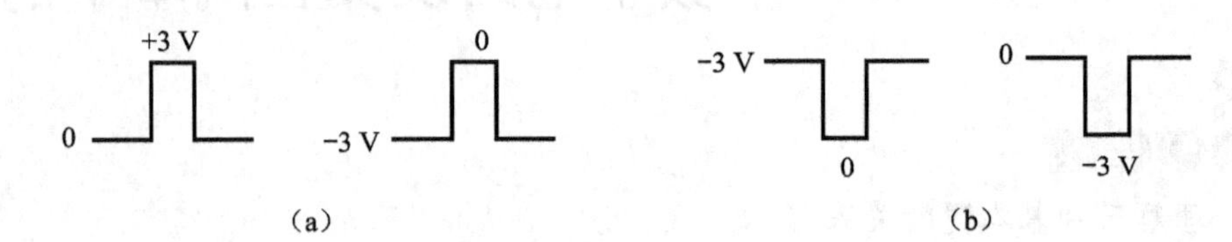

图 8－3　正脉冲与负脉冲

(a) 正脉冲；(b) 负脉冲

活动 8.1.2　数字电路

处理数字信号的电路称为数字电路，它注重研究的是输入、输出信号之间的逻辑关系。在数字电路中，晶体管一般工作在截止区和饱和区，起开关的作用。数字电路通常是根据脉冲信号的有无、个数、频率、宽度来进行工作的，而与脉冲幅度无关，所以抗干扰能力强，准确度高。虽然数字信号的处理电路比较复杂，但因信号本身波形十分简单，它只有两种状态：有或无，在电路中具体表现为高电位和低电位（通常用 1 和 0 表示），所以用于数字电路的晶体管不是工作在放大状态而是工作在开关状态，要么饱和导通，要么截止。因此制作时要求低、功耗小，易于集成化，随着数字集成电路制作技术的发展，数字电路获得了广泛的应用。

任务 8.2　基本逻辑关系与门电路

活动 8.2.1　与门

图 8－4(a) 为与逻辑关系图，在电路中，两开关 A、B 串联后控制指示灯 Y。只有 A、B 同时接通（为“1”），灯 Y 就亮（为“1”）；而 A 断开（为“0”）、B 接通（为“1”），或 A 接通（为“1”）、B 断开（为“0”）时，灯 Y 都不亮（为“0”）。

Y 与 A、B 的这种关系为与逻辑。与逻辑关系又称逻辑乘，其表达式为

$$Y=A\cdot B \tag{8-1}$$

实现与逻辑关系的电路称为“与门”电路，简称“与门”。图 8－4(b) 所示为由二极管组成的“与门”电路。图 8－4(c) 所示为“与门”的逻辑符号。“与门”的真值表如表 8－1 所示。

根据表 8－1，可画出“与门”逻辑功能波形图，如图 8－5 所示。

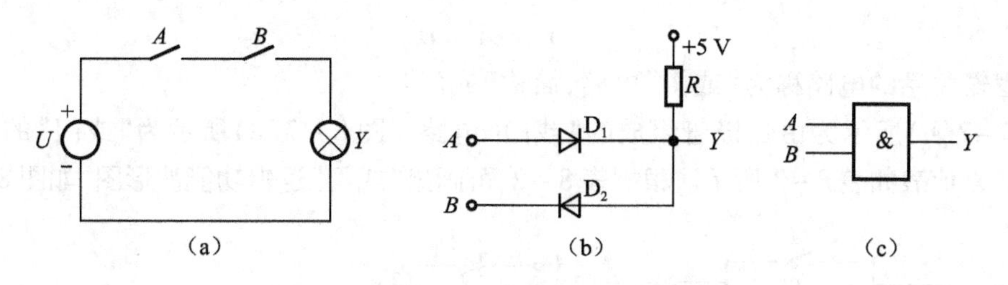

图 8 -4 “与门”电路图

(a)与逻辑关系图;(b)二极管“与门”;(c)逻辑符号

表 8 -1 “与门”逻辑状态真值表

A	*B*	*Y*
0	0	0
0	1	0
1	0	0
1	1	1

由与门真值表和逻辑表达式可以得出逻辑乘的运算规律为

$$0 \cdot 0 = 0, \quad 0 \cdot 1 = 0$$

逻辑功能总结为“有 0 出 0,全 1 出 1”。

目前常用的与门集成电路有 74LS08,它的内部有四个二输入与门电路,图 8 -6(a)、(b)为其外引脚图和逻辑图。

“与门”电路应用举例:一般用来控制信号的传送。例如,有一个二输入端“与门”,如果在 *A* 端输入一控制信号,*B* 端输入一个持续的脉冲信号,图 8 -5 为“与门”电路的工作波形图,图中只有当 $A=1$ 时,*B* 信号才能通过,在 *Y* 端得到输出信号,此时相当于与门被打开;当 $A=0$ 时,与门被封锁,信号 *B* 不能通过。

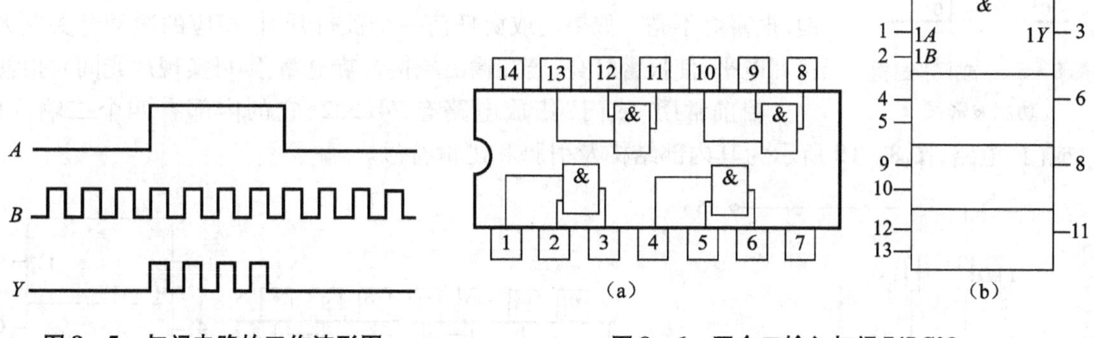

图 8 -5 与门电路的工作波形图

图 8 -6 四个二输入与门 74LS08

(a) 外引脚图;(b) 逻辑图

活动 8.2.2 “或门”

图 8 -7(a)为或逻辑关系图,在电路中,两开关 *A*、*B* 并联后控制指示灯 *Y*,只要 *A* 或 *B* 有一个接通(为“1”),灯 *Y* 就亮(为“1”),而 *A*、*B* 全断开时(全为“0”),*Y* 才不亮(为“0”),*Y* 与 *A*、*B* 的这种关系称为或逻辑。或逻辑关系又称逻辑加,其表达式为

$$Y = A + B \tag{8-2}$$

实现或逻辑关系的电路称为“或门”电路,简称“或门”。

图 8-7(b)所示为由二极管组成的“或门”电路。图 8-7(c)所示为“或门”的逻辑符号。“或门”的真值表如表 8-2 所示。根据表 8-2,可画出“或门”逻辑功能波形图,如图 8-8 所示。

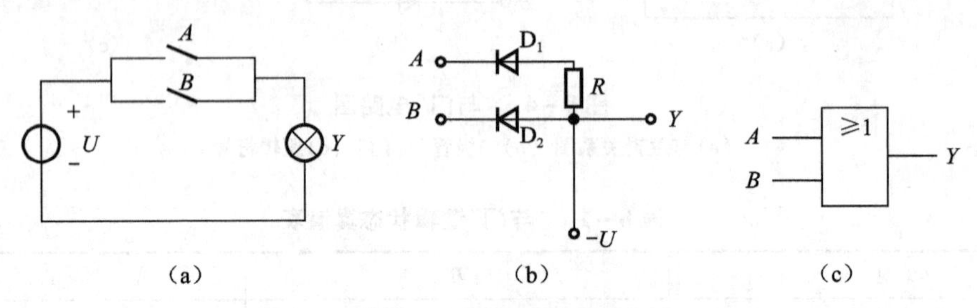

图 8-7 “或门”电路图

(a) 或逻辑关系图;(b) 二极管“或门”;(c) 逻辑符号

表 8-2 “或门”逻辑状态真值表

A	B	Y
0	0	0
0	1	1
1	0	1
1	1	1

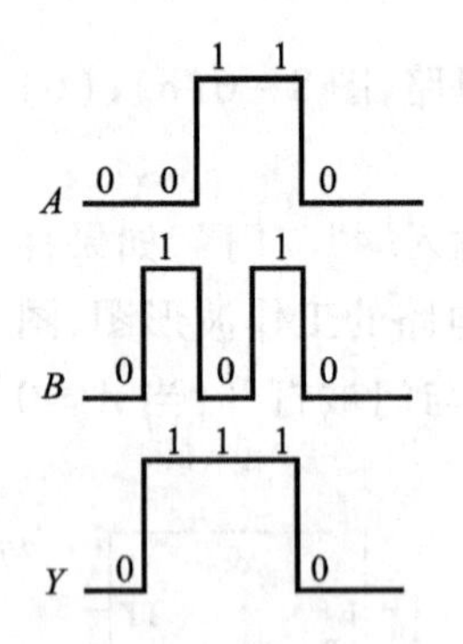

图 8-8 “或门”逻辑功能波形图

由“或门”真值表和逻辑表达式,可得出逻辑加的运算规律为

$$0+0=0,\quad 0+1=1,\quad 1+0=1,\quad 1+1=1$$

逻辑功能总结为“有 1 出 1,全 0 出 0”。同样,“或门”输入变量可以是多个,如

$$Y = A + B + C + \cdots$$

“或门”电路应用举例:常用于两路防盗报警电路。如图 8-9 所示,S_1 和 S_2 为微动开关,可装在门和窗上,门和窗都关上时,S_1 和 S_2 闭合接地,报警灯不亮。如果门或窗任何一个被打开时,相应的微动开关断开,接高电平,使报警灯亮;若在输出端接音响电路,则可实现声光同时报警。

目前常用“或门”集成电路有 74LS32,它的内部有四个二输入的“或门”电路,图 8-10 所示为其内部结构及引脚和逻辑符号。

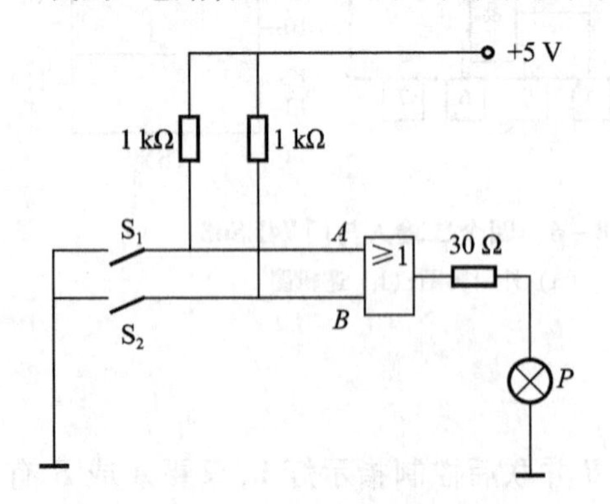

图 8-9 “或门”应用举例

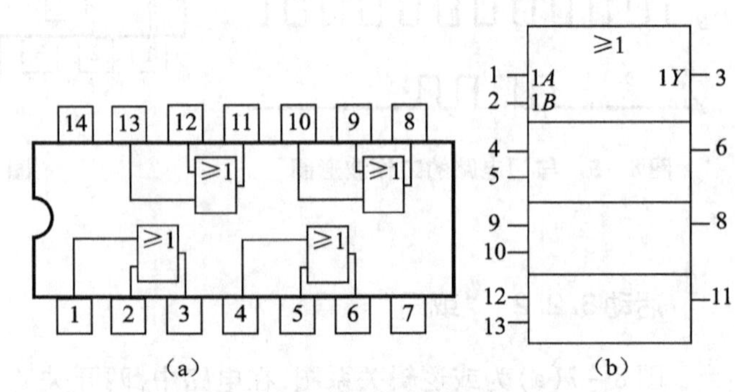

图 8-10 四个二输入“或门”74LS32

(a) 内部结构及引脚;(b) 逻辑符号

活动 8.2.3 “非门”

图 8 - 11(a)为非逻辑关系图,开关 A 与电灯 Y 并联。当开关 A 接通(为“1”)时,灯 Y 不亮(为“0”);当 A 断开(为“0”)时,灯 Y 亮(为“1”),Y 与 A 的状态相反。这种关系称为非逻辑,非逻辑关系又称逻辑非,其表达式

$$Y = \overline{A} \tag{8-3}$$

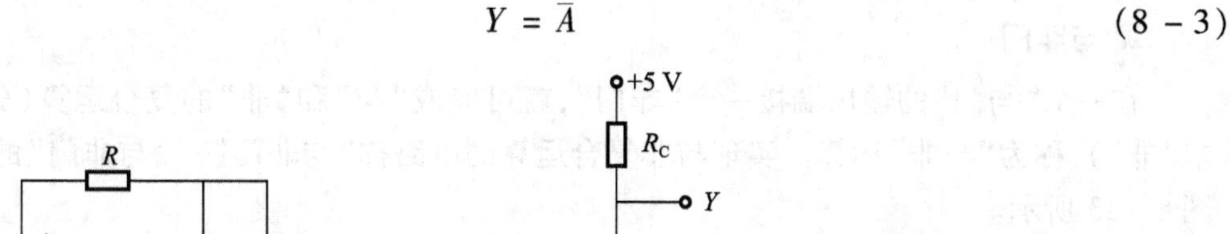
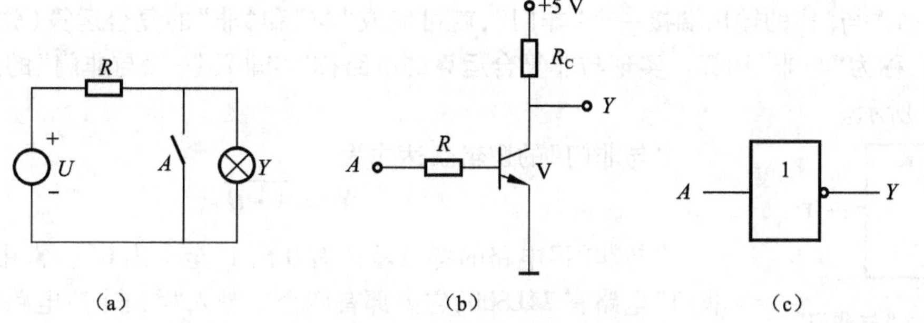

图 8 - 11 “非门”电路

(a) 非逻辑关系图;(b) 晶体管“非门”;(c) 逻辑符号

图 8 - 11(b)所示为由晶体管组成的“非门”电路。在电路中,晶体管工作在饱和状态或截止状态。当 A 为低电平时,晶体管截止,相当于开路,输出端 Y 为接近 U 的高电平,即为“1”;当 A 为高电平即“1”(一般为 3 V)时,晶体管处于饱和状态,饱和电压 $U_{CES}=0.3$ V,C、E 间相当于短路,输出端 Y 为 0。

图 8 - 11(c)所示为“非门”逻辑符号。“非门”逻辑状态真值表见表 8 - 3。

表 8 - 3 “非门”逻辑状态真值表

A	Y
0	1
1	0

由式(8 - 3),可得出逻辑非的运算规律,即

$$\overline{0} = 1, \overline{1} = 0$$

“非门”电路常用于对信号波形的整形和倒相的电路中。常用的“非门”电路有 74LS04,如图 8 - 12 所示为其内部结构及引脚和逻辑符号。

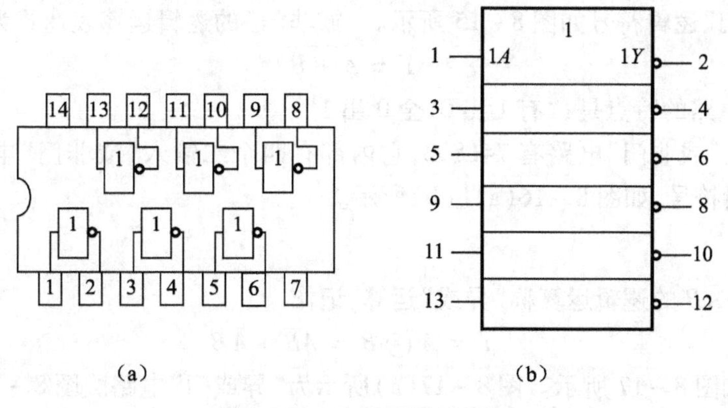

图 8 - 12 六反相器 74LS04

(a) 内部结构及引脚;(b) 逻辑符号

活动 8.2.4　复合门电路

在实际使用中，可以将上述的基本逻辑门电路组合起来，构成常用的组合逻辑电路，以实现各种逻辑功能。如将与门、或门、非门经过简单组合，可构成另一些复合逻辑门。常用的复合逻辑门有“与非门”“或非门”“异或门”等。

1. 与非门

在一个“与门”的输出端接一个“非门”，就可完成“与”和“非”的复合运算（先求“与”，再求“非”），称为“与非”运算。实现与非复合运算的电路称“与非门”。“与非门”的逻辑符号如图 8－13 所示。

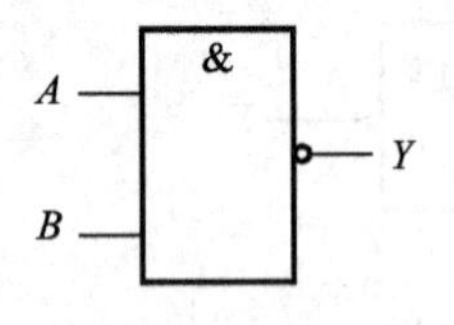

图 8－13　“与非门”逻辑符号

“与非门”的逻辑表达式为

$$Y = \overline{A \cdot B} \qquad (8-4)$$

“与非门”电路的特点是：“有 0 出 1，全 1 出 0”。常用的集成“与非门”电路有 74LS00，它内部有四个二输入“与非门”电路。它的内部结构及引脚和逻辑符号，如图 8－14(a)、(b)所示。

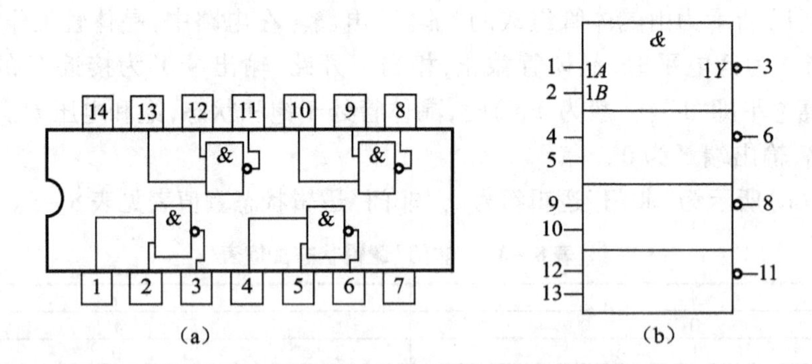

图 8－14　四个二输入“与非门”74LS00
(a) 内部结构及引脚；(b) 逻辑符号

2. 或非门

在一个“或门”的输出端接一个“非门”，则可构成实现“或非”复合运算的电路，称为“或非门”。“或非门”逻辑符号如图 8－15 所示。“或非门”的逻辑运算表达式为

$$Y = \overline{A + B} \qquad (8-5)$$

“或非门”电路的特点是：“有 1 出 0，全 0 出 1”。

常用的集成“或非门”电路有 74LS02，它内部有四个二输入“或非门”电路。它的内部结构及引脚和逻辑符号，如图 8－16(a)、(b)所示。

3. 异或门

式 $Y = A\bar{B} + \bar{A}B$ 的逻辑运算称“异或”运算，记作

$$Y = A \oplus B = A\bar{B} + \bar{A}B \qquad (8-6)$$

逻辑符号如图 8－17 所示。图 8－17(a)所示为“异或门”电路。图 8－17(b)所示为其逻辑符号。

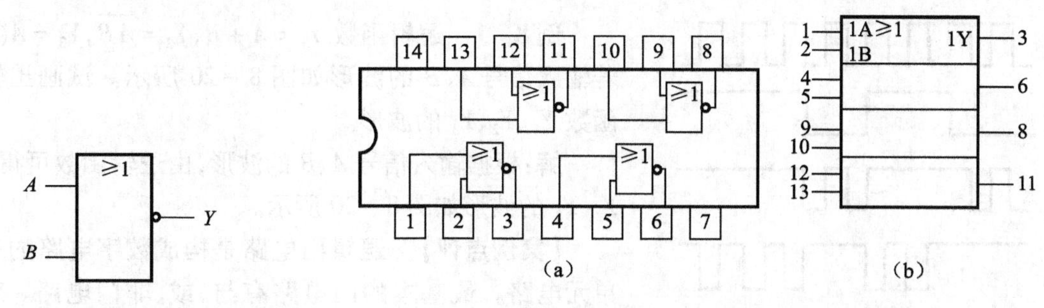

图 8-15 “或非门”逻辑符号　　图 8-16 四个二输入“或非门”74LS02

(a)内部结构及引脚;(b)逻辑符号

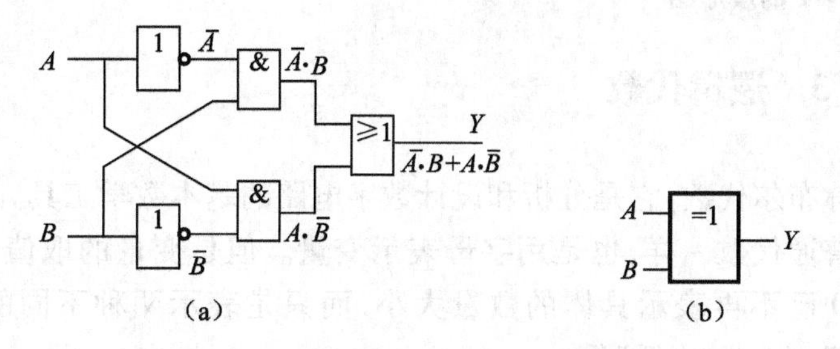

图 8-17 “异或门”电路及逻辑符号

“异或门”电路的特点是:“同则出 0,不同出 1”。

4. 同或门

“同或”与“异或”运算相反,其运算符号为“⊙”,“同或”运算的逻辑表达式为

$$Y = A \odot B = \overline{A}\,\overline{B} + AB \tag{8-7}$$

“同或门”电路的特点是:“同则出 1,异则出 0”,可见同或逻辑与异或逻辑互补。

$$A \odot B = \overline{A \oplus B},\quad A \oplus B = \overline{A \odot B}$$

同或逻辑是异或非。因此,它的逻辑功能一般采用“异或门”和“非门”来实现,其逻辑符号如图 8-18 所示。

5. 与或非门

“与或非门”逻辑运算逻辑表达式为

$$Y = \overline{AB + CD} \tag{8-8}$$

实现“与或非”复合运算的电路是“与或非门”。“与或非门”逻辑符号如图 8-19 所示。

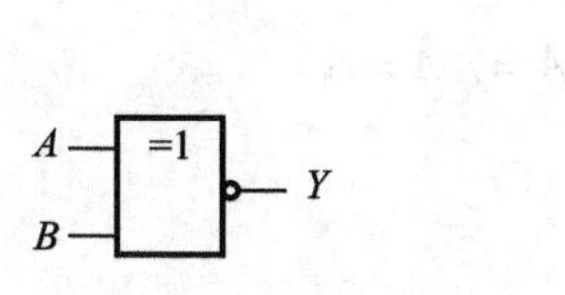

图 8-18 “同或门”逻辑符号

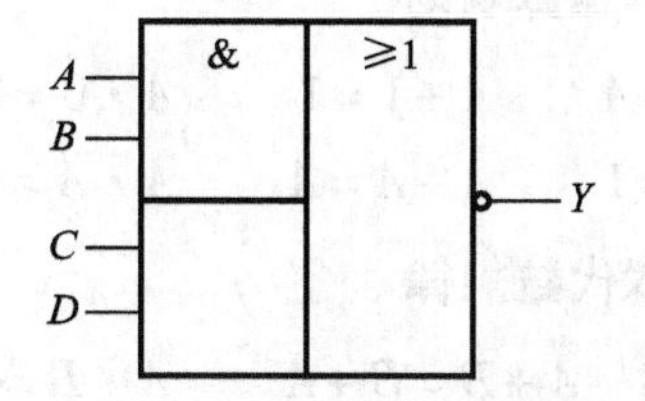

图 8-19 “与或非门”逻辑符号

“与或非门”电路的特点是:“同 1 出 0,否则出 1”。

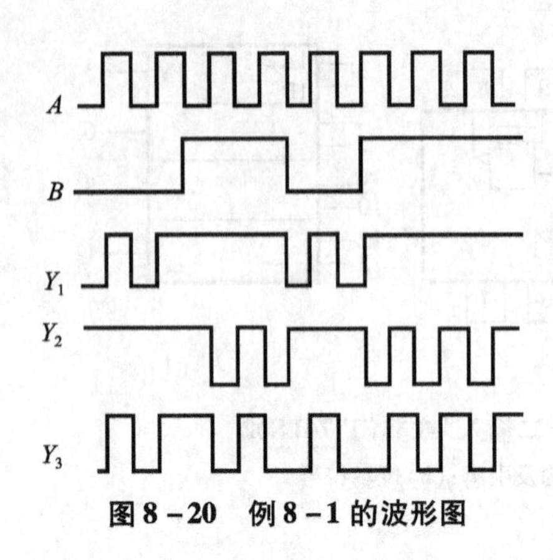

图 8－20 例 8－1 的波形图

例 8－1 逻辑函数 $Y_1=A+B$，$Y_2=\overline{AB}$，$Y_3=A\oplus B$，若输入信号 A、B 的波形如图 8－20 所示。试画出输出函数 Y_1、Y_2、Y_3 的波形。

解：根据输入信号 A、B 的波形，由逻辑函数可得 Y_1、Y_2、Y_3 的波形如图 8－20 所示。

【案例点评】 逻辑门电路是构成数字电路的基本单元电路。最基本的门电路有与、或、非门电路。对于"与门"，"见 0 出 0，全 1 出 1"；对于"或门"，"见 1 出 1，全 0 出 0"；对于"非门"，"0 非出 1，1 非出 0"。

任务 8.3 逻辑代数

逻辑代数又称布尔代数，它是分析和设计数字电路的基本数学工具。

逻辑代数与普通代数一样，也是用字母表示变量。但是变量的取值只有"1"和"0"两个值。这时的 1 和 0 已不再表示具体的数量大小，而只是表示两种不同的逻辑状态："开"与"关"、"是"与"非"、"高"与"低"等。

逻辑代数的取值简单，因此运算法则也简单。其中有一些与普通代数运算规律不同，在学习和应用时，应注意区别。

活动 8.3.1 逻辑代数运算法则

在数字系统中，逻辑电路种类繁多，功能各异，但是它们的逻辑关系只进行逻辑乘（与）、逻辑加（或）和求反（非）三种基本运算。逻辑代数的运算法则及定律见表 8－4。

表 8－4 三种基本运算

与	或	非
$0\cdot 0=0\cdot 1=1\cdot 0=0$	$0+0=0$	$\overline{0}=1$
$1\cdot 1=1$	$0+1=1+0=1+1=1$	$\overline{1}=0$

活动 8.3.2 逻辑代数的基本定律

1. 基本运算规则

$A+0=A$　　$A+1=1$　　$A\cdot 0=0\cdot A=0$　　$A\cdot 1=A$

$A+\overline{A}=1$　　$A+A=A$　　$A\cdot\overline{A}=0$　　$A\cdot A=A\overline{\overline{A}}=A$

2. 基本代数规律

交换律　$A+B=B+A$　　$A\cdot B=B\cdot A$

结合律　$A+(B+C)=(A+B)+C=(A+C)+B$　　$A\cdot(B\cdot C)=(A\cdot B)\cdot C$

分配律　$A(B+C)=A\cdot B+A\cdot C$　　$A+(B\cdot C)=(A+B)(A+C)$

3. 吸收规则

(1) 原变量的吸收

$$A + AB = A$$

证明:$A + AB = A(1 + B) = A \cdot 1 = A$

利用运算规则可化简逻辑式,例如:

$$AB + CD + AB\overline{D}(E + F) = AB + CD$$

(2) 反变量的吸收

$$A + \overline{A}B = A + B$$

证明: $A + \overline{A}B = A + AB + \overline{A}B$

$= A + B(A + \overline{A}) = A + B$

例如:$A + \overline{A}BC + DC = A + BC + DC$

(3) 混合变量的吸收

$$AB + \overline{A}C + BC = AB + \overline{A}C$$

证明: $AB + \overline{A}C + BC$

$= AB + \overline{A}C + (A + \overline{A})BC$

$= AB + \overline{A}C + ABC + \overline{A}BC$

$= AB + \overline{A}C$

例如: $AB + \overline{A}C + BCD$

$= AB + \overline{A}C + BC + BCD$

$= AB + \overline{A}C + BC$

$= AB + \overline{A}C$

4. 反演定理

$$\overline{A \cdot B} = \overline{A} + \overline{B}$$

$$\overline{A + B} = \overline{A} \cdot \overline{B}$$

任务 8.4 集成门电路

上面介绍的门电路,如果由分立元件构成时,不但连接线和焊点较多,且电路的体积很大,可靠性较差。随着电子技术的飞速发展和集成工艺的规模化生产,数字集成电路得到了广泛的应用。本节主要介绍双极性 TTL 和单极型的 CMOS 集成逻辑门电路。

活动 8.4.1 TTL 集成门电路

TTL 集成与非门电路在实际中应用非常广泛。如一个由与非门构成的多数表决器。电路输入输出之间逻辑关系如表 8-5 所示,逻辑电路图如图 8-21 所示。

1. 电路组成

如图 8-22 所示,TTL 集成与非门由输入级、中间级和输出级三部分组成。

表 8－5　多路表决器真值表

A	B	C	Y
0	0	0	0
0	0	1	0
0	1	0	0
0	1	1	1
1	0	0	0
1	0	1	1
1	1	0	1
1	1	1	1

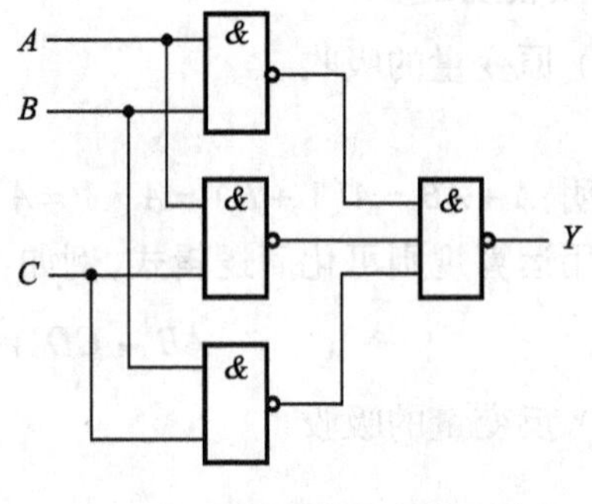

图 8－21　多路表决器逻辑图

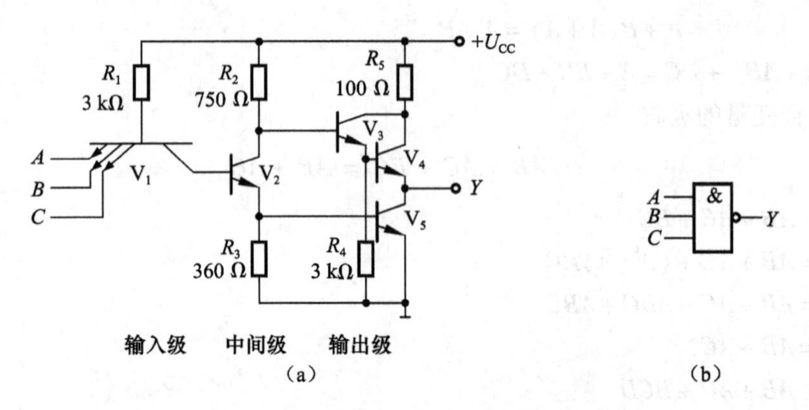

图 8－22　TTL 集成与非门电路图及逻辑符号

(a) 电路；(b) 符号

(1) 输入级

输入级由多发射极管 V_1 和电阻 R_1 组成。其作用是对输入变量 A、B、C 实现逻辑与，它相当于一个与门。从逻辑功能上看，图 8－23(a) 所示的多发射极晶体管可以等效为图 8－23(b) 所示的形式。

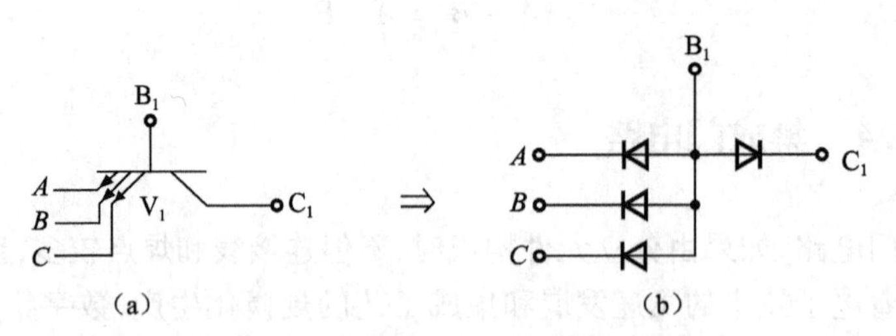

图 8－23　多发射极晶体管及其等效形式

(a) 多发射极晶体管；(b) 等效形式

(2) 中间级

中间级由 V_2、R_2 和 R_3 组成。V_2 的集电极和发射极输出两个相位相反的信号，作为 V_3 和 V_5 的驱动信号。

(3) 输出级

输出级由 V_3、V_4、V_5 和 R_4、R_5 组成，这种电路形式称为推拉式电路。

2. 工作原理

（1）输入全部为高电平

当输入 A、B、C 均为高电平，即 $U_{IH}=3.6$ V 时，V_1 的基极电位足以使 V_1 的集电结和 V_2、V_5 的发射结导通。而 V_2 的集电极压降可以使 V_3 导通，但它不能使 V_4 导通。V_5 由 V_2 提供足够的基极电流而处于饱和状态。因此输出为低电平：

$$U_O = U_{OL} = U_{CE5} \approx 0.3\ \text{V}$$

（2）输入至少有一个为低电平

当输入至少有一个（A 端）为低电平，即 $U_{IL}=0.3$ V 时，V_1 与 A 端连接的发射结正向导通，从图 8－22（a）中可知，V_1 集电极电位 U_{C1} 使 V_2、V_5 均截止，而 V_2 的集电极电压足以使 V_3、V_4 导通。因此输出为高电平：

$$U_O = U_{OH} \approx U_{CC} - U_{BE3} - U_{BE4} = 5 - 0.7 - 0.7 = 3.6\ \text{V}$$

总结：当输入全为高电平时，输出为低电平，这时 V_5 饱和，电路处于开门状态；当输入端至少有一个为低电平时，输出为高电平，这时 V_5 截止，电路处于关门状态。即输入全为 1 时，输出为 0；输入有 0 时，输出为 1。由此可见，电路的输出与输入之间满足与非逻辑关系，即

$$Y = \overline{A \cdot B \cdot C}$$

活动 8.4.2　CMOS 集成门电路

MOS 集成逻辑门是采用 MOS 管作为开关元件的数字集成电路。它具有工艺简单、集成度高、抗干扰能力强、功耗低等优点，MOS 门有 PMOS、NMOS 和 CMOS 三种类型。CMOS 电路又称互补 MOS 电路，它突出的优点是静态功耗低、抗干扰能力强、工作稳定性好、开关速度高，是性能较好且应用较广泛的一种电路。

1. 与非门

图 8－24 是一个二输入的 CMOS 与非门电路。

当 A、B 两个输入端均为高电平时，V_1、V_2 导通，V_3、V_4 截止，输出为低电平。

当 A、B 两个输入端中只要有一个为低电平时，V_1、V_2 中必有一个截止，V_3、V_4 中必有一个导通，输出为高电平。电路的逻辑关系为：

$$Y = \overline{A \cdot B}$$

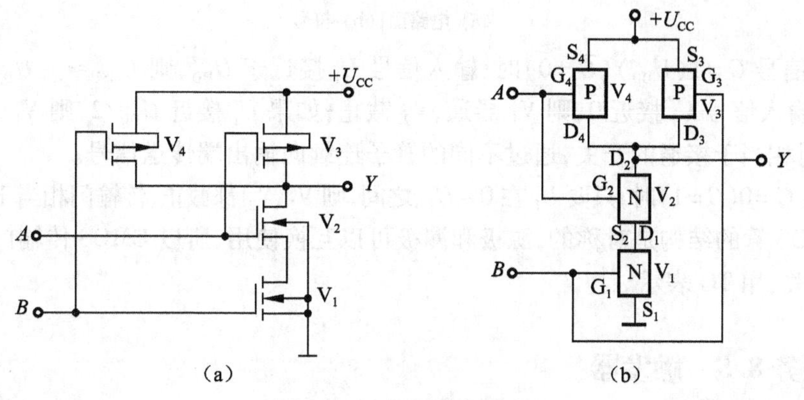

图 8－24　CMOS 与非门

（a）电路图；（b）等效形式

2. 或非门

CMOS 或非门电路如图 8－25 所示。当 A、B 两个输入端均为低电平时，V_1、V_2 截止，V_3、V_4 导通，输出 Y 为高电平；当 A、B 两个输入中有一个为高电平时，V_1、V_2 中必有一个导通，V_3、V_4 中必有一个截止，输出为低电平。电路的逻辑关系为

$$Y = \overline{A + B}$$

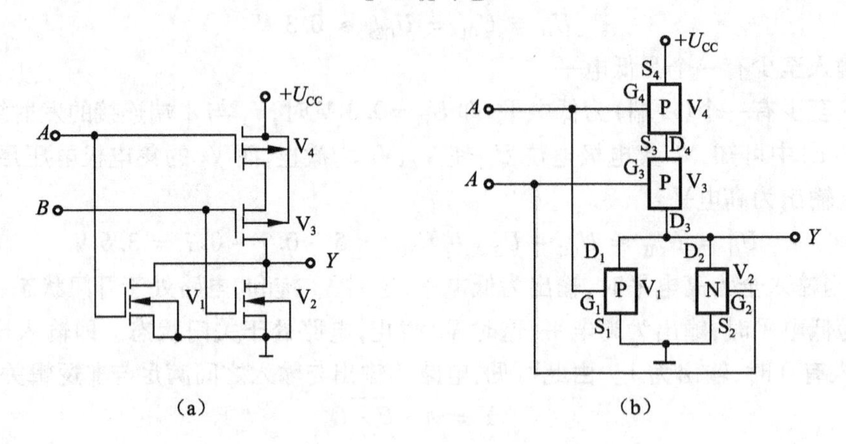

图 8－25 CMOS 或非门

(a) 电路图；(b) 等效形式

3. CMOS 传输门

传输门是数字电路用来传输信号的一种基本单元电路。其电路和符号如图 8－26 所示。

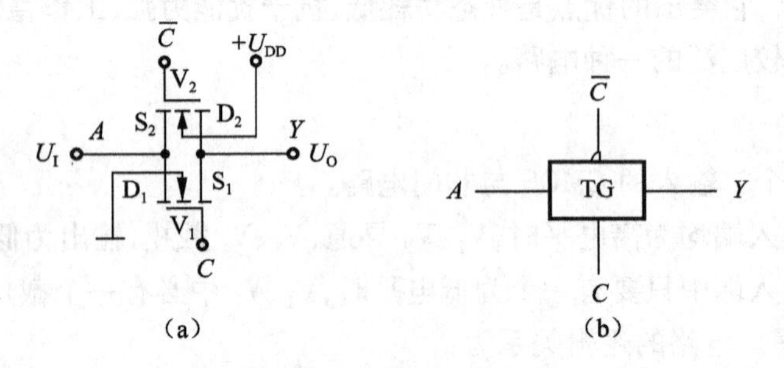

图 8－26 CMOS 传输门

(a) 电路图；(b) 符号

当控制信号 $C=1(U_{DD})(\overline{C}=0)$ 时，输入信号 U_I 接近于 U_{DD}，则 $U_{GS1} \approx -U_{DD}$，故 V_1 截止，V_2 导通；如输入信号 U_I 接近 0，则 V_1 导通，V_2 截止；如果 U_I 接近 $U_{DD}/2$，则 V_1、V_2 同时导通。所以，传输门相当于接通的开关，通过不同的管子连续向输出端传送信号。

反之，当 $C=0(\overline{C}=1)$ 时，只要 U_I 在 $0 \sim U_{DD}$ 之间，则 V_1、V_2 都截止，传输门相当于断开的开关。

因为 MOS 管的结构是对称的，源极和漏极可以互换使用，所以 CMOS 传输门具有双向性，又称双向开关，用 TG 表示。

任务 8.5 触发器

触发器是时序电路中的基本单元。触发器又称双稳态电路，因为它的输出状态能够保持

两种不同的稳定工作状态。

触发器的输出状态在输入端控制信号作用下可以发生变化，但是与组合逻辑电路不同，在输入信号去除后，触发器能够保持信号作用时所具有的输出状态，这种特性称为具有保持或具有记忆的功能。因此时序逻辑电路又称为具有记忆功能的电路。

时序逻辑电路在某个时刻的输出状态不仅和该时刻输入信号情况有关还与这个电路在信号作用之前电路所具有的状态有关，这种特性又称时序电路具有存储的逻辑功能。

触发器可以实现的逻辑功能有计数功能、置数功能（置1、置0）和保持功能，触发器按能实现的逻辑功能进行分类。在这一节里主要介绍触发器的工作原理；各种类型触发器所具有的逻辑功能和触发器输出端状态改变与输入控制端作用的控制信号之间的关系，即触发器触发方式等有关触发器使用等问题。

活动 8.5.1 RS 触发器

具有置1、置0功能的触发器称为 RS 触发器。

1. 基本 RS 触发器（直接置位、复位的触发器）

将两个或非门（或者两个与非门）首尾相接、交叉耦合便构成一个基本的双稳态触发器，如图 8－27（a）所示，此电路有两个输入控制端 S_D 端和 R_D 端、两个输出端 Q 端和 $\overline{Q}$ 端。在正常工作情况下，输出端 Q 和输出端 $\overline{Q}$ 的电平总是相反的。

基本 RS 触发器的 S_D 输入控制端称为直接置位端。R_D 输入控制端称为直接复位端。由图 8－27（a）可以看出，当 S_D 和 R_D 均为低电平时（输入信号为零），触发器输出状态不会发生变化；当 $S_D=0$ 而 $R_D=1$ 时，触发器输出端 $Q=0$，$\overline{Q}=1$；当 R_D 输入控制端的电平从 1 又变回 0 时，触发器输出端的状态仍保持 $Q=0$、$\overline{Q}=1$ 不会发生变化。在 $R_D=0$ 而 S_D 从 0 变为 1 后，触发器输出端 $Q=1$，$\overline{Q}=0$，当 S_D 控制端的电平从 1 又变回 0 时，触发器输出端的状态仍保持 $Q=1$、$\overline{Q}=0$ 不会发生变化。

触发器的 Q 端和 $\overline{Q}$ 端电平在 S_D、R_D 信号作用下由 0 变为 1 或由 1 变为 0，输出状态的这种变化称为触发器的翻转，促使触发器发生翻转而作用在输入控制端的信号称为触发信号。

在 S_D 端作用的触发信号（高电平）可以使触发器的 Q 输出端成为高电平（为1）、$\overline{Q}$ 输出端成为低电平（为0）。触发器的 $Q=1$ 而 $\overline{Q}=0$ 的这种状态，称触发器处于“1”状态。使触发器 Q 端成高电平的触发信号在图 8－27 中为 $S_D=1$，称为置 1 信号，因此触发器的 S_D 输入控制端称为置 1 端（或置位端）。

当 $S_D=0$、$R_D=1$ 时，触发器的 Q 端变为低电平（0），$\overline{Q}$ 端为高电平（1）。$Q=0$、$\overline{Q}=1$ 的状态称触发器处于“0”状态，使触发器 $Q=0$ 的触发信号称为置 0 信号，因此 R_D 输入控制端称为置 0 端（或复位端）。

图 8－27（a）所示触发器输出状态的改变由作用于 S_D、R_D 端的触发信号决定，当 S_D 或 R_D 端的电位从 0 变为 1 后，触发器的输出端状态就可能发生变化，这种工作方式称为直接置位、复位，因此图 8－27（a）所示触发器又称直接置位、复位触发器。基本 RS 触发器可以直接置位和复位，因此这种触发器在工作时不允许 S_D 端和 R_D 端同时作用高电平信号，因为 S_D 和 R_D 同为 1 时，触发器的输出端 Q 和 $\overline{Q}$ 也同时是 1，当 S_D 和 R_D 作用的信号同时撤除后，触发器输出

端的状态是不确定的，这种情况在工作中是不允许出现的。基本 RS 触发器的工作波形如图 8－28所示。

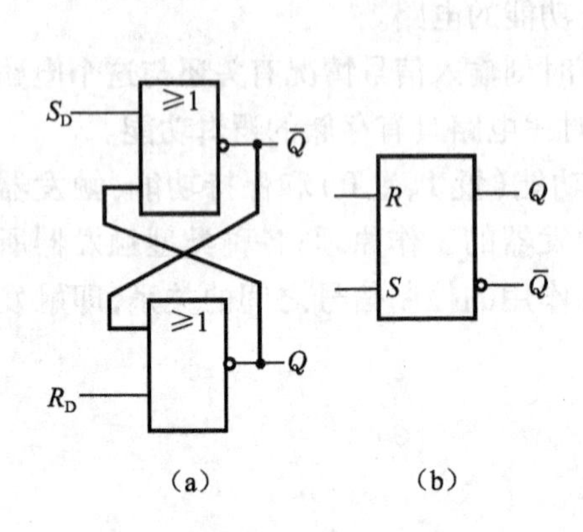

（a）　　（b）

图 8－27　基本 RS 触发器

（a）逻辑原理图；（b）国家标准符号

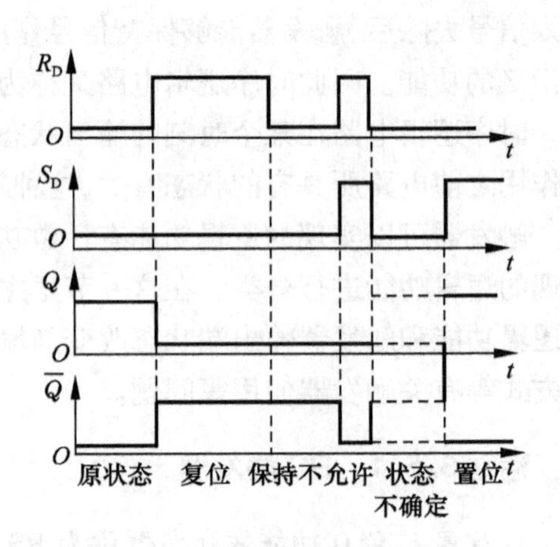

图 8－28　RS 触发器工作波形图

图 8－27（a）所示基本 RS 触发器的国家标准符号如图 8－27（b）所示。

图 8－27（a）所示触发器的真值表如表 8－6 所示，表中 Q_n 表示触发信号作用之前触发器 Q 端的状态（1 或 0）、Q_n 又称为触发器的原状态（或现状态），Q_{n+1} 是在触发信号 $S_{D(n+1)}$ 或 $R_{D(n+1)}$ 作用后，触发器 Q 端所具有的状态，称为次状态。

表 8－6　基本 RS 触发器真值表

$S_{D(n+1)}$	$R_{D(n+1)}$	Q_n	Q_{n+1}
0	0	0	0
1	0	0	1
0	1	0	0
1	1	0	不确定
0	0	1	1
1	0	1	1
0	1	1	0
1	1	1	不确定

用卡诺图对表 8－6 进行化简（将不确定项视为约束项）可以得到触发器的次态 Q_{n+1} 与现态 Q_n 及触发信号 S_D、R_D 之间关系的逻辑表达式为

$$Q_{n+1} = S_{D(n+1)} + \overline{R}_{D(n+1)} \cdot Q_n \tag{8-9}$$

同时要求

$$R_{D(n+1)} S_{D(n+1)} = 0 \tag{8-10}$$

2. 时钟控制电平触发的 RS 触发器

基本 RS 触发器虽然有置 1、置 0 和能够记忆信号的功能，但在使用中还存在一些问题，如只要输入端控制信号电平发生变化，输出立即反应，这种随时都可能改变输出状态的情况将给

数字系统的工作带来不便。因为在一个数字系统内通常要求各触发器按一定的时间节拍协调动作,即触发器翻转的状态仍由输入控制端的电平情况决定,但翻转的时间应由统一的脉冲信号——称为“时钟脉冲”的命令信号进行控制。此外,基本 RS 触发器对输入信号还有限制,要求 R、S 不能同时为 1,这个限制使触发器的应用也增加了不便。因此,基本 RS 触发器通常只使用在一些特定的场合,如键盘输入电路、开关消噪声电路、置 1 置 0 信号输出电路等电路中。

为使 RS 触发器能在时钟脉冲(或称触发脉冲、送数脉冲)作用下接收信号,可在基本 RS 触发器的基础上做些改进,如图 8－29(a)所示电路构成时端电平将受输入控制端 R、S 电平(1、0)控制,其关系如表 8－7 所示。

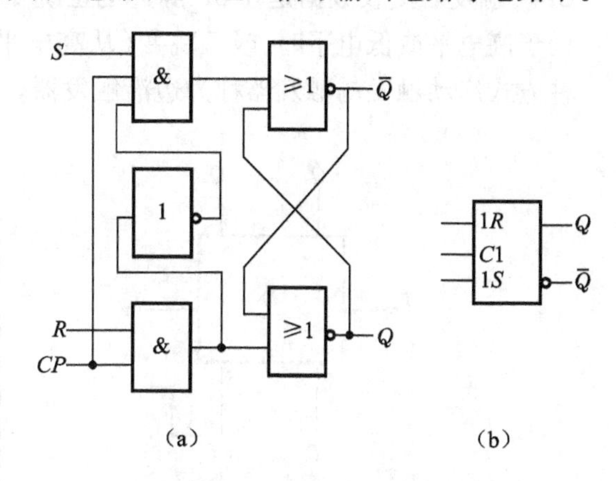

图 8－29　时钟控制 RS 触发器

(a) 逻辑原理图;(b) 国家标准符号

图 8－29(a)所示时钟控制 RS 触发器与基本 RS 触发器不同之处在于它的输出端状态的改变要在脉冲 $CP=1$ 时完成;而且控制端 R、S 同为 1 时,这个触发器输出端的状态是确定的,输出端 $Q=0$。这个结果是由它的内部电路保证的(这种情况称为置 0 优先)。

根据表 8－7 可以作出时钟控制 RS 触发器的工作波形图,如图 8－30 所示。由图可看出,在 $CP=1$ 期间,只要控制端 R、S 的电平发生由 0 到 1 的变化,触发器输出端的状态就随之改变,这种触发关系称为电平触发。

表 8－7　时钟控制 RS 触发器功能表

CP_{n+1}	S_{n+1}	R_{n+1}	Q_{n+1}
0	Φ	Φ	Q_n
1	0	0	Q_n
1	0	1	0
1	1	0	1
1	1	1	0

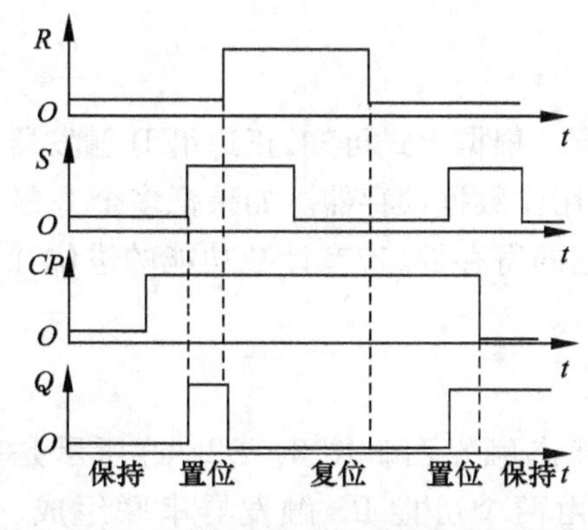

图 8－30　时钟控制 RS 触发器工作波形图

时钟控制 RS 触发器的国家标准符号如图 8－29(b)所示。

我国 TTL 数字集成电路组件中没有单独的 RS 触发器产品,RS 触发器只是在某些集成数字组件(如计数器)内出现,在一些逻辑功能简单的场合可以用或非门(或者与非门)搭接而成。由图 8－29(a)可以看出:当时钟脉冲 $CP=0$ 时,无论 R、S 控制端输入什么电平,触发器的输出端状态不会发生变化。当 $CP=1$ 时,即时钟脉冲到达之后,触发器的输出才能随输入状态发生变化。

活动 8.5.2　D 触发器及 JK 触发器

针对基本 RS 触发器存在的不足,在它的基础上出现了多种改进型触发器,D 触发器和 JK

触发器就是常用的两种。本节主要从外部性能出发来叙述 D 触发器和 JK 触发器功能及工作原理。

1. D 触发器

如图 8－31 所示，D 触发器有两个输出端 Q 和 $\overline{Q}$，有一个数据输入端 D 和时钟触发输入端 CP。触发器接收数据是在 CP 脉冲的正跳变沿（从低电平到高电平）启动的，当时钟输入端 CP 处于高电平或低电平时，或负跳变（从高电平到低电平）时，触发器的状态都保持不变。用这种方式启动触发的触发器称为边沿触发器。D 触发器是用正边沿触发的。

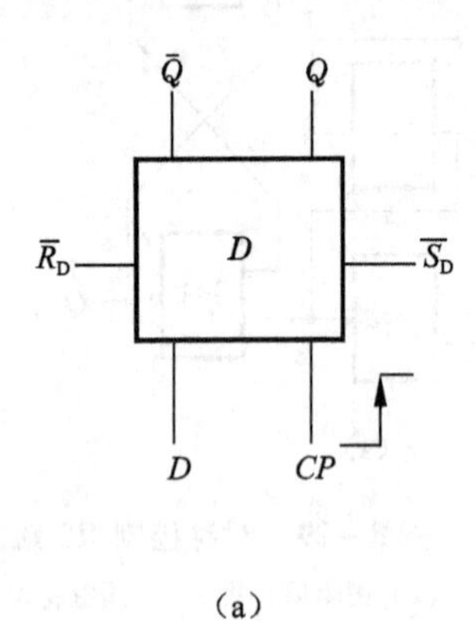

(a)

$\overline{R}_D$	$\overline{S}_D$	CP	D	Q	$\overline{Q}$
0	1	×	×	0	1
1	0	×	×	1	0
1	1	↑	0	0	1
1	1	↑	1	1	0

(b)

图 8－31　触发器的图形符号和功能表

(a) 图形符号；(b) 功能表

正边沿触发的 D 触发器是由三个互相有连接关系的基本触发器(6 个与非门)组成，其外部共有 6 个引出端。其中，Q 和 $\overline{Q}$ 是触发器的两个互补的输出端，来自数据输入端 D 的数据仅当时钟触发输入端 CP 为正跳变（从低电平到高电平）时才能正确打入触发器。此外，D 触发器还设置了异步置“0”端$\overline{R}_D$和异步置“1”端$\overline{S}_D$。不论 CP 处于什么状态，加在这两端的“0”信号都能使触发器直接置“0”或直接置“1”。

假设 D 触发器当前时刻的输出为 Q_{n+1}，前一时刻的输出为 Q_n，从功能表很容易得到正边沿 D 触发器的特性方程为

$$Q_{n+1} = D_n$$

即正边沿 D 触发器的输出状态与数据输入端的状态相同。根据上式可知，正边沿 D 触发器可以把某时刻根据输入信号产生的信号保存下来，所以常用作数据锁存器。如果把多个 D 触发器按使用要求连接起来，则可形成接收和发送多位数据的寄存器、带有计数功能的进位计数器等。

2. JK 触发器

JK 触发器是一种功能较完善，应用很广泛的双稳态触发器。图 8－32(a)所示是一种典型结构的 JK 触发器——主从型 JK 触发器。它由两个可控 RS 触发器串联组成，分别称为主触发器和从触发器。J 和 K 是信号输入端。时钟 CP 控制主触发器和从触发器的翻转。

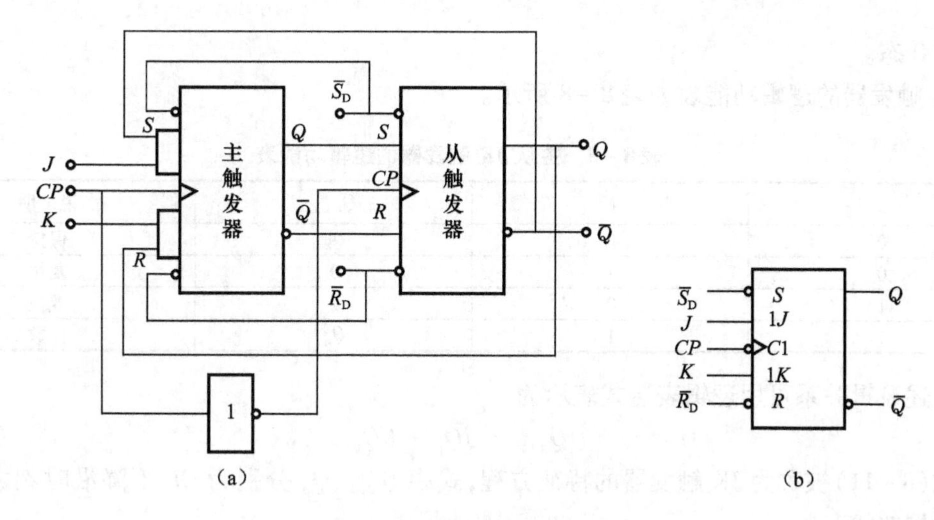

图 8－32　主从型 JK 触发器

(a) 逻辑图;(b) 逻辑符号

当 $CP=0$ 时,主触发器状态不变,从触发器输出状态与主触发器的输出状态相同。

当 $CP=1$ 时,输入 J、K 影响主触发器,而从触发器状态不变。

当 CP 从 1 变成 0 时,主触发器的状态传送到从触发器,即主从触发器是在 CP 下降沿到来时才使触发器翻转的。

下面分四种情况来分析主从型 JK 触发器的逻辑功能。

(1) $J=1,K=1$

设时钟脉冲到来之前($CP=0$)触发器的初始状态为 0。这时主触发器的 $R=KQ=0$,$S=J\overline{Q}=1$,时钟脉冲到来后($CP=1$),主触发器翻转成 1 态。当 CP 从 1 下跳为 0 时,主触发器状态不变,从触发器的 $R=0$,$S=1$,它也翻转成 1 态。反之,设触发器的初始状态为 1,可以同样分析,主、从触发器都翻转成 0 态。

可见,JK 触发器在 $J=1,K=1$ 的情况下,来一个时钟脉冲就翻转一次,即 $Q_{n+1}=\overline{Q}_n$,具有计数功能。

(2) $J=0,K=0$

设触发器的初始状态为 0,当 $CP=1$ 时,由于主触发器的 $R=0$,$S=0$,它的状态保持不变。当 CP 下跳时,由于从触发器的 $R=1$,$S=0$,它的输出为 0 态,即触发器保持 0 态不变。如果初始状态为 1,触发器亦保持 1 态不变。

(3) $J=1,K=0$

设触发器的初始状态为 0。当 $CP=1$ 时,由于主触发器的 $R=0$,$S=1$,它翻转成 1 态。当 CP 下跳时,由于从触发器的 $R=0$,$S=1$,也翻转成 1 态。如果触发器的初始状态为 1,当 $CP=1$ 时,由于主触发器的 $R=0$,$S=0$,它保持原态不变;在 CP 从 1 下跳为 0 时,由于从触发器的 $R=0$,$S=1$,也保持 1 态。

(4) $J=0,K=1$

设触发器的初始状态为 1 态。当 $CP=1$ 时,由于主触发器的 $R=1$,$S=0$,它翻转成 0 态。当 CP 下跳时,从触发器也翻转成 0 态。如果触发器的初始状态为 0 态,当 $CP=1$ 时,由于主触发器的 $R=0$,$S=0$,它保持原态不变;在 CP 从 1 下跳为 0 时,由于从触发器的 $R=1$,$S=0$,

也保持0态。

JK触发器的逻辑功能表如表8－8所示。

表8－8　主从JK触发器的逻辑功能表

J	K	Q_{n+1}	说　明
0	0	Q_n	保持
0	1	0	复位
1	0	1	置位
1	1	$\overline{Q}_n$	计数

上述逻辑关系可用逻辑表达式表示为

$$Q_{n+1} = J\overline{Q}_n + \overline{K}Q_n \tag{8-11}$$

式(8－11)被称为JK触发器的特征方程,式中 Q_{n+1}、Q_n 分别为 CP 下降沿时刻之后和之前触发器的状态。

主从型JK触发器逻辑符号如图8－32(b)所示,CP 端加小圆圈表示下降沿触发。

任务8.6　数字电路在汽车中的应用

活动8.6.1　汽车左转弯灯控制电路

1. 电路原理图

汽车左转弯灯控制电路如图8－33所示。

2. 电路的组成

(1) 脉冲产生电路555

555电路又称时基电路,它是一种将数字电路和模拟电路结合制作在同一片硅片上的混合集成电路,它是一种非常通用的功能电路,在许多领域中都有广泛的应用。下面简单介绍555电路的工作原理和一些应用。

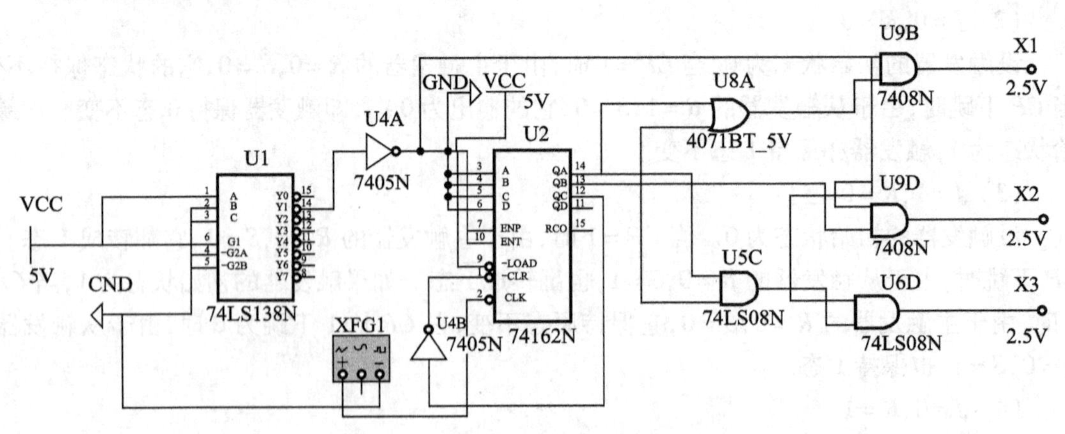

图8－33　汽车左转弯灯控制电路

1) 555电路内部结构。

555电路类型有双极型和CMOS型两大类,两者的工作原理和结构相似。两者的逻辑功能和引脚排列完全相同，易于互换。

555 电路的内部电路图如图 8－34 所示。它含有两个电压比较器，一个基本 RS 触发器，一个放电开关 V，比较器的参考电压由三只 5 kΩ 的电阻器构成分压，它们分别使高电平比较器 C_1 同相比较端和低电平比较器 C_2 的反相输入端的参考电平为$\frac{2}{3}U_{CC}$和$\frac{1}{3}U_{CC}$。C_1 和 C_2 的输出端控制 RS 触发器状态和放电管开关状态。当输入信号 U_i 输入并超过$\frac{2}{3}U_{CC}$时，触发器复位，555 的输出端 3 脚输出低电平，同时放电，开关管导通；当输入信号 U_i 自 2 脚输入并低于$\frac{1}{3}U_{CC}$时，触发器置位，555 的 3 脚输出高电平，同时放电，开关管截止。

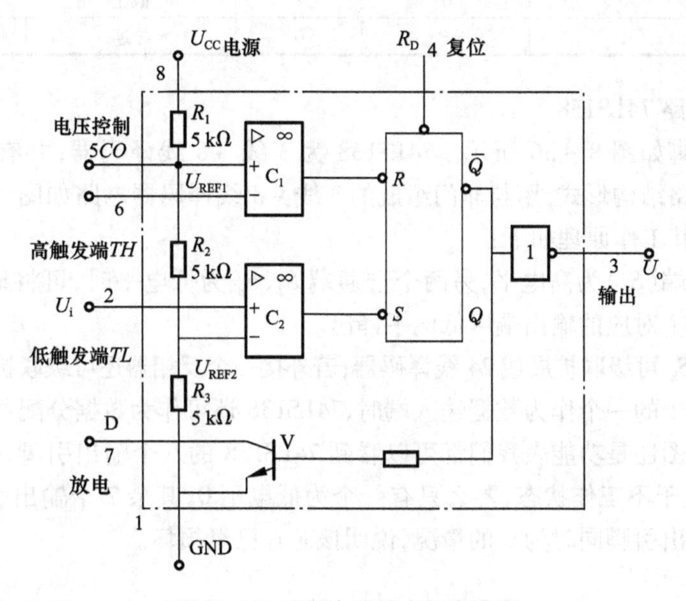

图 8－34　555 电路的内部电路图

2）引脚功能。图 8－35 为 555 引脚图。

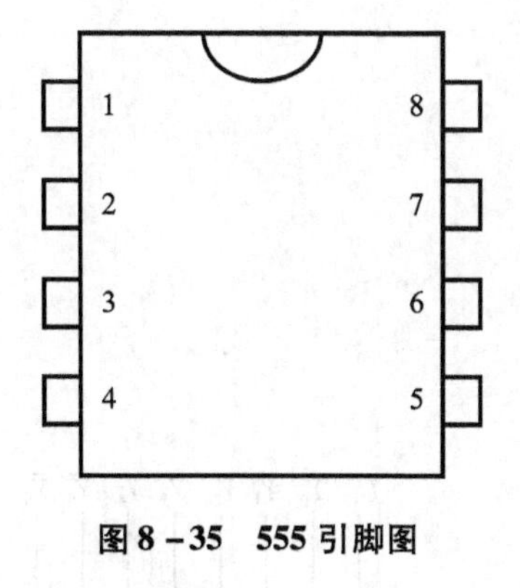

图 8－35　555 引脚图

① 1 脚：外接电源负端 U_{SS}或接地，一般情况下接地。

② 2 脚：低触发端。

③ 3 脚：输出端 U_o。

④ 4 脚：是直接清零端。当此端接低电平，则时基电路不工作，此时不论 *TR*、*TH* 处于何电平，时基电路输出为“0”，该端不用时应接高电平。

⑤ 5 脚：CO 为控制电压端。若此端外接电压，则可改变内部两个比较器的基准电压，当该端不用时，应将该端串入一只 0.01 μF 电容接地，以防引入干扰。

⑥ 6 脚：*TH* 高触发端。

⑦ 7 脚：放电端。该端与放电管集电极相连，用作定时器时电容的放电。

⑧ 8 脚：外接电源 U_{CC}，双极型时基电路 U_{CC}的范围是 4.5～16 V，CMOS 型时基电路 U_{CC}的范围为 3～18 V，一般用 5 V。

在 1 脚接地，5 脚未外接电压时，两个比较器 C_1、C_2 基准电压分别为$\frac{2U_{CC}}{3}$、$\frac{U_{CC}}{3}$的情况下，555 定时器的功能表如表 8－9 所示。

表 8－9　555 定时器的功能表

清零端	高触发端 *TH*	低触发端	*Q*	放电管 V	功　能
0	×	×	0	导通	直接清零
1	0	1	×	保持上一状态	保持上一状态
1	1	0	1	截止	置 1
1	0	0	1	截止	置 1
1	1	1	0	导通	清零

（2）译码电路 74LS138

74LS138 管脚如图 8－36 所示。74LS138 为 3 线－8 线译码器，共有 54/74S138 和 54/74LS138 两种线路结构形式，用与非门组成的 3 线－8 线译码器电路如图 8－37 所示，其功能表见表 8－10。其工作原理如下：

当一个选通端（S_1）为高电平，另两个选通端 $\overline{S}_2$、$\overline{S}_3$ 为低电平时，可将地址端 A_2、A_1、A_0 的二进制编码在一个对应的输出端以低电平译出。

利用 S_1、$\overline{S}_2$、$\overline{S}_3$ 可级联扩展成 24 线译码器；若外接一个反相器还可级联扩展成 32 线译码器。

若将选通端中的一个作为数据输入端时，74LS138 还可作为数据分配器。

无论从逻辑图还是功能表我们都可以看到 74LS138 的八个输出引脚，任何时刻要么全为高电平 1，芯片处于不工作状态，要么只有一个为低电平 0，其余 7 个输出引脚全为高电平 1。如果出现两个输出引脚同时为 0 的情况，说明该芯片已经损坏。

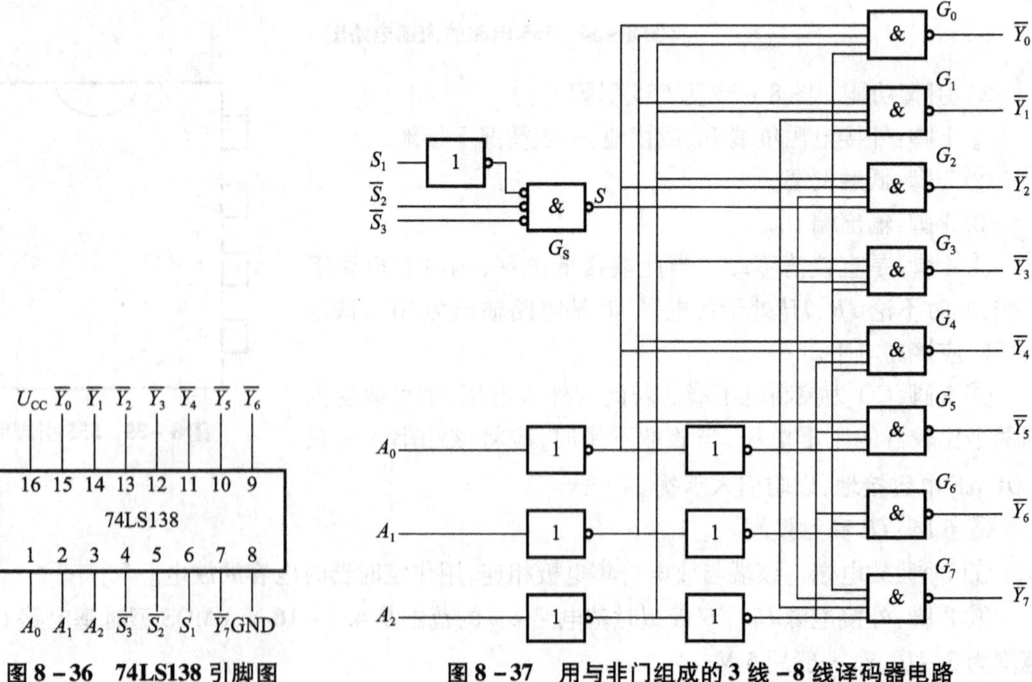

图 8－36　74LS138 引脚图　　**图 8－37　用与非门组成的 3 线－8 线译码器电路**

表 8-10　3 线-8 线译码器 74LS138 的功能表

输　入					输　出							
S_1	$\bar{S}_2+\bar{S}_3$	A_2	A_1	A_0	$\bar{Y}_0$	$\bar{Y}_1$	$\bar{Y}_2$	$\bar{Y}_3$	$\bar{Y}_4$	$\bar{Y}_5$	$\bar{Y}_6$	$\bar{Y}_7$
0	×	×	×	×	1	1	1	1	1	1	1	1
×	1	×	×	×	1	1	1	1	1	1	1	1
1	0	0	0	0	0	1	1	1	1	1	1	1
1	0	0	0	1	1	0	1	1	1	1	1	1
1	0	0	1	0	1	1	0	1	1	1	1	1
1	0	0	1	1	1	1	1	0	1	1	1	1
1	0	1	0	0	1	1	1	1	0	1	1	1
1	0	1	0	1	1	1	1	1	1	0	1	1
1	0	1	1	0	1	1	1	1	1	1	0	1
1	0	1	1	1	1	1	1	1	1	1	1	0

当附加控制门的输出为高电平(S=1)时,可由逻辑图写出

$$\begin{cases}\bar{Y}_0 = \overline{\bar{A}_2\bar{A}_1\bar{A}_0} = \overline{m_0}\\ \bar{Y}_1 = \overline{\bar{A}_2\bar{A}_1A_0} = \overline{m_1}\\ \bar{Y}_2 = \overline{\bar{A}_2A_1\bar{A}_0} = \overline{m_2}\\ \bar{Y}_3 = \overline{\bar{A}_2A_1A_0} = \overline{m_3}\\ \bar{Y}_4 = \overline{A_2\bar{A}_1\bar{A}_0} = \overline{m_4}\\ \bar{Y}_5 = \overline{A_2\bar{A}_1A_0} = \overline{m_5}\\ \bar{Y}_6 = \overline{A_2A_1\bar{A}_0} = \overline{m_6}\\ \bar{Y}_7 = \overline{A_2A_1A_0} = \overline{m_7}\end{cases}$$

由上式可以看出,同时又是这三个变量的全部最小项的译码输出,所以也把这种译码器叫作最小项译码器。

74LS138 有三个附加的控制端 S_1、$\bar{S}_2$ 和 $\bar{S}_3$。当 $S_1=1$、$\bar{S}_2+\bar{S}_3=0$ 时,输出均为高电平($S=1$),译码器处于工作状态。否则,译码器被禁止,所有的输出端被封锁在高电平,这三个控制端也叫作“片选”输入端,利用片选的作用可以将多片连接起来以扩展译码器的功能。带控制输入端的译码器又是一个完整的数据分配器。

(3) 计数电路 74LS160

74LS160 是中规模集成同步十进制加法计数器,具有异步清零和同步预置数的功能。使用 74LS160 通过置零法或置数法可以实现任意进制的计数器。其引脚图见图 8-38。

74LS160 计数器的基本功能见表 8-11。

① 异步清零:当 $\bar{R}_D=0$ 时,$Q_0=Q_1=Q_2=Q_3=0$。

② 同步预置:当 $\overline{LD}=0$ 时,在时钟脉冲 CP 上升沿作用下,$Q_0=D_0$,$Q_1=D_1$,$Q_2=D_2$,$Q_3=D_3$。

③ 锁存:当使能端 $EP\cdot ET=0$ 时,计数器禁止计数,为锁存状态。

④ 计数:当 $\bar{R}_D=\overline{LD}=1$,使能端 $EP=ET=1$ 时,为计数状态。

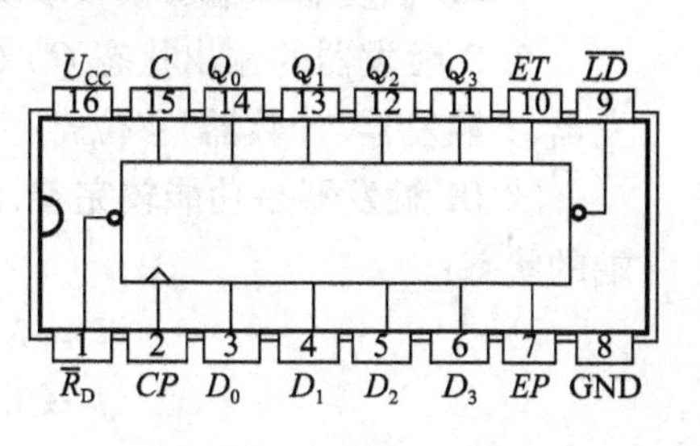

图 8-38　74LS160 引脚图

表 8-11　74LS160 的逻辑功能表

时钟 CP	异步清除 $\overline{R}_D$	同步置数 $\overline{LD}$	控制端 EP	控制端 ET	工作状态
×	0	×	×	×	异步清零
↑	1	0	×	×	同步预置
×	1	1	0	1	锁存
×	1	1	×	0	锁存
↑	1	1	1	1	计数

3. 电路原理

用 74LS138 译码器对输入的信号进行译码，从而得到一个低电平输出，再由这个低电平控制一个计数器 74LS160，计数器输出为高电平时就点亮不同的尾灯（这里用发光二极管模拟），从而控制尾灯按要求点亮。

本章讲述了几种常见的逻辑门电路，触发器等数字电路部件。TTL 和 CMOS 作为通用器件，应用非常普通，其性能特点如下。

TTL 电路：驱动电流大，速度较高，但功耗也较大。

CMOS 电路：电压适用范围宽（3～18 V），抗干扰能力强，功耗低。

需要 TTL 电路驱动 CMOS 电路时，注意电平过渡，当 CMOS 电路驱动 TTL 时，要增加驱动能力。

1）基本门电路。

“与”门：全“1”出“1”，有“0”出“0”。逻辑表达式为 $Y=A \cdot B$。

“或”门：有“1”出“1”，全“0”出“0”。逻辑表达式为 $Y=A+B$。

“非”门：有“0”出“1”，有“1”出“0”。逻辑表达式为 $Y=\overline{A}$。

与非门：有“0”出“1”，全“1”出“0”。逻辑表达式为 $Y=\overline{A \cdot B}$。

或非门：有“1”出“0”，全“0”出“1”。逻辑表达式为 $Y=\overline{A+B}$。

2）触发器。

触发器是时序逻辑触发电路，它的输出不仅取决于当前的输入状态，还与电路原来的状态有关。

① RS 触发器的输出仅仅取决于置位端 S_D 和复位端 R_D，但 S_D 和 R_D 不允许同时为 1。

② D 触发器的输出状态 Q 取决于时钟 CP 到来前 D 的状态，用 D 触发器可以构成 JK 触发器、T 触发器、计数器、移位寄存器等。

③ JK 触发器是功能较完善，使用较灵活的一种触发器，时钟脉冲到来时，输出取决于 J、K 端的状态：

$J=K=0$ 时　　则保持不变

$J=1, K=0$ 时　　则 Q 输出为“1”

$J=0, K=1$ 时　　则 Q 输出为“0”

$J=K=1$ 时　　则输出翻转

用 JK 触发器也可构成 D 触发器、T 触发器、计数器、移位寄存器等。

3)计数器有多种形式,以 CP 脉冲引入的方式不同分同步计数器和异步计数器;按数字的增减来分,有加法计数器、减法计数器和可逆计数器。集成二进制计数器可通过反馈法置位法构成 n 进制计数器。

4)译码锁存显示器有 TTL 型和 CMOS 型,根据显示器的极性不同还有共阳极和共阴极两种。

5) 555 时基电路的特点:当 2 脚电位低于 $U_{CC}/3$ 时,3 脚将输出高电平,当 6 脚电位高于 $2U_{CC}/3$ 时,3 脚输出低电平。4 脚输入低电平时,3 脚输出低电平。

用 555 时基电路可以构成各种实用电路,如多谐振荡器、单稳态触发器、多种波形发生器、比较器、施密特触发器等。由于其负载能力大,可以直接驱动继电器等大功率负载,因而被广泛使用。

本章习题

一、选择题

1. 以下表达式中符合逻辑运算法则的是________。

A. $C \cdot C = C^2$　　B. $1 + 1 = 10$　　C. $0 < 1$　　D. $A + 1 = 1$

2. 逻辑变量的取值 1 和 0 可以表示________。

A. 开关的闭合、断开　　B. 电位的高、低　　C. 真与假

D. 电流的有、无　　E. 常数不变

3. $A + BC =$________。

A. $A + B$　　B. $A + C$　　C. $(A + B)(A + C)$　　D. $B + C$

4. 在何种输入情况下,“与非”运算的结果是逻辑 0________。

A. 全部输入是 0　　B. 任一输入是 0

C. 仅一个输入是 0　　D. 全部输入是 1

5. 在何种输入情况下,“或非”运算的结果是逻辑 0________。

A. 全部输入是 0　　B. 全部输入是 1

C. 任一输入为 0,其他输入为 1　　D. 任一输入为 1

6. 对于 D 触发器,欲使 $Q_{n+1} = Q_n$,应使输入 $D =$________。

A. 0　　B. 1　　C. Q　　D. $\overline{Q}$

7. 对于 JK 触发器,若 $J = K$,则可完成________触发器的逻辑功能。

A. RS　　B. D　　C. T　　D. T′

8. 欲使 JK 触发器按 $Q_{n+1} = Q_n$ 工作,可使 JK 触发器的输入端________。

A. $J = K = 0$　　B. $J = Q, K = \overline{Q}$　　C. $J = \overline{Q}, K = Q$

D. $J = Q, K = 0$　　E. $J = 0, K = \overline{Q}$

9. 欲使 JK 触发器按 $Q_{n+1} = 0$ 工作,可使 JK 触发器的输入端________。

A. $J = K = 1$　　B. $J = Q, K = Q$　　C. $J = Q, K = 1$

D. $J = 0, K = 1$　　E. $J = K = 1$

10. 欲使 JK 触发器按 $Q_{n+1} = 1$ 工作,可使 JK 触发器的输入端________。

A. $J=K=1$　　B. $J=1,K=0$　　C. $J=K=\overline{Q}$

D. $J=K=0$　　E. $J=\overline{Q},K=0$

二、判断题

1. 逻辑变量的取值,1 比 0 大。(　　)

2. 异或函数与同或函数在逻辑上互为反函数。(　　)

3. 若两个函数具有相同的真值表,则两个逻辑函数必然相等。(　　)

4. 因为逻辑表达式 $A+B+AB=A+B$ 成立,所以 $AB=0$ 成立。(　　)

5. 若两个函数具有不同的真值表,则两个逻辑函数必然不相等。(　　)

6. 若两个函数具有不同的逻辑函数式,则两个逻辑函数必然不相等。(　　)

7. 逻辑函数两次求反则还原,逻辑函数的对偶式再作对偶变换也还原为它本身。(　　)

8. 逻辑函数 $Y=A\overline{B}+\overline{A}B+\overline{B}C+B\overline{C}$ 已是最简与或表达式。(　　)

9. 因为逻辑表达式 $A\overline{B}+\overline{A}B+AB=A+B+AB$ 成立,所以 $A\overline{B}+\overline{A}B=A+B$ 成立。(　　)

10. 对逻辑函数 $Y=A\overline{B}+\overline{A}B+\overline{B}C+B\overline{C}$ 利用代入规则,令 $A=BC$ 代入,得 $Y=BC\overline{B}+\overline{BC}B+\overline{B}C+B\overline{C}=\overline{B}C+B\overline{C}$ 成立。(　　)

11. CMOS 或非门与 TTL 或非门的逻辑功能完全相同。(　　)

12. RS 触发器的约束条件 $RS=0$ 表示不允许出现 $R=S=1$ 的输入。(　　)

13. D 触发器的特性方程为 $Q_{n+1}=D$,与 Q_n 无关,所以它没有记忆功能。(　　)

三、填空题

1. 逻辑代数又称为________代数。最基本的逻辑关系有________、________、________三种。常用的几种导出的逻辑运算为________、________、________、________、________。

2. 逻辑函数的常用表示方法有________、________、________。

3. 逻辑代数中与普通代数相似的定律有________、________、________。摩根定律又称为________。

4. 逻辑代数的三个重要规则是____________、____________、____________。

四、思考题

1. 逻辑代数与普通代数有何异同?

2. 为什么说逻辑等式都可以用真值表证明?

附录

汽车电路常用图形符号

序号	名 称	图形符号	序号	名 称	图形符号
一、常用基本符号					
1	直流		6	中性点	N
2	交流		7	磁场	F
3	交直流		8	搭铁	
4	正极		9	交流发电机输出接线柱	B
5	负极		10	磁场二极管输出端	D_{+}
二、导线端子和导线连接					
11	接点		18	插头和插座	
12	端子		19	多极插头和插座（示出的为三极）	
13	导线的连接				
14	导线的分支连接				
15	导线的交叉连接		20	接通的连接片	
16	插座的一个极		21	断开的连接片	
17	插头的一个极		22	屏蔽导线	

续表

三、触点开关					
序号	名　称	图形符号	序号	名　称	图形符号
23	动合(常开)触点		42	凸轮控制	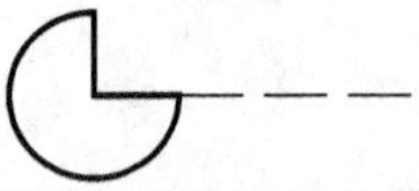
24	动断(常闭)触点		43	联动开关	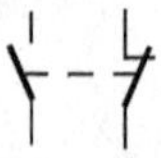
25	先断后合的触点	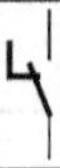	44	手动开关的一般符号	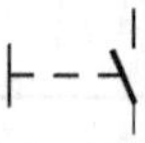
26	中间断开的双向触点		45	定位开关 (非自动复位)	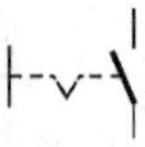
27	双动合触点		46	按钮开关	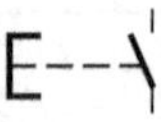
28	双动断触点		47	能定位的按钮开关	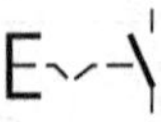
29	单动断双动合触点		48	拉拨开关	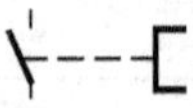
30	双动断单动合触点		49	旋转、旋钮开关	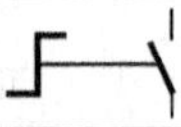
31	一般情况下手动控制	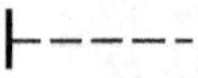	50	液位控制开关	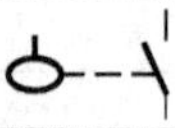
32	拉拨操作	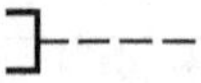	51	机油滤清器报警开关	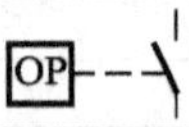 OP
33	旋转操作	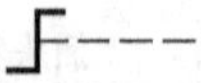	52	热敏开关动合触点	 t°
34	推动操作		53	热敏开关动断触点	 t°
35	一般机械操作	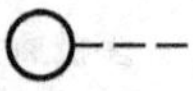	54	热敏自动开关 的动断触点	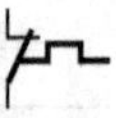
36	钥匙操作	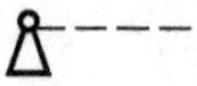	55	热继电器触点	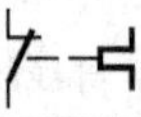
37	热执行器操作	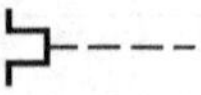	56	旋转多挡开关位置	 1 2 3
38	温度控制	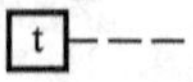 t	57	推拉多挡开关位置	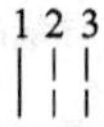 1 2 3
39	压力控制	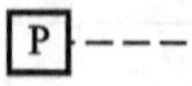 P	58	钥匙开关(全部定位)	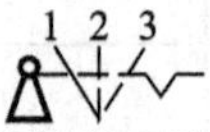 1 2 3
40	制动压力控制	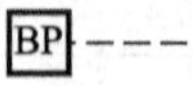 BP	59	多挡开关、点火、起动开关,瞬时位置为2能自动返回到1(即2挡不能定位)	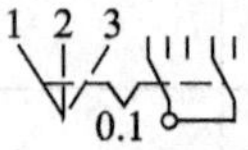 1 2 3 0.1
41	液位控制		60	节流阀开关	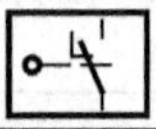

续表

四、电器元件					
序号	名　称	图形符号	序号	名　称	图形符号
61	电阻器		80	光电二极管	
62	可变电阻器		81	PNP 型三极管	
63	压敏电阻器	U	82	集电极接管壳三极管(NPN)	
64	热敏电阻器	t°	83	具有两个电极的压电晶体	
65	滑线式变阻器		84	电感器、线圈、绕组、扼流圈	
66	分路器		85	带铁芯的电感器	
67	滑动触点电位器		86	熔断器	
68	仪表照明调光电阻器		87	易熔线	
69	光敏电阻		88	电路断电器	
70	加热元件、电热塞		89	永久磁铁	
71	电容器		90	操作器件一般符号	
72	可变电容器		91	一个绕组电磁铁	
73	极性电容器				
74	穿心电容器		92	两个绕组电磁铁	
75	半导体二极管一般符号				
76	稳压二极管		93	不同方向绕组电磁铁	
77	发光二极管				
78	双向二极管(变阻二极管)		94	触点常开的继电器	
79	三极晶体闸流管		95	触点常闭的继电器	

续表

序号	名　称	图形符号	序号	名　称	图形符号
五、仪表					
96	指示仪表	(*)	103	转速表	(n)
97	电压表	(V)	104	温度表	(t°)
98	电流表	(A)	105	燃油表	(Q)
99	电压、电流表	(A/V)	106	车速里程表	(V)
100	欧姆表	(Ω)	107	电钟	
101	瓦特表	(W)	108	数字式电钟	
102	油压表	(0P)			
六、传感器					
109	传感器的一般符号	*	116	空气流量传感器	AF
110	温度表传感器	t°	117	氧传感器	λ
111	空气温度传感器	t_n°	118	爆震传感器	K
112	水温传感器	t_w°	119	转速传感器	n
113	燃油表传感器	Q	120	速度传感器	V
114	油压表传感器	0P	121	空气压力传感器	AP
115	空气质量传感器	m	122	制动压力传感器	BP
七、电气设备					
123	照明灯、信号灯、仪表灯、指示灯		126	组合灯	
124	双丝灯		127	预热指示器	
125	荧光灯		128	电喇叭	

续表

七、电气设备					
序号	名　称	图形符号	序号	名　称	图形符号
129	扬声器		147	变换器、转换器	
130	蜂鸣器		148	光电发生器	G
131	报警器、电警笛		149	空气调节器	
132	信号发生器	G	150	滤波器	~
133	脉冲发生器	G	151	稳压器	U const
134	闪光器	G	152	点烟器	
135	霍尔信号发生器		153	热继电器	
136	磁感应信号发生器		154	间歇刮水继电器	
137	温度补偿器	t° COMP	155	防盗报警系统	
138	电磁阀一般符号		156	天线一般符号	
139	常开电磁阀		157	发射机	
140	常闭电磁阀		158	收放机	
141	电磁离合器		159	内部通信联络及音乐系统	
142	用电动机操纵的怠速调整装置	M	160	收放机	
143	过电压保护装置	U>	161	天线电话	
144	过电流保护装置	I>	162	收放机	
145	加热器（出霜器）		163	点火线圈	
146	振荡器	~	164	分电器	

续表

七、电气设备					
序号	名　称	图形符号	序号	名　称	图形符号
165	火花塞		180	点火电子组件	
166	电压调节器		181	风扇电动机	
167	转速调节器		182	刮水电动机	
168	温度调节器		183	电动天线	
169	串激绕组		184	直流伺服电动机	
170	并激或他激绕组		185	直流发电机	
171	集电环或换向器上的电刷		186	星形连接的三相绕组	
172	直流电动机		187	三角形连接的三相绕组	
173	串激直流电动机		188	定子绕组为星形连接的交流发电机	
174	并激直流电动机		189	定子绕组为三角形连接的交流发电机	
175	永磁直流电动机		190	外接电压调节器与交流发电机	
176	起动机（带电磁开头）		191	整体式交流发电机	
177	燃油泵电动机、洗涤电动机		192	蓄电池	
178	晶体管电动汽油泵		193	蓄电池组	
179	加热定时器				

参考文献

[1] 冯渊. 汽车电工与电子技术基础[M]. 北京:机械工业出版社,2002.

[2] 赵福堂. 汽车电器与电子设备[M]. 北京:北京理工大学出版社,1997.

[3] 孙余凯,项绮明,等. 汽车电器识图技巧[M]. 北京:人民邮电出版社,2003.

[4] 张春化,等. 汽车电器与电路[M]. 北京:人民邮电出版社,2003.

[5] 魏家轼,黄金花,等. 电工技术基础[M]. 武汉:华中科技大学出版社,2002.

[6] 薛涛. 电工基础[M]. 北京:高等教育出版社,2001.

[7] 程周. 电工与电子技术(2 版)[M]. 北京:高等教育出版社,2006.

[8] 陈栗宋. 电工与电子技术基础[M]. 北京:化学工业出版社,2006.

[9] 刘志平. 电工基础[M]. 北京:高等教育出版社,2001.

[10] 赵承荻. 电工技术实验与实训[M]. 北京:高等教育出版社,2001.

[11] 陈开考. 汽车电工电子技术基础[M]. 北京:机械工业出版社,2013.

[12] 张华,管秀君,白光泽. 汽车电工电子技术[M]. 北京:理工大学出版社,2014.

[13] 高树德. 汽车电工电子技术基础[M]. 北京:机械工业出版社,2005.